VICOMTE G. D'AVENEL

LES

ÉVÊQUES ET ARCHEVÊQUES

DE

PARIS

DEPUIS SAINT DENYS JUSQU'A NOS JOURS

AVEC DES DOCUMENTS INÉDITS

TOME SECOND

PARIS
LIBRAIRIE INTERNATIONALE CATHOLIQUE
Rue Bonaparte, 66

LEIPZIG
L.-A. KITTLER, COMMISSIONNAIRE
Querstrasse, 34

V^VE H. CASTERMAN
ÉDITEUR PONTIFICAL, IMPRIMEUR DE L'ÉVÊCHÉ
TOURNAI

LES
ÉVÊQUES ET ARCHEVÊQUES
DE PARIS

Vicomte G. D'Avenel

LES

ÉVÊQUES ET ARCHEVÊQUES

DE

PARIS

DEPUIS SAINT DENYS JUSQU'A NOS JOURS

AVEC DES DOCUMENTS INÉDITS

TOME SECOND

PARIS
LIBRAIRIE INTERNATIONALE CATHOLIQUE
Rue Bonaparte, 66

LEIPZIG
L.-A. KITTLER, COMMISSIONNAIRE
Querstrasse, 34

Vve H. CASTERMAN
ÉDITEUR PONTIFICAL, IMPRIMEUR DE L'ÉVÊCHÉ
TOURNAI
1878

HISTOIRE

DES

ÉVÊQUES ET ARCHEVÊQUES

DE PARIS

CHAPITRE VIII

GUILLAUME DE VINTIMILLE DU LUC

Le jansénisme au XVIIIe siècle. — Les comtes de Vintimille.
Le journal sur la Seine.

1729-1746

La famille de Vintimille, issue des anciens marquis d'Yvrée, rois d'Italie(?), tirait son nom d'un comté situé dans l'Etat de Gênes, qu'elle échangea pour d'autres terres avec les comtes de Provence. L'archevêque de Paris appartenait à la branche des Vintimille, comtes de Marseille du Luc. Son surnom de Marseille appartient à ceux qui descendent comme lui d'Emmanuel de Vintimille et de Sybille de Marseille, successeur de Guillaume comte de Marseille, mort sans enfants, qui obligea ses descendants à porter ce nom. L'aîné de cette famille, établie depuis sept siècles en Provence, se nommait de Marseille, des comtes de Vintimille et les autres de Vintimille, des comtes de Marseille.

Le père de l'archevêque avait le grade de maréchal de camp, sa mère était une Forbin de la Marche. Pour Vintimille, ce fut un homme de vertu et d'esprit. Il eut à recueillir à Paris la succession épineuse du cardinal de Noailles, dont les tergiversations et la versatilité obstinée avaient fait tant de mal; fort âgé et ami du repos, on ne saurait dire de lui qu'il ait été à la hauteur des circonstances, mais il n'a pas été trop au-dessous.

Sa large et béate figure, enfouie sous une de ces immenses perruques à marteaux fort à la mode jadis, mais qui, sous Louis XV, étaient abandonnées aux gens de palais, son bon sourire, cachaient un esprit fin et mordant, mais plutôt disposé à la modération qu'à la vigueur.

Type éminent de ces prélats du XVIIIe siècle, élégants, cultivés et diplomates, qui portaient la croix du Saint-Esprit sur leur poitrine sans oublier la croix divine dont leur front était oint, et qui se retrouvaient sans peine et tout naturellement évêques et martyrs, en temps donné.

Vintimille, pendant la peste de Marseille, où s'immortalisa Belzunce, était archevêque d'Aix, il s'y conduisit en héros, et ne cessa de diriger les secours comme un général sur le champ de bataille.

Sous l'épiscopat de Noailles, les cardinaux de Rohan et Bissi lui avaient écrit secrètement « que le régent allait proposer de nouveaux projets d'accommodement, auxquels, dans la place où ils se trouvaient, ils ne pouvaient s'opposer de front, que l'intérêt de l'Eglise demandait que ceux qui pouvaient se montrer sans trop hasarder, fissent et publiassent un mandement » dont ils lui avaient envoyé en même temps le projet, pour déclarer tous conjointement l'excommunication, encourue par les appelants de la bulle *Unigenitus*.

L'archevêque déféra aux vœux de ses collègues, toutefois sans se mettre mal avec le duc d'Orléans.

En effet, un agent de Son Altesse, l'abbé de la Fare-Lopis, envoyé près de Vintimille à Aix, racontait ainsi sa visite :

« Je trouvai l'archevêque, un peu indisposé contre tout ceci — il s'agissait des projets d'accommodement dont parlaient Rohan et Bissi — par un *Gazettin*, qu'un esprit furieux et turbulent de cette ville avait porté de maisons en maisons. Il ne me fut pas malaisé de calmer ce petit orage.... Personne n'a plus d'esprit, de bonnes intentions, de sagesse et de zèle pour la paix, que M. l'archevêque d'Aix. »

Nommé à Paris à soixante-treize ans, Vintimille trouva la ville en proie à toute l'exaspération des partis; le jansénisme marchait tête levée, et, comme l'avaient prévu les jésuites au siècle précédent, cette hérésie commencée par des subtilités de doctrine, marchait tout droit à un schisme.

Une feuille, utile en littérature en ce qu'elle aurait pu servir à envelopper les paquets, les *Nouvelles ecclésiastiques,* était l'organe des appelants, et cette œuvre d'un cerveau en décomposition dont la mauvaise foi et la sottise sautaient aux yeux, attaquait à son ordinaire dans la capitale de la France, l'autorité de l'Eglise universelle, représentée par le successeur de saint Denis.

Vintimille publiait une ordonnance, il montrait les tristes suites de la résistance à la loi de l'Eglise, la docilité anéantie dans les fidèles, le vicaire de Jésus-Christ calomnié, ses intentions dénaturées, l'autorité des évêques méconnue, toute subordination détruite et une foule d'écrits séditieux paraissant pour semer partout l'esprit de haine, de révolte et d'indépendance. Il assurait les fidèles que la Constitution, loin de porter atteinte à la pureté du dogme, condamnait des erreurs capitales.

Cette ordonnance était, en quelques endroits, aussitôt enlevée que placée, en d'autres, déchirée et presque partout barbouillée d'encre et de boue.

Toute l'administration de M. de Vintimille se consuma dans cette lutte impuissante. En 1746, le prélat qu'aucune maladie, qu'aucune infirmité n'avait jusqu'alors affligé, déclina rapidement ; on voulut lui persuader de se soigner :

« Il n'est plus question de cela, répondit-il, mais de mériter les miséricordes du Seigneur par le sacrifice. »

Il est vrai qu'il avait quatre-vingt-dix ans !

CHAPITRE IX

JACQUES GIGAULT DE BELLEFONDS

Condamnation des philosophes. — Mort étrange de Bellefonds.

1746-1746

Deux jours après la mort de M. de Vintimille, un brevet royal désigna pour lui succéder, à Paris, M. de Bellefonds, l'archevêque d'Arles. Il était d'une famille de bons gentilshommes de Touraine, qui comptait des maréchaux de camp, des chevaliers des ordres, un maréchal de France et des gouverneurs de châteaux-royaux.

Le prélat ne fit que paraître dans la chaire de Notre-Dame. Un étrange mystère plane sur sa mort. En quelques mois il avait su faire condamner deux livres par le Parlement : l'un, de la Mettrie, *Histoire naturelle de l'âme;* l'autre, de Diderot, *Pensées philosophiques.* C'était la grande guerre qui commençait. Les jansénistes l'ont représenté comme un homme terrible, songeant moins à se faire aimer qu'à se faire craindre; de fait, il ne manquait point d'énergie. Il y avait, sous scellés, à l'archevêché, nombre de lettres de cachet déjà pourvues des noms des plus fougueux du parti, et dont le but était d'envoyer les appelants imprimer et discourir ailleurs que dans sa capitale.

Bellefonds faisait pressentir son successeur; il était jeune et nul ne sait ce qu'il aurait su faire.

Le bruit courut à Paris de ces projets de l'archevêque, puis, un autre bruit se répandit tout à coup de sa mort, et ce fut tout. Sa trace pourtant était assez puissante, pour s'être imprimée dans le gouvernement de ce diocèse.

Il en est qui vivent leur vie en soixante-dix ans, d'autres la vivent en un an, en un jour, en une heure... lesquels ont souvent le plus et le mieux vécu; ceux-ci étalent leur vie sur un grand nombre d'années, ils grignotent cent ans ce que les autres dévorent en huit jours.

Pour savoir vivre, il faut apprendre à mourir, c'était la maxime de Bellefonds; qui ne craint pas la mort, ne craint pas la vie....

CHAPITRE X

CHRISTOPHE DE BEAUMONT

Le Conclaviste. — L'archevêque et les jansénistes. — Les philosophes. — Lettre de Jean-Jacques Rousseau. — Beaumont et les jésuites. — Les Convulsionnaires de Saint-Médard. — La charité de Beaumont.

1746-1781

« Au Conclave, pour la nomination du souverain-pontife, en 1721, à la mort de Clément XI, le cardinal de Gèvres avait pour conclaviste un joli jeune homme, d'une vingtaine d'années, qui était modeste comme un ange, et qui mangeait comme un diable; curieux d'antiquités, il courait perpétuellement dans la ville et la campagne de Rome.

» Il se nommait l'abbé de Beaumont.... »

Quand Beaumont, archevêque de Vienne, fut, à quarante-trois ans, nommé archevêque de Paris, un journal janséniste imprima que cette élévation était contre toute attente. C'était certainement contre l'attente de Beaumont, et peut-être contre celle du gazetier; car la réputation de l'archevêque était connue.

On compterait les lois qui ont été faites en France depuis 1789, plutôt qu'on ne supputerait le nombre des ennemis de Christophe de Beaumont; c'était au point que si les adversaires de l'archevêque de Paris, s'étaient, au XVIIIe siècle, réunis aux portes de la capitale, on eût pu croire qu'un investissement commençait; mais après avoir compté les ennemis de M. l'archevêque de Beaumont, on les recompterait, plutôt qu'on n'additionnerait, les pamphlets et les libelles qui, contre lui, furent publiés pendant trente ans.

L'hérésie janséniste qui se mourait, la philosophie qui florissait, l'esprit révolutionnaire qui couvait encore, se réunirent pour combattre ce prélat de pure doctrine, cet éloquent catholique, cet homme d'autorité et de devoir. Beaumont accepta franchement la lutte, batailla sans relâche, pied à pied résista. Il y avait longtemps que la devise de sa famille était ce vers d'Horace : *Impavidum ferient ruinæ;* mais il était réservé à Beaumont l'archevêque, de lui donner application entière et d'en faire la règle de sa vie.

Il avait en lui le sang de cet Amblard de Beaumont, l'un des plus fameux légistes de son temps, et celui du baron des Adrets, le plus terrible capitaine du sien. L'archevêque tenait de l'un et de l'autre! Dans la ville du monde la plus passionnée, et qui pour les choses de l'esprit donnait des lois à l'univers, en face du XVIIIe siècle, de ses haines, de ses folies, de ses doctrines, il se posa seul, comme l'Apôtre, et lui tint tête.

Jamais plus grand prélat n'est monté sur le trône épiscopal de saint Denis, de Gozlin, de Sully.

Loin de lui, les ambitions mesquines de Retz qui pensait se couvrir de gloire en se couvrant de dettes, ou les flatteries gagées de Harlay; les pompes extérieures, les droits temporels recherchés de ces magnifiques évêques du moyen âge n'avaient pas de quoi l'attirer; et tandis que les biens de la terre et les choses d'ici-bas ne le pouvaient point tenter, les attaques, les injures, les tristesses dont on l'abreuvait, ne le savaient point abattre.

Il avait ce ferme vouloir, qui décide toujours ce qui est, ou force ce qui est à devenir ce qu'il a décidé; une grande volonté, énergique, et, si l'on ose ainsi parler, une énergie acre, était d'ailleurs le principal caractère de sa physionomie; pour le reste, il avait l'œil très-perçant et même méchant, la figure carrée du bas, les lèvres pincées, plutôt laid que beau, et peu de noblesse dans le visage, mais un reflet de génie.

En saisissant d'une main ferme les rênes du gouvernement du diocèse, Beaumont se proposa de ramener à l'unité ceux que la faiblesse ou la prévention avait jetés dans les rangs du parti janséniste; il usa de l'autorité pour remédier aux abus, mais en même temps donna lui-même l'exemple de l'attachement aux règles et de l'intrépidité. Dans les moments de danger, son clergé le vit toujours à sa tête, s'exposant lui-même aux coups, pour protéger ses coopérateurs.

Il y avait longtemps que l'hérésie ne hantait plus seulement les cerveaux de quelques théologiens, et était descendu des solitudes de Port-Royal dans les quartiers de Paris les plus populeux. Le diacre Pâris mort en odeur de jansénisme, enterré au cimetière Saint-Médard, avait donné lieu aux scènes dont le cimetière porte le nom, et dont deux plaisants vers : *De par le roi*, etc., sont demeurés l'épitaphe.

Les désordres excités selon l'usage, par une répression insuffisante, avaient pour théâtre les alentours du cimetière.

Une convulsionnaire récite le *De profundis* en français, avec une piété affectueuse, mais avant que de le réciter, elle veut qu'on lui mette la tête en bas, les pieds en haut, et le corps en l'air, ce qui représente, déclare-t-elle gravement, que tout est renversé dans l'Eglise.

Une autre fait ses prières en tirant la langue comme une possédée, quelques-unes parlent comme si les lèvres, la langue, tous les organes de la prononciation avaient été remués par une force étrangère. Quelques-uns entendent sortir de leurs poumons, une voix autre que la leur. Ils se comparent à une personne qui ne dicte que ce qu'elle entend dicter.

Tout ceci n'est que le prélude des *Grands secours*, ce summum des inventions démoniaques. Plusieurs se font attacher sur des croix de bois par des cordes, et quelques-uns par d'immenses clous de fer.

On voyait une nommée Sonnet, dite *la Salamandre,* se coucher et rester étendue au travers d'un brasier ardent.

La même se mettait en arc renversé, les pieds et la tête posant à terre, et les reins soutenus en l'air par un pieu des plus aigus. Puis, au moyen d'une poulie, on laissait tomber à plusieurs reprises sur son estomac, et du plafond de l'appartement, une pierre pesant cinquante livres, ses reins portant toujours sur la pointe. La peau ni la chair n'ont jamais reçu la moindre atteinte.

Une jeune fille de vingt-deux ans, étant appuyée contre la muraille, un homme des plus robustes prenait un chenet pesant, dit-on, de vingt-cinq à trente livres, et lui en déchargeait de toute sa force plusieurs coups toujours dans le ventre; on en a compté quelquefois jusqu'à cent et plus. Un frère lui en ayant donné un jour soixante, essaya contre un mur et on assure qu'au vingt-cinquième coup, il y fit une ouverture. « Ce fut en vain, dit Carré de Montgeron, que j'employais tout ce que je pouvais rassembler de forces.... La convulsionnaire se plaignit que mes coups ne lui procuraient aucun soulagement, et m'obligea de remettre le chenet entre les mains d'un grand homme, fort vigoureux, qui se trouvait parmi les spectateurs. Celui-ci ne ménagea rien. Instruit par l'épreuve que je venais de faire, il lui en déchargea de si terribles, toujours dans le creux de l'estomac, qu'ils ébranlaient le mur contre lequel elle était appuyée. Lorsque le chenet s'enfonçait si avant dans l'estomac de la convulsionnaire qu'*il paraissait pénétrer jusqu'au dos*, elle s'écriait avec un air de contentement peint sur son visage :

« — Ah! que cela est bon! Ah! que cela me fait du bien! courage, mon frère, redoublez encore de forces, si vous pouvez. »

Une veuve Thévenet espérant se débarrasser d'une surdité complète, se décide à boire, et boit de l'eau tenant en suspension quelques molécules terreuses, provenant de la fosse de Pâris; puis, elle commence une neuvaine, en l'honneur du feu diacre. Les nuits suivantes, elle se sent agitée, en proie à une frayeur extraordinaire, la malade annonce qu'il se passe en elle des choses étranges. Une dizaine de jours après, en assistant à la messe, elle perçoit dans toute son organisation une perturbation indéfinissable, qui l'oblige à sortir dans un jardin, où sa tête commence à être secouée sans la participation de sa volonté. Un frère de cette femme, chanoine à Corbeil, s'épuise en efforts superflus pour l'empêcher de se frapper. Dans certains moments, elle fait des sauts violents comme pour s'élever jusqu'au plafond; le désordre de ses vêtements prouve qu'elle méconnaît tous les sentiments de la pudeur. Les mots qu'elle prononce n'appartiennent à aucune langue connue. Un jour, pendant qu'on récite devant elle une oraison à Pâris, la dame Thévenet devenue encore plus furieuse, sort du lit et se met à sauter, s'élevant peu à peu jusqu'à la hauteur du plancher.

Ceci se passait un 1er octobre; le 3, on crut que cette femme allait expirer... elle supplie son frère le chanoine de la confesser. A peine eut-elle commencé à accuser ses péchés, que les convulsions deviennent plus intenses. Mais le 5, le prêtre ayant dit à dessein que c'étaient là des mystères de Satan, la veuve Thévenet tombe dans les attaques les plus terribles. Le même jour, son frère lui ayant fait des représentations sur son affreux état, elle se rend complétement. En présence de son confesseur janséniste, elle remet à son frère le portrait du diacre Pâris, deux paquets de terre de son tombeau, un morceau de bois de son lit qu'on jette au feu, puis elle fait profession de foi à l'Eglise catholique, et *elle n'éprouve plus ni agitation ni mouvement convulsif,* ne conservant qu'un esprit sain.

Ces faits et des centaines d'autres sont attestés, signés par des hommes comme Rollin, Folard, la Condamine, Toussaint, Hume lui-même.

Aussi, quelle que soit l'opinion que l'on professe sur les soi-disant miracles du diacre Pâris, demeure-t-on obligé d'admettre qu'il y a eu parmi des jongleries nombreuses, une véritable intervention du démon, comme on en vit fréquemment au moyen âge et dans les premiers siècles de l'Eglise.

L'archevêque de Paris défendit à nouveau ces scènes impies, et les fit proscrire par tous les moyens en son pouvoir, sans sortir de son rôle de pasteur. Il n'en fallut pas plus pour devenir le point de mire, des injures, des calomnies, des artifices de toute nature.

Le principal organe du parti janséniste outré, les *Nouvelles ecclésiastiques*, était plus que jamais en faveur. Ç'avaient été d'abord de simples extraits faits à la main, et contenant les événements les plus intéressants pour le parti, avec des réflexions analogues. On se les arrachait et le mystère leur donnait un nouveau prix. En 1729, un prêtre nommé Fontaine de la Roche, se chargea de l'entreprise et mit cette gazette sur le pied où elle parut pendant soixante ans. Il s'était condamné lui-même à la plus grande retraite, et avait, dit-on, établi ses presses dans un bateau, sur la Seine. C'est de là qu'il lançait ses traits sur tout ce qui n'était pas favorable à la cause. On aurait peine à croire jusqu'à quel point allait sa hardiesse.

Parle-t-il de la faculté de théologie de Paris, c'est toujours la *Faculté Carcassienne,* faisant allusion au mot d'un conseiller au Parlement qui, en pleine grande chambre, avait appelé la faculté : *Une misérable carcasse.* Il traite l'archevêque de Paris d'*avocat du diable.*

La gazette cependant s'imprimait, se publiait. On la distribuait régulièrement toutes les semaines. Bien des gens y étaient abonnés, on en envoyait une grande quantité dans les provinces, et la distribution s'en faisait même avec tant de hardiesse, qu'on ne manquait pas, lorsqu'un constitutionnaire était maltraité dans une feuille, de la lui faire parvenir. Comment ne découvrit-on pas la source d'où partait le venin? Comment, dans une ville où la police était si bien organisée, ne pouvait-on pas prendre sur le fait ceux qui colportaient ce libelle? C'est ce qui s'explique difficilement. Un colporteur d'ouvrages prohibés ayant été arrêté en flagrant délit fut mis au carcan, mais tel était le mépris des lois, qu'on voulut transformer cette flétrissure en une espèce de triomphe pour le coupable. On l'escorta avec honneur, on le combla publiquement d'éloges, et le rédacteur des *Nouvelles ecclésiastiques*, le journal du parti, n'eut pas honte de l'appeler un *captif de Jésus-Christ*.

Mais où la guerre fut déclarée plus ouvertement encore, entre l'archevêque et les sectaires, représentés par le Parlement, ce fut dans l'affaire de l'administration des sacrements. La puissance religieuse et la séculière se trouvèrent face à face, et seules en présence.

Le curé de Saint-Etienne du Mont avait refusé d'administrer les derniers sacrements à un conseiller qui ne voulait point abjurer ses erreurs. Ce curé fut, par le Parlement, décrété de prise de corps, et mis en prison. En même temps, le greffier du Parlement fit commandement à l'archevêque d'administrer les sacrements au dit conseiller. Comme on pouvait s'y attendre, le prélat s'opposa à cet envahissement, et le Parlement adressa au roi une lettre de remontrances.

Plus tard, ce fut la sœur Perpétue, du couvent de Sainte-Agathe dans la paroisse de Saint-Médard, pour laquelle on requit l'Eucharistie avec les formes judiciaires. Arrêt de la cour portant, que faute par M. de Beaumont d'avoir fait administrer les sacrements à cette dernière religieuse, le temporel de son archevêché demeurera saisi, à la requête du procureur-général.

Louis XV défendit verbalement au Parlement la convocation des pairs au sujet de cette affaire. Des lettres de cachet et des lettres patentes du roi lui ordonnèrent en outre, sous peine de désobéissance, de surseoir à toutes poursuites et procédures, concernant la matière du refus des sacrements. La persistance opiniâtre de cette assemblée amena, le 11 mai suivant, le transfert à Pontoise des présidents et conseillers de la grande chambre et l'exil, en divers lieux du royaume, de tous les conseillers aux enquêtes et aux requêtes.

L'arrêt du conseil d'Etat du roi, contresigné par M. de Voyer d'Argenson, était conçu en ces termes :

« Sur la requeste présentée au roi, étant en son conseil, par les agents généraux du clergé de France, tendante à ce qu'il plaise à Sa Majesté, casser et annuler l'arrêt du Parlement de Paris du 18 avril dernier, *ensemble tous les arrêts et décrets rendus, et toutes les procédures faites contre plusieurs curés et ecclésiastiques, à l'occasion de l'administration des autres sacrements,* supprimer tous les arrêtés du Parlement relatifs audit arrêt, et notamment celui du 5 mai dernier, *comme injurieux au corps des premiers pasteurs en la personne de l'archevêque de Paris,* ordonner l'exécution des édits, déclarations et ordonnances du royaume, sur ce qui concerne les matières spirituelles, faire défense aux cours de Parlement, et à tous autres juges, de prendre connaissance des matières concernant la doctrine, l'administration des sacrements et autres, purement spirituelles, avec injonction aux dites cours et juges d'en délaisser, même d'en renvoyer la connaissance aux juges d'Eglise, ordonner que l'arrêt qui interviendra sera lu, publié et affiché partout où besoin sera.

» Le roi étant en son conseil, ayant *aucunement* égard à la requeste des agents généraux du clergé, a cassé et annulé, casse et annule l'arrêt du Parlement de Paris du 18 avril dernier, comme rendu par entreprise sur le pouvoir qui appartient à Sa Majesté seule, de donner des lois ou des règles générales à ses sujets, et notamment comme tendant à établir qu'il n'y a aucun cas, où le refus public des sacrements puisse être autorisé sur le fondement du refus de soumission à la bulle *Unigenitus;* ordonne, Sa Majesté, que la connaissance des causes concernant l'administration et le refus de sacrements appartiendra aux juges d'Eglise, exclusivement à tous autres juges et tribunaux séculiers.... »

Malheureusement, cet arrêt ne fut pas le dernier, et la cour de Versailles faiblit bien souvent, dans cette lutte d'un demi-siècle avec le Parlement, qui aura pour conséquence la ruine du Parlement et de la cour. Celle-ci ne fut pas longue à abandonner le prélat. Envoyé d'abord à Conflans, relégué ensuite à Lagny, exilé enfin au *Château de la Roque*, dans le fond du Périgord, les distances diverses de l'éloignement de Beaumont marquèrent les phases de la lutte, et plus la résistance de l'archevêque était grande, plus la punition devenait rigoureuse, et l'exil, lointain. Un moment vint, où, pour éviter à l'archevêque de Paris d'être jugé par les princes et les pairs convoqués en cour de Parlement, Louis XV fut obligé de dire qu'il venait d'exiler le prélat à la Trappe, et qu'il comptait que le Parlement n'irait pas plus loin.

Ceci n'empêcha pas les conseillers, dans leur adresse à Sa Majesté, de prodiguer à Beaumont les épithètes de *factieux*, de *fanatique, d'agitateur, de tyran de ses subalternes,* d'homme qui ne s'était signalé que par des vexations et des scandales. On le traitait de sujet révolté, et visant à l'indépendance, de chef et d'organe d'un parti redoutable à l'Etat, de coupable qui, par ses égarements et une révolte ouverte et soutenue, méditait l'animadversion de la plus sévère justice.

Ce qui valait ainsi à l'archevêque les foudres de

l'autorité séculière, c'était un mandement par lequel il établissait les droits des premiers pasteurs et prouvait leur indépendance, tant pour l'enseignement de la foi que pour l'administration des sacrements, en fondant ces principes sur l'Ecriture même, sur le langage uniforme de la tradition, et sur les ordonnances des souverains. Répondant aux objections des novateurs, il disait avec Bossuet à ceux qui vantaient la piété des appelants : « Ils ne parlent que de bien vivre, comme si bien croire n'en était pas le fondement. » Il confondait cette vaine distinction, récemment imaginée par les tribunaux, entre l'administration intérieure et extérieure des sacrements, pour déguiser le vice de leurs usurpations, comme si l'administration d'un signe sensible pouvait être autre qu'extérieure.

Le Parlement était en vacances lorsque l'archevêque de Paris lut en personne son *Instruction Pastorale*, mais la chambre des vacations fit défense de la publier et de l'imprimer, et le Châtelet brûla, quelques jours après, par la main du bourreau, dans le lieu destiné au supplice des malfaiteurs, l'instruction d'un archevêque avertissant son peuple de ce qu'il devait croire.

II

Bientôt d'ailleurs jansénistes, philosophes, parlementaires, tous vont se liguer contre Beaumont. Appelants de Saint-Médard, beaux-esprits de Versailles et de Ferney, conseillers porteurs de *perruques à l'interrogatoire,* Montgeron, Choiseul, Voltaire, ces ennemis d'hier s'uniront, ces trois puissances rivales se coaliseront contre lui; ils crieront *haro* à l'unisson, ils l'écraseront, qui de petits vers, qui de gros arrêts, qui de lettres de cachet; l'archevêque sera hué, honni, bafoué. Fi! le mauvais sujet, qui censure les ordondances royales, diront les gens de Parlement, lesquels ne font point autre chose depuis trente années. Oh! le plaisant prélat! qui soutient Nonotte et Patouillet, ricanera Voltaire! Sus à cet affreux moliniste! crieront les adversaires de la bulle, qui cesseront un moment de convulsionner, de se tordre et de se frapper, et tous en chœur répèteront: Jésuite! c'est un Jésuite!

Comment, tandis que M. le duc de Choiseul et madame la marquise de Pompadour, d'incontestables autorités en la matière, comme tout un chacun sait, vont chasser les religieux de la Compagnie de Jésus, il est en France un homme qui, non content de ne les point accuser, aura l'audace de les défendre; on verra un archevêque de Paris, protester en leur faveur, et entraîner dans sa protestation tous les évêques de France[1] !

Il est à remarquer en passant, que les Jésuites ont rendu célèbres deux de nos archevêques : Noailles, l'homme aux indécisions, qui les attaqua au moment où ils étaient le plus puissants ; Beaumont, qui les défendit au moment où ils furent le plus attaqués.

Il est non moins curieux d'observer, combien les persécutions successives des Jésuites ont coïncidé avec les plus mauvais moments de notre histoire : sous Henri III, à l'époque des guerres civiles, sous Louis XV, au moment de la révolution, sous Charles X, quelque temps avant sa chute. Ils partent, et leurs ennemis sont frappés ; on dirait que pareils aux sénateurs romains, qui dans leur toge tenaient la paix et la guerre, ils portent dans les plis de leur robe noire la prospérité des empires.

L'autorité se mourait en France, et seuls les Jésuites en portaient les couleurs. Beaumont, qui les a soutenus de toutes ses forces, et a enduré pour eux exil et persécutions, a conquis, de cette sorte, un spécial titre de gloire aux yeux de la postérité religieuse.

Mais la lutte n'était pas terminée ; le prélat, après avoir combattu les jansénistes, les possédés de la rue et les subtils de la chaire, ne se borna pas à résister

(1) Voir aux Pièces justificatives.

au Parlement, en faveur des Jésuites, par des écrits qui étaient des chefs-d'œuvre, par des actes, qui, au milieu de l'affaissement général, étaient d'une rare valeur; il entama ouvertement le combat avec les philosophes.

Les théories voltairiennes alors nouvelles, ne demandaient pas instamment comme aujourd'hui à être rentoilées; ils étaient là quelques sophistes de génie, semblables au pirate qui allume un phare sur un écueil, qui posaient toutes les questions sans intention de les résoudre, et devaient susciter tous les désordres, sans en profiter.

On en comptait une dizaine peut-être qui tantôt se vantaient de n'être que cinq, parce qu'il leur paraissait impossible qu'il y eût au monde dix têtes d'une telle force, et tantôt prétendaient être quinze, mais c'est quand ils voulaient effrayer leurs ennemis par leur nombre.

Parmi eux : Jean-Jacques Rousseau dénué du scepticisme railleur, impertinent et sensuel des fils de Voltaire, mais faisant école et bande à part; Jean-Jacques, le moraliste; la vie privée de celui-ci a été attachée à ses doctrines, comme un écriteau.

Rousseau venait de faire connaître ses principes sur l'Education dans l'*Emile,* l'enfant de la nature, grimpant sur les arbres comme un singe, morveux philosophe, type des petits voleurs et des mauvais sujets.

M. de Beaumont, quand parut l'*Emile,* donna un mandement pour proscrire cet ouvrage ; la pensée en est triste et grave, et le style, admirable.

« Du sein de l'erreur, il s'est élevé un homme plein du langage de la philosophie, sans être véritablement philosophe, esprit doué d'une multitude de connaissances qui ne l'ont pas éclairé, et qui ont répandu des ténèbres dans les autres esprits, caractère livré aux paradoxes d'opinion et de conduite, alliant la simplicité des mœurs avec le faste des pensées, le zèle des maximes antiques avec la fureur d'établir des nouveautés, l'obscurité de la retraite avec le désir d'être connu de tout le monde; on l'a vu invectiver contre les sciences qu'il cultivait, préconiser l'excellence de l'Evangile dont il détruisait les dogmes, peindre la beauté des vertus, qu'il éteignait dans l'âme de ses lecteurs. Il s'est fait le précepteur du genre humain pour le tromper, le moniteur public pour égarer tout le monde, l'oracle du siècle pour achever de le perdre. »

Dénonçant ensuite les maximes impies, les opinions fausses qui émaillent l'ouvrage de Jean-Jacques, M. de Beaumont citait de lui ces passages : « *Posons pour maxime incontestable,* dit Rousseau, que les premiers mouvements de la nature sont toujours droits; il n'y a point de perversité originelle dans le cœur humain » ou encore « connaître le bien et le mal, sentir la raison des devoirs de l'homme n'est pas l'affaire d'un enfant. » « Tout enfant qui croit en Dieu, dit plus loin l'auteur d'Emile, est idolâtre ou anthropomorphite. »

Après avoir longuement mis au jour les paradoxes de l'écrivain, après avoir opposé aux maximes de

Rousseau, les Ecritures et les Pères de l'Eglise, après avoir montré la doctrine de l'*Emile* en contradiction non point seulement avec les véritées révélées par la religion, mais encore avec les idées fournies par la raison, M. de Beaumont terminait ainsi son mandement : « A ces causes, vu le livre qui a pour titre : *Emile ou de l'Education*, par Jean-Jacques Rousseau, citoyen de Genève, après avoir pris l'avis de plusieurs personnes distinguées par leur piété et par leur savoir, le saint nom de Dieu invoqué, nous condamnons ledit livre comme contenant une doctrine abominable, propre à renverser la loi naturelle et à détruire les fondements de la religion chrétienne, établissant des maximes contraires à la morale évangélique, tendant à troubler la paix des Etats, à révolter les sujets contre l'autorité de leur souverain, comme contenant un très-grand nombre de propositions respectivement fausses, pleines de haine contre l'Eglise et ses ministres.... »

Jean-Jacques répondit au prélat par une lettre qui est une brochure, ou plutôt un volume, car elle a cent pages au moins, et qui malgré cela, ou peut-être à cause de cela, fut célèbre. Rousseau se dit attaqué dans sa personne, et non dans ses œuvres, il cherche à prouver qu'il n'a pas été atteint, et c'est là tant mieux, puisque l'archevêque ne visait que l'ouvrage, et point l'auteur ; mais le citoyen de Genève a la manie de se croire persécuté et il reproche à M. de Beaumont de se mettre dans les rangs de ses persécuteurs ; il va plus loin, il en veut à « l'*intrépide Mgr de Beaumont* » de ne se mettre au nombre de ses persécuteurs que pour complaire aux jansénistes, et il lui en fait honte. Ah! Rousseau, combien vous êtes malin!

« Monseigneur, dit Jean-Jacques, vous n'avez été pour moi ni humain, ni généreux, et non-seulement vous pouviez l'être sans m'épargner aucune des choses que vous avez dites contre mon ouvrage, mais elles n'en auraient fait que mieux leur effet. J'avoue aussi que je n'avais pas le droit d'exiger de vous ces vertus, ni lieu de les attendre d'un homme d'Eglise. Voyons si vous avez été du moins équitable et juste, car c'est un devoir étroit imposé à tous les hommes et les saints mêmes n'en sont pas dispensés.

» Je croirai vous avoir bien répondu, si je prouve que partout où vous m'avez réfuté, vous avez mal raisonné et que partout où vous m'avez insulté, vous m'avez calomnié. »

Après avoir ainsi divisé son discours en plusieurs points et exposé le but qu'il se propose, Jean-Jacques s'enfonce dans un dédale de théories et de sophismes où il se délecte et dont il ne sort que vers sa cinquantième page : après avoir pris l'homme à sa naissance, le monde à sa création, il les abandonne un moment pour reprendre à partie M. de Beaumont et lui dire :

« Monseigneur, c'est souvent un petit mal de ne pas entendre un auteur qu'on lit, mais c'en est un grand quand on le réfute et un très-grand quand on le diffame... le seul endroit de votre mandement où vous ayez raison est celui où vous réfutez une extravagance que je n'ai pas dite. »

En vérité, quand on lit avec soin cette lettre de Rousseau on se demande pourquoi elle est célèbre. Le galimatias philosophique alterne avec la trompette épique, et le mode larmoyant qu'affectionne l'auteur, mais ce qui relève le tout, c'est un certain ragoût d'insolence, non point celle d'un page, mais plutôt celle d'un laquais.

Sur le tout, l'affaire est assez simple ; un écrivain protestant, greffé de libre-penseur, fait un traité sur l'Education, où il raille le catholicisme, où il pose des principes à lui, c'est son droit ; un archevêque interdit l'ouvrage dans son diocèse et le censure, c'est son devoir ; mais ce qui demeure inexplicable, c'est que l'écrivain s'en soit fâché.

Jean-Jacques ne fut pas le seul avec qui l'archevêque entra en lice. Il eut encore à combattre Helvétius, Marmontel, Voltaire, il s'opposa de toutes ses forces à la publication des œuvres de ce dernier, son mandement contre le *Bélisaire* est demeuré l'un des modèles du genre, enfin il n'eut pas de peine, en condamnant l'ouvrage qu'Helvétius a intitulé l'*Esprit*, parce qu'il n'y est question que de la matière, à en démontrer les erreurs.

Esprit autoritaire pour son compte, mais libéral pour le compte d'autrui, il ne laissait pas d'être en correspondance suivie avec l'impératrice Catherine de Russie, et de recevoir fréquemment des lettres du roi de Prusse, Frédéric II. C'est ce roi qui, en apprenant l'exil de Beaumont, disait :

« Que n'est-il venu dans mes Etats! j'aurais fait la moitié du chemin. »

Beaumont put à peine disposer de quelques années pour se recueillir, et mettre un intervalle entre la vie et la tombe. Il s'abandonna à la passion de la charité qui toute sa vie l'avait dévoré.

Ce n'est qu'en accumulant les petits faits et les joignant ensemble, qu'on peut essayer de le dépeindre.

On entendit un jour parler dans le monde d'une demoiselle de Valois qu'on allait mettre à l'abbaye de Longchamps, et de son frère qui était un simple matelot. M. d'Hozier, le juge d'armes, examina les papiers de leur famille, et il fut prouvé qu'elle tirait son origine d'un Charles de Valois, baron de Saint-Remy, lequel était fils naturel de Charles IX. Il y avait eu successivement dans leur ascendance, une suite de prodigues et d'insensés qui s'étaient laissé réduire à l'aumône, mais comme la baronnie de Saint-Remy leur était substituée à perpétuité de filiation masculine, il y aurait eu de la ressource avec un autre homme que leur père qui était un joueur et un escroc.

L'archevêque de Paris avait répondu de 36,000 livres qu'il fallait de prime abord à ce M. de Saint-Remy pour opérer la libération de sa terre; et ce ne fut que quand M. de Beaumont apprit qu'il ne s'était servi de cette caution que pour emprunter justement la même somme, qu'il ne voulut plus entendre parler de ce débauché.

M. l'archevêque avait un peu plus de cinq cent mille livres de rente, tant par les biens territoriaux et les droits féodaux de son siége, que par ceux des abbayes qu'il possédait en commande. Il en prélevait annuellement quatre cent trente mille livres, afin de les distribuer en bonnes œuvres. On calculait que depuis son entrée dans l'épiscopat jusqu'à sa mort, il avait dû lui passer par les mains, sans qu'il en restât rien à ses doigts, environ 200 millions de livres tournois. Il aimait tendrement son neveu qui n'a pas eu 12,000 livres de rente, et voilà sa plus belle oraison funèbre.

Un jour Mme de Marsan étant allée lui rendre visite, vit sortir du cabinet du prélat un homme qu'elle reconnut pour être un de ses plus acharnés ennemis.

— Je parie, Monseigneur, dit-elle à l'archevêque, que cet homme est venu vous demander de l'argent. (En effet, le solliciteur en avait obtenu 15,000 livres.)

— Mais vous ne savez donc pas qu'il est l'auteur d'un libelle publié contre vous.

— Je le savais, répondit l'archevêque.

Cet homme qui avait tant combattu les philosophes, savait que parfois la raison humaine peut guérir les illusions, mais non pas guérir les souffrances.

Aussi donna-t-il ses mandements aux Encyclopédistes, et son or aux pauvres, et quand après sa mort le peuple fut admis dans la chambre où il était exposé sur un lit de parade, de pauvres femmes se mirent à dire :

« Ce pauvre Monseigneur, si on lui demandait un louis d'or, ça serait capable de le faire revenir. »

A ses obsèques, on faisait remarquer qu'il n'épargnait personne quand il s'agissait de la répression des scandales, et on contait à ce propos, une histoire de la maréchale de Noailles reproduite par les journaux du temps :

Il était arrivé un jour à Nanterre, un carrosse à six chevaux couvert de l'*Impériale* en velours cramoisi, insigne extérieur des honneurs du Louvre, et accompagné de laquais en habits jaunes avec des galons rouges ; c'était l'équipage de Mme de Noailles. Quelques jours après, le doyen de Nanterre s'aperçut qu'un morceau de la vraie croix, précieusement conservé dans le reliquaire, avait disparu.

Catherine de Cossé-Brissac, fille unique du duc de Brissac, mariée au duc de Noailles et d'Ayen, pair et maréchal de France, l'une des plus grandes dames de la cour, était connue pour ses excentricités. Elle entretenait une correspondance avec la sainte Vierge et était toujours en quête de toutes les idées superstitieuses et saugrenues dont elle pouvait faire la découverte.

Madame de Noailles fut soupçonnée de s'être approprié la relique; informé du fait, M. l'archevêque fit faire une enquête, et s'assura que la maréchale était bien réellement coupable; il paraît qu'elle avait voulu avoir en sa possession une *relique dérobée* pour satisfaire à l'on ne sait quelle imagination du moment.

M. de Paris n'hésita pas, à cette occasion, à lui interdire l'usage des sacrements, mais par une bienveillance toute pastorale, il ne voulut pas en faire connaître la cause et préféra s'exposer à la désapprobation de toute la société, et en particulier de la famille.

L'archevêque a d'ailleurs été mal jugé de ses contemporains, il n'en pouvait être autrement. Dans un temps comme le sien, la tâche des hommes modérés est ingrate, les soupçons de leurs amis s'unissent contre eux aux haines de leurs adversaires. Parce qu'ils demeurent fidèles à leur cause, ceux-ci leur en imputent les excès. Parce qu'ils répudient ces excès, ceux-là leur reprochent de déserter leur cause.

Cet homme, si souvent pris pour arbitre, et dont la manière d'arbitrer était presque toujours de payer pour le débiteur, ce prélat, qui fait tout pour obtenir la grâce d'un auteur, enfermé pour satire publiée contre lui, et qui pendant sa détention lui envoie des secours, et assiste sa femme et ses enfants, ce prélat avait la finesse de raisonnement d'un contemporain de Voltaire et la charité d'un chrétien des premiers âges. Gentilhomme, il était le commissionnaire de toute la pauvre noblesse dont il remettait les placets et recommandait les demandes; adversaire du philosophisme, il possédait le droit canonique à en remontrer aux avocats; archevêque de la capitale, il vivait comme un pauvre homme dans son particulier, ne se chauffant point, vêtu en hiver comme en été.

« Grand par les honneurs qu'il reçut, il fut plus grand encore par ceux qu'il refusa. »

Au milieu de ce XVIIIe siècle, si fécond en types de tout genre, c'est une consolante figure, que celle de Christophe de Beaumont. On le voit se dresser, *Impavidus,* au milieu des compromis de la politique, des rêveries des uns, des erreurs des autres; il tient, la main ferme et le cœur serein, le drapeau de l'Eglise, et de tout ce que l'Eglise représente, et de tout ce qu'elle protége.

Seul, il a vu clair dans ce chaos; Beaumont, qui baptisa Louis XVI, aperçut avec une lucidité étrange les fissures de son trône et la décadence des institutions anciennes. Voltaire, en multipliant ses attaques, ne savait trop ce qu'il en adviendrait, et ne croyait guère à leur succès; Beaumont, en attaquant Voltaire, n'ignorait ni la profondeur de l'abîme qui se creusait, ni les énigmes de l'avenir. Et c'est parce qu'il savait que ce qu'on allait détruire ne serait pas remplacé, qu'il jetait le premier cri d'alarme, alors que gentilshommes, princes, conseillers, parlements et philosophes s'en allaient insouciants au précipice.

Sa vie, passée entre un malheureux qui l'appelait son sauveur, et un magistrat qui l'appelait à sa barre, se termina trop tôt pour justifier de son vivant la réalité de ses craintes[1].

(1) Voir, pour Ch. de Beaumont, aux Pièces justificatives.

Prorogatur eadem facultas ad annum. Datum Parisiis die 1a 8bris 1788.

Malvaux vic. gen.

De Mandato

Gervais

Prorogatur eadem facultas ad annum. Datum Parisiis die 1a 8bris 1789.

De Dampierre vic. gen.

De Mandato

Gervais

Prorogatur eadem facultas ad annum. Datum Parisiis die 1. 8bris 1790.

Desfloirac vic. gen.

De Mandato

Gervais

Confessio & Prædicatio.

ANTONIUS-ELEONORIUS-LEO LE CLERC DE JUIGNÉ, Miseratione divinâ, & Sanctæ Sedis Apostolicæ gratiâ, Parisiensis Archiepiscopus, Dux Sancti Clodoaldi, Par Franciæ, Regiæ Navarræ Superior, &c. Damus Magistro Huberto-Laurentio Le Roy, Presbytero Parisino, licentiam, & facultatem impertimur per præsentes, excipiendi Confessiones Fidelium in parochia SS. Gervasii et Protasii Parisiis et in aliis Nostræ Diœcesis locis, quamdiu tamen dictæ Parochiæ addictus erit,

& Verbum Dei annunciandi de consensu Rectorum vel Superiorum locorum. Sciat verò sibi hoc instrumento non conferri facultatem excipiendi Confessiones Monialium, concionandi tempore Adventûs & Quadragesimæ, aut quemquam absolvendi à Casibus nobis reservatis, nisi id ipsi à nobis speciatim sit scripto concessum. Præsentibus Litteris valituris ad annum. DATUM Parisiis sub signo Nostro ac Secretarii Archiepiscopatûs nostri subscriptione, anno Domini millesimo septingentesimo octogesimo septimo, die verò mensis Novembris decima sexta.

Ant. El. L. Archiep. Parisiensis

De Mandato Illustrissimi & Reverendissimi D.D. Archiepiscopi Parisiensis.

Gervais

Vu par nous chef du Bureau de liquidation de la Municipalité de Paris le [illegible] mai 1791 [illegible]

MONITA OBSERVANDA.

1. Si quis Sacerdos approbationem, seu licentiam excipiendi Confessiones, aut Verbi divini annunciandi in Diœcesi Parisiensi, vel ejusdem approbationis prorogationem obtinere velit; accedat die Jovis, aut die Veneris cujusque hebdomadis nullo Festo impeditâ, horâ tertiâ post meridiem; accedat autem veste decenti & Ecclesiasticâ indutus.

2. Sacerdos secularis hujus Diœcesis qui approbationem obtinere voluerit, afferat litteras authenticas Ordinationis suæ Sacerdotalis, & testimonium authenticum vitæ & morum à Parocho suo vel alio fide digno duobus aut tribus ad summum ante mensibus subscriptum. Si sit alterius Diœcesis, præter litteras Ordinationis suæ Sacerdotalis, & idoneum testimonium vitæ & morum, afferat litteras commendatitias quibus & sibi è Diœcesi suâ exire sit concessum, & instrumentum quo pateat collatam ipsi fuisse Missæ hac in Diœcesi celebrandæ licentiam. Nemo verò ex alienâ Diœcesi veniens in quâ diu fuerit commoratus, etiam si sit hujus Diœcesis, approbationem à nobis accipiet, nisi testimonium vitæ & morum habeat ab Ordinario loci aut ejus Vicario Generali subscriptum, vel saltem ab eodem Ordinario aut ejus Vicario Generali recognitum. Nemo approbationis pro certâ Parochiâ obtentæ prorogationem accipiet, nisi habeat testimonium vitæ & morum subscriptum à Pastore illius Parochiæ.

3. Sacerdos Regularis, cujuscumque Ordinis, Congregationis, aut Monasterii existat, cùm ad accipiendam approbationem aut approbationis prorogationem accedet, afferat litteras obedientiales à suo Superiore Provinciali, vel ab eo Superiore qui in Ordine seu Congregatione Provincialis munere sub quovis nomine fungitur subscriptas, & sigillo Ordinis, Congregationis, aut Monasterii sui munitas, in quibus litteris dictus Superior testetur de integritate vitæ & morum ejusdem Sacerdotis Regularis sic accedentis; & præterea exprimat in quâ Diœcesi ipsemet Regularis ultimò, ac per quantum temporis commoratus sit.

4. Qui approbationem aut approbationis prorogationem acceperit, non poterit Vicarii munus in Parochiâ obire, nisi specialem illius obeundi licentiam scripto datam obtinuerit. Antequam autem ad hanc licentiam petendam accedat, sese paratum curet ad examen subeundum de ritu administrandi Sacramenta Baptismi, Eucharistiæ, Extremæ-Unctionis, & Matrimonii, necnon de aliis functionibus quæ ad Parochi munus spectant.

5. Approbatio aut approbationis prorogatio Sacerdoti, sive seculari, sive regulari concessa, valebit tantùm pro temporibus, locis & personis, quæ in instrumento approbationis aut prorogationis unicuique concesso definita fuerint; nec ad alia tempora, alia loca vel personas alias pro accipientis libito extendi poterit.

6. Nullus Confessiones Fidelium in Parochiâ excipiat, nisi de Pastoris consensu; aut in Ecclesiâ Regularium, Hospitalis alicujus, aut aliâ simili, nisi de consensu Superioris: aut nisi aliud à nobis singulariter statutum & disertè permissum fuerit.

7. Nullius prorsus, nisi infirmi Confessio, in privatis ædibus aut cubilibus excipiatur; feminarum autem Confessiones non audiantur in Sacristiâ, sed tantùm in patenti, conspicuo & apto Ecclesiæ loco.

'ANDA.

ɔnes, aut Verbi divini annunciandi in Diœ-
:cedat die Jovis, aut die Veneris cujuſque
m veſte decenti & Eccleſiaſticâ indutus.
rit, afferat litteras authenticas Ordinationis
uo vel alio fide digno duobus aut tribus ad
Ordinationis ſuæ Sacerdotalis, & idoneum
: Diœceſi ſuâ exire ſit conceſſum, & inſtru-
centiam. Nemo verò ex alienâ Diœceſi ve-
nem à nobis accipiet, niſi teſtimonium vitæ
1, vel ſaltem ab eodem Ordinario aut ejus
ɔtentæ prorogationem accipiet, niſi habeat

naſterii exiſtat, cùm ad accipiendam appro-
entiales à ſuo Superiore Provinciali, vel ab
ovis nomine fungitur ſubſcriptas, & ſigillo
ictus Superior teſtetur de integritate vitæ &
: in quâ Diœceſi ipſemet Regularis ultimò,

1 poterit Vicarii munus in Parochiâ obire,
n autem ad hanc licentiam petendam acce-
ramenta Baptiſmi, Euchariſtiæ, Extremæ-
unus ſpectant.
ſive regulari conceſſa, valebit tantùm pro
rogationis unicuique conceſſo definita fuc-
o extendi poterit.
ris conſenſu; aut in Eccleſiâ Regularium,
ud à nobis ſingulariter ſtatutum & diſertè

is excipiatur; feminarum autem Confeſſio-
:cleſiæ loco.

CHAPITRE X

ANTOINE LECLERC DE JUIGNÉ

Les archevêques et les rois. — Le calme avant l'orage. — Le carrosse du prélat. — Juigné aux États-Généraux. — L'archevêque lapidé. — L'exil.

1781-1801

Dans la liste des « *Gens de ma connaissance* » écrite par Marie-Thérèse et remise par elle à sa fille Marie-Antoinette, figuraient les deux frères de Montazet, dont l'un, archevêque de Lyon, savant homme et janséniste, avait été le scandaleux adversaire de M. de Beaumont. Mais la protection de la reine de France ne s'étendit pas sur ceux des amis de sa mère dont les principes religieux n'auraient pas convenu au roi, et M. de Juigné, déjà pair de France comme évêque de Châlons, fut appelé dans la capitale.

« Mon cousin, je vous ai nommé à l'archevêché de Paris et j'ai nommé M. de Clermont-Tonnerre à l'évêché de Châlons.

Quand cette lettre de Louis XVI parvint à Châlons et que M. de Juigné prit congé de ses diocésains, ce ne fut qu'un cri :

— Ah ! le bon évêque que M. de Juigné, il ne sera jamais remplacé !

Depuis que les rois nomment les évêques, on peut dire qu'ils ont été successivement dirigés dans leurs nominations par toutes sortes de motifs, et même par des motifs tirés de l'intérêt de la religion ; mais comme il n'était point de siége plus important que celui de Paris, le prince donnait un soin tout spécial au choix du sujet qui le devait occuper et l'on peut remarquer que les archevêques ont tour à tour été doués des mêmes défauts et des mêmes qualités que le monarque régnant, peut-être parce que celui-ci ne croyait pas possible de trouver personne de mieux, que quelqu'un qui lui ressemblât à lui-même.

Depuis du Bellay, joyeux compagnon et disert entre tous, jusqu'à Juigné, charitable et minutieux personnage, il y a entre le souverain et son archevêque une frappante analogie. Gondi, le premier archevêque, était sombre comme Louis XIII et jaloux de son neveu le coadjuteur, ainsi que le roi, de son ministre. Retz était pour l'astuce et l'intrigue à deux de jeu avec la régente. Quand Louis XIV ne rêvait qu'élégance et pouvoir absolu, il prit pour pasteur Harlay qui avait l'une et flattait l'autre; quand le grand roi se sentit en vieillissant du goût pour la vertu et les bonnes mœurs, il éleva à Paris Noailles, que sa rigidité n'empêcha pas d'échouer aux jansénistes. Louis XV, ami de l'autorité, fit venir Beaumont, dont la voix sévère le fatigua vite comme celle d'un ennuyeux prophète. Le pacifique Juigné qui n'avait de son prédécesseur ni l'énergie ni le génie évangélique, mais qui en avait la douceur et surtout la charité, plut au débonnaire Louis XVI.

Juigné, dont Beaumont avait dit quand on le pressait de prendre un coadjuteur :

« Je le veux bien, mais à la condition que ce sera M. l'évêque de Châlons. »

Quand Louis XVI, imitant cet empereur carlovingien, Louis premier du nom, à qui l'on ôtait solennellement son sceptre et son manteau, viendra se dépouiller volontairement de ses droits royaux, croyant faire ainsi le bonheur de la France, Juigné, sur l'exemple de son prince, montera à la tribune pour déclarer que le clergé renonce à la dîme et à ses droits, croyant agir ainsi pour le bien de l'Eglise, et ce sera là le plus beau jour de sa vie.

Le roi de France a laissé des livres de compte où de sa main il écrivait sa dépense jusqu'au dernier liard ; l'archevêque de Paris mettait lui-même à part, et conservait tous les cachets en cire des centaines de lettres qu'il recevait à chaque courrier, disant à ceux qu'il voyait rire :

« Je puis nourrir avec cela un de mes pauvres pendant une année. »

Tous deux, l'évêque et le prince, trouvèrent en montant sur leurs trônes, un de ces abîmes dans lesquels il ne reste plus qu'à tomber ; et ni l'un ni l'autre n'en eurent conscience.

Les voyageurs qui ont visité le Niagara racontent qu'arrivé à une certaine distance de la chute, le bruit formidable, qui se faisait entendre à plusieurs lieues, cesse tout à coup, de bouillonnante et furieuse l'eau devient unie comme une glace et si rapide qu'elle paraît ne plus couler ; ainsi de l'épiscopat de Juigné et des années qui précèdent immédiatement la Révolution.

Avec M. de Beaumont, les encyclopédies monstres du philosophisme, les œuvres de Voltaire, de Rousseau, de Diderot, d'Helvétius, qui éclatent avec grand fracas, et les petits libelles anonymes qui s'insinuent doucement, les querelles épiques du Parlement et de l'archevêque, de l'archevêque et du roi, les batailles rangées, à coups d'ordonnances, de pamphlets, de lettres d'exil; puis, le silence se fait en quelques années, Louis XV, Beaumont, Voltaire sont morts, les Parlements ont succombé; il semble que tout est fini, quand Louis XVI est roi à Versailles, Juigné, archevêque à Notre-Dame.

Le pasteur de la capitale mène une existence en partie double : à Paris les travaux sérieux, le conseil diocésain, les devoirs de l'épiscopat, les distributions d'aumônes ; à Versailles la comédie, les fêtes champêtres, les brillantes cérémonies, où l'archevêque avait sa place, au milieu de cette hiérarchie tellement fixée que chaque nom, chaque mérite, chaque tradition était une étude, même pour la famille royale.

Jamais la cour n'avait été plus gaie, au milieu de ces mille fonctions dont chacune avait sa prérogative disputée comme un procès d'Etat, quand toutes ces jeunes femmes si rieuses, si folles, descendaient le grand escalier pour suivre une reine si brillante et si noble elle-même. Jamais le luxe n'avait été porté si loin sous la monarchie depuis les manchettes en point d'Angleterre et les boutons de diamants jusqu'aux éventails d'ivoire, aux riches miniatures; chaises à porteurs, énormes carrosses, phaétons nouveaux, coureurs emplumachés, calèches de porcelaine à roues de cristal traînées par des chevaux ornés de roses pompons, conques floquetées de roses attelées à quatre chevaux, nœuds d'émeraudes, sachets d'orient, chapelles dans les boudoirs, salons peints par Watteau et Paroccel, trumeaux, glaces de Venise, tout ces mille riens charmants, servent à caractériser une époque, qui manque principalement de caractère.

Le prélat vivait à son aise dans ce milieu, ne songeant ni à le censurer ni à l'imiter; c'était un usage immémorial de n'avoir à l'archevêché de Paris, ni glaces ni meubles somptueux. Un mobilier appartenant au département de la Seine y fut mis par Napoléon Ier pour y recevoir le souverain-pontife; mais en 1781, les grandes pièces du palais étaient meublées avec une simplicité antique :

— Je ne veux pas mieux que mes prédécesseurs, disait Juigné, et d'ailleurs j'aime beaucoup tout cela.

Il avait dans son salon des fauteuils couverts de toile.

— Vous croyez peut-être, disait quelqu'un, que ces toiles sont employées pour garantir les fauteuils de la poussière ; c'est principalement afin qu'on ne voie point leur désastre.

Dans les grandes cérémonies, pour aller au Parlement siéger comme duc et pair, ou dans ses voyages à Versailles, l'archevêque se servait de l'ancienne voiture du temps de M. de Noailles. On l'appelait la *voiture de gala,* et elle avait plus d'un siècle ; elle contenait avec le prélat ses deux aumôniers, son porte-croix, deux écuyers, et au dehors trois pages ; deux domestiques et le cocher. Deux chevaux seuls la traînaient au pas d'ambassadeurs.

Un jour qu'il devait dîner à la cour, son valet de chambre apporte à Juigné une soutane neuve en velours violet, ciselé de soie.

— Combien coûte-t-elle? demande-t-il.

— Huit cents francs, monseigneur.

— Combien de malheureux, dit-il tout pensif, je couvrirais avec cette soutane de 800 francs.

On juge si pareil homme devait être ennemi du cérémonial. La seule chose qu'il se soit jamais avisé de régler, c'est qu'on ne jouât pas plus de deux sous la partie de trictrac au secrétariat de l'archevêché; pour le reste, il ne s'en souciait guère.

Il était d'usage que Messieurs les chanoines ne devaient jamais manger vêtus de leur soutane violette à la table des archevêques de Paris; chacun, suivi de son domestique, faisait dans l'antichambre une nouvelle toilette avant et après le dîner. Le prélat les supplia de s'en dispenser, mais le chapitre tenait autant à ses devoirs qu'à ses droits, et les chanoines continuèrent.

M. de Juigné porta dans son nouveau diocèse le même esprit, les mêmes principes d'après lesquels il avait gouverné celui de Châlons; même prudence, même modération, même douceur, même attention à maintenir la paix, à tâcher de l'entretenir entre le sacerdoce et la magistrature.

Plein de vénération pour la mémoire de M. de Beaumont, il eut le même respect pour ses institutions, ses choix, ses nominations, ne déplaça personne et forma un conseil épiscopal demeuré célèbre par les personnalités qui y parurent. Il y avait là Emery qui supportera les colères titaniques de Napoléon, Chevreuil, Delaunay, Desplasses, tout ce que la Sorbonne renfermait de lumières, MM. de Beauvais, Asseline et de Dampierre, morts tous trois évêques au XIXe siècle.

Dans ses charités, le prélat n'avait point le laisser-aller de grand seigneur de Harlay où les prodigalités apostoliques de Beaumont pour qui l'argent n'avait pas de valeur et qui ne s'attardait point à le compter ; il mesurait ses aumônes, tout en les multipliant, comme s'il pressentait que le jour était proche où il serait dépouillé, et qu'il voulût faire profiter les pauvres des dernières années de richesse de l'Eglise.

Mince, grand, bien fait, ce prélat au regard céleste et timide comme un séminariste, craignait toujours de se tromper, de se compromettre, de manquer à quelques procédés.

C'était un bon homme, sincère jusqu'à la naïveté, doux jusqu'à la faiblesse et prudent jusqu'à la crainte.

— Je ne sais pas, disait-il, comment on peut promettre ce qu'on ne peut et ce que l'on n'a pas envie de tenir. Je suis toujours surpris de voir un honnête homme se permettre de tromper l'espoir des malheureux solliciteurs.

A sa première ordination où assistaient plusieurs grands personnages, l'un des prêtres était outrageusement distrait.

— Nous sommes vous et moi, Monsieur l'abbé, en présence de Dieu, vous allez recevoir le sacerdoce; ce fut tout ce qu'il lui put dire.

— Mon cher Monsieur, disait-il à un ministre, qui l'accusait d'une trop grande longanimité, s'il y avait quelque chose de meilleur que la douceur, Dieu nous l'aurait appris, mais il ne nous recommande que deux choses, d'être doux et humbles de cœur.

Il défendait sa prudence, en rappelant que saint Bernard la tenait pour l'abbesse de toutes les vertus ; et il ajoutait, affectionnant les citations de la Bible qu'il savait par cœur d'un bout à l'autre, que cette vertu était tellement nécessaire, pour gouverner les hommes, que Salomon ne demande pas autre chose à Dieu.

C'était une curieuse rencontre qu'un archevêque si craintif, et défiant de toute nouveauté en un pareil temps ; prélat dont la vie était si occupée et si régulière, qu'elle ne pouvait être dérangée par les fréquentes migraines dont il souffrait, et qui vit tout s'écrouler autour de soi, vécut quinze ans d'une vie errante et persécutée, sans interrompre une seule fois les heures de ses exercices de religion.

Dans le rigoureux hiver de 88 à 89, M. de Juigné distribua dans le diocèse plus de 300,000 francs recueillis par ses soins, et ses moyens ordinaires ne pouvant suffire aux besoins de tant de gens, il vendit sa vaisselle, engagea son patrimoine et fit de gros emprunts pour lesquels le marquis de Juigné, son frère, s'obligea jusqu'à cent mille écus.

On ne le peut mieux voir sous son vrai jour que par sa réponse à qui lui proposa d'acheter la magnifique bibliothèque de l'abbé de Bourbon, l'enfant d'amour de Louis XV :

— Comment me proposez-vous d'avoir des livres couverts d'or, tandis que mes pauvres sont couverts de haillons ?

Un prêtre du dernier ordre, de la partie en quelque sorte roturière de l'Eglise, rattachée par la dîme, cet impôt tout patriarcal, au bonheur et au malheur du paysan, dit qu'il mourrait content, s'il était une fois admis à la table de Monseigneur.

L'archevêque l'apprend et l'invite aussitôt.

— J'ai eu, dit-il le soir, plus de plaisir à recevoir ce brave homme que des personnages à cordons rouges et à cordons bleus.

Insulté pour la première fois aux assemblées primaires qui se tenaient à l'archevêché sous sa présidence, Juigné supporta ces insultes avec sa mansuétude ordinaire. Quelques années avant, Rivarol écrivait : « Les nations que les rois consultent commencent par des vœux et finissent par des volontés. » La révolution éclate ; Louis XVI, guidé par des ministres faibles ou par des politiques entretenus, qui auraient dû attacher un bouchon de paille à leur conscience, pour indiquer qu'elle était toujours à vendre, Louis XVI ne sait à qui se fier ; il songe à son doux archevêque, sa seule créature à lui, celui que, huit ans auparavant, il a placé de son propre mouvement dans la chaire parisienne ; Juigné compose et porte lui-même au roi un *Mémoire* secret où il développe un plan de conduite qui puisse diriger l'Eglise de France, au milieu des écueils qui la menacent.

Le soir, l'archevêque de Paris et le cardinal de la Rochefoucauld se rendaient auprès de Sa Majesté, et enfermés dans le cabinet du roi, loin du bruit de la cour et des clubs, ils causaient de la situation politique et se communiquaient leurs tristes pressentiments.

M. de Juigné était président de l'ordre du clergé; aux Etats-Généraux, la confiance dont il était l'objet donna de l'ombrage à ses ennemis, et ils répandirent le bruit que l'archevêque était allé, un crucifix à la main, se jeter aux pieds du roi, pour le supplier de prendre des mesures sévères.

Le bruit se répéta, se colporta, trouva place dans les pamphlets. Il n'en fallait pas davantage pour représenter celui qui en était l'objet comme l'ennemi juré du peuple et du bien public.

Le 24 juin, en sortant des Etats-Généraux, sa voiture fut assaillie et poursuivie à coups de pierres; il eût été lapidé, sans les gardes du corps, qui le délivrèrent à temps. A peine rentrait-il à l'archevêché, que toutes les croisées en furent brisées.

— Vous osez participer à cette abomination, demande-t-on à une vieille femme? à la tête d'un groupe.

— Tenez, voilà la pierre et les six francs qu'on m'a donnés.

Les pierres lancées à l'archevêque étaient ainsi tarifées, depuis vingt sous jusqu'à six livres, selon l'âge et l'importance du sujet, ce qui prouve que si les révolutions sont quelquefois inspirées par des gens d'esprit, elles sont toujours exécutées par des bêtes féroces.

Les jours suivants, à son entrée au palais, Juigné

était accueilli par des huées et l'on disait très-haut dans le public qu'on ne voulait plus d'archevêque de Paris, et qu'il fallait nommer un *patriarche (?)*

En ce temps de merveilleuse anarchie, où l'argent était aimé pour lui-même et la vertu, pour les autres, où comme toujours les troubles engendraient la misère, Juigné ne cessa pas ses aumônes.

Le lendemain de la scène dont nous parlons, ceux qui avaient lancé les pierres venaient demander du pain.

— Comment, malheureux, dit le suisse à un pauvre qu'il reconnaît, tu as hier lapidé Mgr l'archevêque et tu viens mendier des bienfaits aujourd'hui?

— Je me suis trouvé dans la foule, on m'avait mis dans la main une pièce d'argent et dans l'autre une pierre; j'ai mis l'argent dans ma poche et j'ai jeté la pierre en l'air; j'voulions pas faire de mal à ce bon évêque, j'voulions tant seulement l'y faire peur.

Le prélat n'en persista pas moins quelque temps encore à demeurer à son poste; s'il quitta l'Assemblée Nationale avant de pouvoir signer les protestations du côté droit, c'est qu'il avait été prévenu qu'on voulait le faire assassiner pour intimider les autres, et il parvint à échanger la lanterne contre le voisinage de Lausanne.

Il fallait à cette époque de si fortes raisons pour vivre, qu'il n'en fallait pas pour mourir; aussi, quelques mois après, à ceux qui reprochaient à Juigné d'avoir déserté son diocèse, Maury n'eut pas de peine à répondre en s'écriant :

« M. l'archevêque de Paris, ce prélat si régulier, si doux, si exact à tous ses devoirs et dont les ennemis du bien public n'ont que trop bien calculé le caractère pacifique, et la trop facile résignation ; ce bienfaiteur du peuple que ses pieuses largesses ont encore plus appauvri que vos décrets ; ce représentant de la nation, qui, dès le mois de juin 1789 a été lapidé impunément en plein jour au milieu de Versailles à l'issue de l'une de nos séances, entre l'assemblée nationale et le trône, sans qu'il se soit permis de rendre aucune plainte contre ses bourreaux, sans qu'aucun procès-verbal ait constaté un attentat si mémorable, sans qu'il vous ait dénoncé cette proscription effrayante qui a donné à l'Europe entière de si terribles doutes sur la liberté de nos opinions, ce prélat qui, durant trois mois entiers, a pris part à nos délibérations après une pareille catastrophe et qui, ne trouvant plus de protection suffisante dans les tribunaux, s'est vu obligé, malgré son inviolabilité, de demander à cette assemblée, un congé qu'il a obtenu, et d'aller chercher sa sûreté sur une terre étrangère, c'est ce même homme que vous osez accuser de s'être éloigné de son diocèse ! C'est cette retraite, c'est cet exil involontaire qui lui a fait verser tant de pleurs, que vous lui reprochez, et sans respect pour ses vertus, pour ses malheurs, pour son silence, du moins, qui devrait vous être si précieux, vous le traduisez devant nous comme le prévaricateur des lois de la résidence. »

Dans l'exil, l'archevêque de Paris connut la plus

profonde détresse ; il formait en Suisse, avec plusieurs membres de sa famille, et beaucoup de ses frères dans l'épiscopat, une association où l'on mettait en commun tout ce que l'on n'avait pas, et où l'on ne manquait guère que de tout.

Calice, crosse, ornements, croix, anneaux, chapelle épiscopale, le quittèrent tour à tour ; il trouvait encore moyen de faire charité à ceux qui l'en requéraient.

Sur une fortune de six à sept millions, sa famille put emprunter un millier de louis.

— Sans cette ressource, nous serions morts de faim à la lettre, moi et les miens.

En 1801, M. de Juigné sacrifia à l'obéissance ce qu'il avait de plus cher au monde, et donna sa démission de l'archevêché de Paris. Elle fut portée au légat par M. Meynaud de Pancemont qui était venu à Augsbourg pour la solliciter.

L'archevêché de Paris avait été proposé au cardinal du Belloy, mais celui-ci avait immédiatement écrit à M. de Juigné qu'il n'accepterait qu'à son refus.

Par décret de 1806, Napoléon nomma Juigné à une place de chanoine du chapitre impérial de Saint-Denys. Il voulut se récuser sur son âge et ses infirmités, mais l'empereur l'interrompit en disant :

— Je vous dispense de tout ; si je vous donne ces quinze mille livres de rente, c'est pour honorer le chapitre et reconnaître vos vertus.

Prince détrôné, M. de Juigné, vivant à Paris dans

la retraite, eut, sur les autres princes, l'avantage d'être visité encore par ses anciens courtisans, les pauvres. Ceux-là d'ailleurs se montraient plus désintéressés qu'aucuns, ils refusaient les aumônes de leur pasteur.

— Monseigneur, lui disaient-ils, nous savons bien que vous n'êtes plus en état de nous donner, mais c'était pour vous revoir, et recevoir votre sainte bénédiction.

— Le temps de ma mort approche, dit-il en s'éteignant dans sa quatre-vingt-troisième année; j'ai livré un glorieux combat, j'ai achevé ma course, j'ai gardé la foi....

CHAPITRE XI

SCHISME CONSTITUTIONNEL

Gobel avant la Révolution. — Défenseur du pape. — Les mandements d'un intrus. — L'apostasie à la Convention. — La fête de la Raison à Notre-Dame. — La cathédrale à vendre. — Exécution de Gobel. — L'abbé de Dampierre à Paris. — La religion sous le Directoire. — Soixante-sept votants et cent-treize suffrages. — Démission de Royer.

Gobel, 1791-1793. — Royer, 1798-1801.

I

Il y a la sagesse des nations, mais il y a aussi leur folie ; notre révolution du dernier siècle l'a prouvé une fois pour toutes, de manière qu'il n'y ait plus à y revenir. Le trône et l'autel tombèrent ensemble, mais la religion y survécut et le droit monarchique y resta. La révolution religieuse subit toutes les phases de la révolution politique. La confiscation des biens d'Eglise, engendra la constitution civile du clergé, qui était le schisme, et le schisme engendra la suppression du culte, qui engendra la religion de l'Être suprême, laquelle ne fut rien, sinon une mascarade ; si bien qu'on se put croire un instant revenu aux jours du paganisme. Ce furent les trois années d'épiscopat de Gobel, le métropolitain de la Seine. Après l'exécution de Gobel, condamné à mort et guillotiné comme athée par Robespierre, le siége resta cinq ans vacant.

Les événements s'étaient succédé si nombreux et si étranges, que toutes les vérités humaines, comme des arbres en automne, semblaient tomber feuille à feuille, et que ceux qui y assistaient furent longtemps avant de pouvoir passer leur main sur leur front comme des fiévreux qui s'éveillent.

C'était une prostration complète, que suivit une lassitude extrême, et un grand besoin de culte ; Royer, bien que constitutionnel, fut accueilli un moment ; c'était du moins un semblant d'évêque. Mais cette église bâtarde, dont Grégoire était l'apôtre, déjà bien inférieure à celle dont Talleyrand avait été le pontife, ne pouvait satisfaire les populations catholiques. Ces pasteurs en imitation ne rappelaient pas plus les vrais évêques, que le soleil des feux d'artifice n'imite l'astre de ce nom ; après les avoir laissés quelques années durant, croupir dans une situation fausse, le premier consul fit rentrer tous ces soi-disant prélats dans leurs frontières naturelles, par le rétablissement de la religion catholique.

II

Quand les Etats-généraux se réunirent à Versailles, on n'y remarqua pas Gobel; pourtant Gobel y était. Or à cette époque, il y avait deux Gobel en un seul; l'un était M. l'évêque de Lydda, suffragant du prince-évêque de Bâle, celui-ci un saint homme, affectant des habitudes de décence et de piété, et passant même pour un habile directeur de consciences; l'autre était un prélat gaillard, criblé de dettes qu'il n'avait pas faites en récitant son bréviaire, ami de la dissipation, coureur d'aventures et joueur comme les cartes.

Gobel avait une pension de huit mille livres à prendre sur l'archevêché de Paris, ce qui, joint à ses prébendes et à ses émoluments d'évêque auxiliaire, lui formait un traitement annuel de vingt-cinq mille livres, bien insuffisant pour la vie qu'il menait. Il avait fait chaque année des emprunts considérables, et ses dettes s'étaient accumulées de telle sorte, qu'il lui était bientôt devenu impossible de les acquitter. Il devait un peu plus de cent cinquante mille écus, et spécialement à des Juifs, quand la révolution éclata.

Ce Gobel avait par-dessus le marché une grosse ambition qu'il cachait sous des dehors insinuants et modestes; il était assez joli homme, parlait bien et volontiers, et se donnait un petit air de candeur qui séduisait au premier abord. Il en est de cette espèce de gens comme des champignons : quand ils sont vénéneux, il arrive toujours un moment où l'on s'en aperçoit, mais il faut éviter de s'en apercevoir trop tard, sans quoi c'est comme si l'on ne s'en apercevait pas.

Ce fut ce qui arriva au prince de Bâle quand il fit conférer à Gobel l'onction épiscopale, et aux électeurs d'Alsace quand ils lui donnèrent mandat de les représenter à la Constituante.

Le 24 août 1790, fut promulgué le décret de l'Assemblée nationale, aux termes duquel le diocèse de Paris prenait le nom de métropole de Paris, et comprenait dans son arrondissement les évêchés de la Seine, de Seine-et-Oise, d'Eure-et-Loir, du Loiret, de l'Yonne, de l'Aube et de Seine-et-Marne. D'après la nouvelle constitution, les évêques, à l'exception de celui de Paris, étaient désignés non par le nom de la ville où ils étaient établis, mais par celui du département qui formait leur diocèse. Nul n'a jamais pu dire en quoi ce changement satisfaisait les principes d'égalité, de liberté, etc....

M. de Juigné s'étant éloigné de son siége pour ne pas souscrire à la constitution civile du clergé, on songea à lui donner un successeur.

Depuis qu'il siégeait dans la salle des Menus, Gobel avait continué son double jeu. A l'assemblée, il se montrait fort attaché à l'unité de l'Eglise et affichait des principes ultramontains ; quand on discuta la question de la liberté des cultes, il se leva et dit :

— Vous ne pouvez rien sur tout ce qui est spirituel, il faut chercher un moyen conciliateur, sinon vous vous exposez à donner des inquiétudes aux consciences. (Séance du 5 mai 1790.)

Quand on s'occupe de la constitution du clergé, Gobel n° 1, monte à la tribune pour crier anathème au nom des conciles contre toute puissance temporelle qui oserait usurper une autorité contraire à celle que l'Eglise a seule le droit d'exercer.

— Messieurs, dit-il, permettez que d'après ma conscience, je vous dise que toutes ces opérations pour changer la forme et le mode du gouvernement de l'Eglise catholique, seraient nulles et sans effet devant Dieu. Car retirer de la main d'un évêque, canoniquement institué, l'exercice des pouvoirs nécessaires au salut des fidèles, pour les placer dans les mains d'un autre évêque, est une chose purement spirituelle, qui excède la puissance de l'autorité temporelle. Ainsi, il faut nécessairement recourir à l'autorité de l'Eglise, puisque elle seule peut donner à un nouvel évêque, sur les fidèles du nouveau territoire, la juridiction spirituelle, nécessaire à l'exercice des pouvoirs qu'il tient de Dieu.

Pendant ce temps, Gobel n° 2, présidait le club des Jacobins et s'y distinguait par des motions exagérées.

Ce qui n'empêchait pas Gobel n° 1 d'écrire à son

évêque, pour indiquer la marche à suivre afin d'éviter la confiscation des biens du clergé en Alsace. La révolution a pour elle d'avoir généralisé cette catégorie d'hommes, qui se gardent toujours une poire pour la soif. Tandis qu'il suivait à Paris la bannière de Talleyrand, Gobel correspondait avec le chapitre de Bâle, pour le conjurer de ne point céder : le tout dans le but, assurément louable, de maintenir sa prébende, ses dîmes et ses rentes en Alsace, toutes choses bien autrement chères à son cœur, que la constitution civile du clergé.

Tout bien compté, Gobel était de ces orateurs politiques qu'on peut toujours réclamer pour une centaine de mille francs à la sortie. Il aimait la révolution comme les révolutionnaires, c'est-à-dire, — comme le loup aime le petit chaperon rouge — pour le manger.

Le 13 mars 1791, Gobel fut élu évêque de la Haute-Marne, du Haut-Rhin et de Paris ; il opta pour ce dernier siége, et écrivit en ces termes à son ancien métropolitain, le prince de Bâle, le 15 mars 1791 :

« Monseigneur,

» Je dois avoir l'honneur d'annoncer à Votre Altesse que dimanche dernier, le corps électoral de cette capitale m'a nommé à l'évêché métropolitain de Paris et que je l'ai accepté.... »

Il reçut la réponse suivante :

« J'ai reçu, Mgr, la lettre que vous m'avez fait l'honneur de m'écrire, par laquelle vous me faites part que le corps électoral de Paris vous a nommé le 13 du mois de mars, évêque de cette ville.

» Votre élévation à un siége aussi important que celui de la capitale du royaume de France, me fera un véritable plaisir, lorsque vous m'annoncerez que le Saint-Siége, auquel je vous ai toujours vu religieusement attaché, aura confirmé votre élection, que, conformément aux usages constants de l'Eglise universelle, vous en aurez reçu l'institution canonique, et que vous aurez été admis à sa communion, comme au centre d'unité de toutes les Eglises catholiques. »

L'archevêque de Sens, Loménie de Brienne, et l'évêque d'Orléans de Jarente, quoiqu'ils se fussent tous deux soumis à la constitution civile, ayant refusé à Gobel l'*institution canonique,* l'évêque de Lydda se pourvut auprès du tribunal du district de Paris, qui le renvoya par devant l'évêque d'Autun. « Moins scrupuleux que ses collègues, Talleyrand, bien qu'il n'eût plus aucun titre dans l'Eglise puisqu'il avait déjà donné la démission de son siége, ne fit aucune difficulté pour installer l'intrus Gobel, et cette cérémonie, vraiment singulière, en ce que c'était la première fois qu'on voyait un tribunal civil se mêler de l'intronisation d'un évêque, eut lieu le 27 mars 1791 en présence d'une députation de l'assemblée nationale. »

Le nouvel évêque qui avait débité bien des théories, mais qui, pour son compte personnel, ne croyait guère qu'à la théorie du fait accompli, crut qu'il en serait de même de ses nouveaux fidèles.

Il publia un mandement où il distillait du miel : « Qui que vous soyez, ô mes très-chers frères, quelque opinion que vous ayez, restez unis par le cœur si vos esprits sont toujours divisés. L'amour de son semblable n'est-il pas tout à la fois le plus doux comme le plus grand précepte de l'Evangile.... »

Il y avait des pages entières sur ce ton ; celui-là d'ailleurs n'a pas été le dernier des gens qui pensent que tout est bien quand ils sont repus.

M. de Juigné, de sa retraite, avertissait les fidèles par des *Ordonnances* et des *Lettres pastorales* contre l'intrusion de Gobel à Paris et d'Avoine à Versailles, et mettait en garde les catholiques contre les prêtres assermentés.

Des nuées de pamphlets tombèrent du ciel, surgirent des pavés, et firent sentir au pasteur schismatique le tort qu'il avait eu de ne se point tenir coi et de vouloir prouver le droit qu'il tenait des décrets de la Constituante.

C'était la *Lettre à M. Gobel, évêque titulaire de Lydda et intrus de Paris,* avec cette épigraphe :

« Il ne put du pasteur contrefaire la voix. »

(Le loup devenu berger.)

Elle était ainsi conçue :

« Je viens de lire, Monsieur, la lettre pastorale que vous adressez au clergé et aux fidèles de votre prétendu diocèse. Je m'attendais bien à ne pas y trouver ce ton de dignité et d'autorité que la religion donne à ses ministres ; ce langage est réservé aux évêques et l'audace ne peut élever un intrus à cette hauteur....

» Cependant, Monsieur, je crois qu'il eût été plus prudent de ne pas débuter dans votre ministère par mettre en question l'autorité de votre épiscopat. Qu'est-ce qu'un mandement destiné à prouver que vous avez droit de donner un mandement? M. de Juigné et tous les évêques qui l'ont précédé depuis saint Denis, ne se sont pas mis en peine de prouver leur mission. Pourquoi n'avez-vous pas, pourquoi n'affectez-vous pas la même sécurité? Ces évêques empruntaient leur autorité de l'Eglise catholique, mais la vôtre n'est-elle pas fondée sur les décrets de l'assemblée nationale, sur la volonté des électeurs de toutes les religions, et sur la force irrésistible de la garde parisienne?

» Dans la voix du peuple, dites-vous, nous avons reconnu celle de Dieu. D'abord c'est à l'Eglise et non pas au peuple que Dieu a confié la nomination des pasteurs, et si la voix du peuple est la voix de Dieu, il faut avouer que depuis deux ans Dieu s'exprime en France d'une manière bien étrange.

» Dans l'enthousiasme qui vous transporte, oubliant la liaison des idées, vous ajoutez : « Nous la verrons enfin revivre, cette discipline dont le *dépérissement*.... » Ne vous pressez pas tant, Monsieur, rien encore ne nous annonce le retour de la discipline et des vertus de l'Eglise primitive : la violation des vœux solennels, l'interdiction des conseils évangéliques, la spoliation des temples, la proscription des pasteurs légitimes, l'intrusion d'un ramas de moines apostats et de prêtres parjures, ne sont pas des moyens bien propres à ramener parmi nous le véritable esprit du christianisme....

» *Nous ne venons point dans le troupeau de Jésus-Christ, pour y porter le trouble et l'alarme, mais bien plutôt pour y porter la paix et la consolation.* Quoi! Monsieur, vous avez le front de nous dire que vous venez porter la paix et la consolation dans le troupeau de Jésus-Christ, vous qui le divisez par un schisme scandaleux, vous qui chassez de leurs foyers des pasteurs vénérables dont tout le crime est d'avoir préféré la voix de la conscience à celle de l'intérêt.

» *Nous avons dû recourir à un pasteur de la communion catholique qui était tout à la fois dans la circonscription de l'empire et soumis à ses lois.* Mais ce pasteur à qui vous avez cru devoir recourir, ou, pour mieux dire, à qui vous avez été envoyé par un des tribunaux de Paris, quel titre, quelle institution pouvait-il vous conférer? Quelle juridiction avait-il sur vous ou sur le diocèse de Paris, lui qui venait d'abjurer celle que l'Eglise lui avait donnée sur le diocèse d'Autun?

» Vous terminez votre lettre pastorale en recommandant : *La paix, l'heureuse paix sans laquelle il est impossible que les lois s'exécutent et que les meilleures institutions subsistent longtemps.* Vous joignez à cette exhortation l'éloge de *la charité toujours douce, toujours patiente, jamais ambitieuse, elle ne cherche point ses propres intérêts, elle ne se plaît point dans l'injustice.*

» Ce langage de l'Apôtre qu'affectent tous les évêques de la Constitution, convient peu à des hommes qui portent la guerre au sein de l'Eglise, qui, au mépris de toutes les lois de la religion, de la justice et de l'honneur, ravissent les biens, les titres et les fonctions des pasteurs légitimes, qui sont ou les auteurs ou les instruments de la cruelle et lâche persécution qui opprime le clergé de France. Vous recommandez la paix, c'est-à-dire que content de la part qu'on vous a faite dans les profits de la révolution, vous désirez qu'on vous en laisse jouir paisiblement et sans trouble; les brigands aussi demandent la paix quand ils sont en possession de leur proie. »

Gobel néanmoins voulut encore lutter et publia lettres sur lettres; il disait dans l'une d'elles :

« Quoique je sois persuadé, disait-il, que le très-grand nombre d'entre vous ne s'est aucunement senti ébranlé ni découragé à la lecture des *prétendus* Brefs du Pape qui circulent, et qui menacent d'excommunication les ecclésiastiques assermentés et notamment les pasteurs qui ont remplacé ceux qui se sont refusés au serment, néanmoins, je sais qu'il en est résulté pour plusieurs consciences timorées, *même pour des ecclé-*

siastiques qui aiment leur devoir et leur état, une position très-pénible. »

Il protestait de son dévouement au Pape, et de son respect pour l'Eglise, déclarait ne demander qu'une chose : à savoir qu'on le laissât en repos, et se plaignait de ce *qu'on manquait de charité à son égard*, en appelant le peuple à des controverses, *dont il peut se passer* sans inconvénient.

Ce morceau finissait par cette formule :

« Je suis, Messieurs et très-chers coopérateurs, avec une affection vraiment fraternelle,

« Votre très-humble serviteur,

« † J.-B.-J. GOBEL, év. métrop. de Paris.

« *Le 7 juin 1791.* »

L'évêque était bien un homme de ce temps, chez qui il y a une grosse disproportion entre la capacité et la destinée, son clergé fut pis encore. Dans toutes les classes il est une sorte d'écume qu'on fait monter à la surface, à l'aide de puissants réactifs. Dans le peuple, ces hommes-là paraissent les jours d'émeute, brisent les carreaux de vitres, tirent des coups de fusil, fusillent même ou guillotinent à l'occasion; dans les classes supérieures, les mêmes individus que la société a cent fois mis à l'épreuve et cent fois rejetés, brillent au grand jour dans les temps de troubles et occupent toutes les places. Quand il eut à former son clergé, à pourvoir aux grandes cures, Gobel vit venir à lui des prêtres interdits, des ecclésiastiques repoussés de tous les diocèses, ceux qui cherchaient une occasion de lever le masque, et ceux qu'on avait punis pour l'avoir levé, des gens de mauvaises mœurs, des jansénistes devenus philosophes et des philosophes passés rénégats; tous gens dévoyés, irréguliers, criminels, qui n'espéraient plus rien, avaient tout usé, tout perdu, tout prostitué. C'était Louis de Saint-Martin, qui épousa une femme divorcée, divorça ensuite avec elle et mourut en demandant qu'on l'enterrât dans le jardin de la loge des Francs-Maçons dont il était membre; Claude Colombart, qui profana son Eglise et se maria; François Aubert, qui fut installé curé de Saint-Augustin, immédiatement après son mariage avec une jeune fille de vingt et un ans, se fit servir la messe par sa femme et maria lui-même l'évêque constitutionnel de l'Eure.

Un instant, Gobel voulut retourner en arrière, il tenta de rentrer en grâce auprès du Saint-Siége par l'intervention du marquis de Spinola, ministre plénipotentiaire de la république de Gênes. Malheureusement l'intrus voulut faire payer son abjuration comme il avait fait payer son apostasie; il était dit que cet homme mêlerait l'argent à tout, il marchanda. Il voulait que le marquis lui obtînt du souverain-pontife une somme de 100,000 écus et promettait de rétracter son serment. L'ambassadeur déclina cette étrange commission. L'évêque eut nuitamment des entretiens avec l'abbé Barruel, mais il fut repoussé avec perte.

Il résolut alors, pour se venger, de donner le spectacle de la plus dégoûtante apostasie, et puisqu'il ne pouvait rentrer dans le sein de l'Eglise, en sortir du moins avec éclat.

Le 17 brumaire an II (7 novembre 1793), il vint à la barre de la Convention et fit cette déclaration :

« Né plébéien, j'eus de bonne heure l'amour de la liberté et de l'égalité. La volonté du peuple fut ma première loi, la soumission à sa volonté, mon premier devoir.... J'ai profité de l'influence que ma place me donnait sur le peuple pour augmenter son amour pour la liberté et l'égalité. Mais aujourd'hui que la fin de la révolution approche, aujourd'hui que la liberté marche à grands pas, que tous les sentiments se trouvent réunis, aujourd'hui qu'il ne doit y avoir d'autre culte national que celui de la liberté et de l'égalité, je renonce à mes fonctions de ministre du culte catholique; mes vicaires font la même déclaration, nous déposons sur votre bureau nos lettres de prêtrise. Puisse cet exemple consolider le règne de la liberté et de l'égalité. »

Applaudissements enthousiastes sur les bancs de la Convention.

— L'évêque de Paris, dit le président, est un être de raison, mais je vais embrasser Gobel. (Moniteur du 9 novembre 1793.)

Et Gobel fut félicité d'avoir *sacrifié les hochets gothi-*

ques de la superstition, et d'avoir abjuré l'erreur. Sur quoi, excité par l'enthousiasme de ses collègues, cet homme déposa sur l'autel de la patrie, sa croix et son anneau ; on lui présenta le bonnet rouge, il le mit sur sa tête, et le président lui donna l'accolade fraternelle.

On sait que Notre-Dame était devenue le temple de la Raison, les autres églises de Paris avaient été consacrées à toutes sortes de divinités métaphysiques et révolutionnaires : Saint-Roch, à l'amour de l'égalité, Saint-Sulpice, à la prévoyance agricole, Saint-Gervais, à la liberté de l'industrie, Saint-Eustache, à la salubrité civile, et l'Eglise des missions étrangères, à l'économie rurale. C'était presque toujours Mlle Maillard, une actrice de l'Opéra, qui venait représenter toutes les libertés personnifiées et la déesse de la Raison.

On la faisait monter sur le maître-autel et siéger sur le tabernacle après l'avoir ajustée de guirlandes de chêne ou d'une peau de lion ou d'autres insignes assortis à sa divinité de circonstance.

Les journaux du temps ont raconté l'impiété inouïe d'un membre de l'académie française, littérateur encyclopédiste, qui monta un jour sur l'autel de Notre-Dame, habillé d'une carmagnole aux trois couleurs et coiffé du bonnet rouge, pour y nier l'existence de Dieu. La Harpe a cependant été touché depuis par la miséricorde divine.

Deux ans auparavant, il y avait eu dans la métropole, pour l'anniversaire de la prise de la Bastille, une horrible parade, où l'évêque constitutionnel, trônant sur la chaire de l'archevêché, avait assisté à un hiérodrame appelé la *Conquête de la Bastille,* entremêlé d'évolutions militaires et de couplets du jeune Désaugiers.

A côté de Gobel, et sur la même estrade, siégeait Talleyrand, qui avait installé l'évêque de la Seine, et ce fut la dernière fois, paraît-il, que ce digne prélat porta le violet.

On avait mis l'organiste en réquisition, la veille, de se rendre à l'église métropolitaine pour y jouer l'air national et patriotique du *Ça ira.* Ce pauvre organiste fit savoir, tant pour dissimuler sa répugnance que pour éviter d'être pendu, que ce bel air de métropole était trop nouveau pour se trouver dans son répertoire et qu'il ne saurait comment s'en acquitter. Un membre de l'assemblée nommé Gasparin, se chargea de jouer de l'orgue, et ne s'en tira pas trop bien, attendu qu'il n'avait joué jusqu'alors que de l'orgue de Barbarie, et dans les rues.

Sept ou huit mois après cette cérémonie, Notre-Dame fut mise en vente et ce fut un M. de Saint-Simon qui la *soumissionna* pour la démolir. Cet industriel avait déjà transporté dans *deux charrettes* une immensité d'assignats jusqu'à l'hôtel de ville; heureusement il n'avait ni crédit, ni fortune et il s'en fallut de trois ou quatre cent millions, qu'il ne pût compléter la somme exigée à titre d'arrhes par l'administration des biens nationaux. Ceci empêcha la cathédrale de tomber entre les mains du futur Messie des Saints-Simoniens.

Le jour de l'abjuration de Gobel, eut lieu la dédicace de Notre-Dame au culte de la Raison.

Ce jour même, les sans-culottes, ou les *pensionnaires à quarante sous*, comme on les nommait, s'en allèrent piller ce qui restait dans les sacristies. On les vit trimbaler, et cahotter sur les pavés et dans les ruisseaux de Paris, des crucifix, des ostensoirs et des calices attachés par des cordes à la queue des ânes et des mulets, que l'on vint déposer sur le pavé de la salle de la Convention avec des trophées d'ornements sacerdotaux.

L'ancien évêque de Lydda, moyennant une somme de 200,000 francs, prêta sa cathédrale pour la cérémonie dans laquelle la comédienne Aubry, la *déesse de la Raison*, environnée d'attributs licencieux et à moitié dévêtue, quoiqu'on fût en hiver, après avoir été promenée dans les rues de Paris, fut conduite à Notre-Dame, placée sur l'autel, et montrée au peuple comme sa divinité. Gobel, le bonnet rouge sur la tête en guise de mitre et la pique à la main pour bâton pastoral, présida à l'inauguration de cette déesse. Les cris de mille voix confuses, le bruit des tambours, les rauques éclats des trompettes, le tonnerre de l'orgue, permettaient aux spectateurs de se croire transportés dans les bacchanales antiques, dans les saturnales du monde romain.

La populace dansait devant le sanctuaire en hurlant la *Carmagnole,* et l'on avait masqué, par de grandes tapisseries, le devant des chapelles latérales, où se passaient des scènes impossibles à décrire.... Et tout cela dans Notre-Dame, où, quelques années auparavant, on baptisait celui qui ne sera jamais Louis XVII, sous ces voûtes anciennes qui virent appendus les drapeaux de toutes les nations, par Catinat, Villars ou Luxembourg, qui assistèrent aux entrées magnifiques des rois, qui entendirent devant le cercueil de Condé la voix de Bossuet, témoins impassibles de douze siècles d'histoire.

La même fête de la Raison offrit dans l'église Saint-Eustache le spectacle d'un grand cabaret. L'intérieur du chœur représentait un paysage décoré de chaumières et de bouquets d'arbres. On distinguait dans le lointain des bosquets mystérieux ; il y avait effectivement de petits sentiers pratiqués dans les escarpements figurés de grandes masses de rochers. Les précipices de sapin n'étaient point inaccessibles et l'on entendait craquer les planches sous les pas d'un troupeau de gens avinés. Autour du chœur, des tables surchargées de bouteilles et de viandes, où les convives affluaient par toutes les portes....

A Saint-Gervais, la cérémonie se fit sans banquet, les femmes du marché Saint-Jean y entraient avec leurs éventaires ; toute l'église sentait le hareng, et des marchands de tisane tintaient leurs gobelets pour apaiser la soif. Il y avait bal dans la chapelle de la Vierge.

De l'église Saint-Gervais on descendait à la place de Grève, où une multitude de sans-culottes se chauffaient à la flamme des balustrades de chapelles et des stalles de prêtres et chanoines.

On persuada sans peine à la plèbe qu'il lui était utile de transformer les temples en magasins, les calices et les croix de vermeil en monnaie, les grilles en boulets et les chérubins de cuivre en canons. Au milieu de la célébration des offices, on entendait retentir les marteaux des serruriers qui ébranlaient et renversaient les balustrades de fer; des sculpteurs gagés effacèrent laborieusement toutes les épitaphes; il y eut des entreprises pour enlever tous les saints de leurs niches, on suspendit de périlleux échafauds pour aller gratter sur des voûtes, à perte de vue, des figures de papes perdues depuis cent ans dans l'ombre et dans la poussière, les archanges et les anges furent mutilés, et un flambeau à la main, un commissaire révolutionnaire descendit dans les caveaux chercher quelques vestiges de la religion ou de la féodalité.

Les menuisiers, les serruriers, les orfèvres, les courtiers, les revendeuses à la toilette même, vinrent mettre à l'enchère tous les objets sequestrés sortis des églises ou des armoires de sacristies, et l'on vit dans les boutiques des fripiers des chasubles qui pendaient entre une carmagnole et un habit de cour.

On brisa, on vendit les grilles resplendissantes

d'or de la métropole, la belle boiserie du chœur des Chartreux ; le magnifique baldaquin du maître-autel de l'église des Invalides fut renversé dans la poussière. »

Et tandis que les châsses, jadis étincelantes du feu des rubis, disparaissaient brisées, morcelées, on vit briller aux doigts des présidents de comités révolutionnaires les émeraudes qui décoraient les soleils ; tel d'entre eux se fit tailler des culottes de velours à pleines chapes et plusieurs portèrent des chemises faites avec les aubes des enfants de chœur.

Dans les rues, on brûlait les saints et les crucifix de bois, des montagnards buvaient de l'eau-de-vie dans des calices, et les prêtres constitutionnels célébraient la messe en habit séculier, avec des calices de verre ou des coquetiers d'étain.

Le catéchisme enseigné aux enfants était : l'*Alphabet des sans-culottes* ou *Premiers éléments de l'éducation républicaine.*

Le chapitre du culte y était ainsi conçu :

D. — Qui dois-tu adorer ?

R. — L'Etre suprême.

D. — Par quel culte ?

R. — Libre à toi de choisir.

D. — Quel est le préférable ?

R. — Celui de la nature et de la raison.

D. — Dis-moi quel est ce culte ?

R. — C'est celui qui nous réunit à l'Etre suprême ou qui nous en sépare.

D. — Fais-tu consister ton culte dans de vaines cérémonies?

R. — Non, etc., etc.

De son côté, Chaumette, procureur-syndic de la Commune après avoir été moine, mousse et naturaliste, disait : « Le peuple sera notre Dieu, il ne doit pas y en avoir d'autres. » Gobel suivait la bannière de ce dernier, et celle d'Anarcharsis Clootz, ce sinistre grotesque, et de concession en concession, il devait arriver à une concession de cimetière.

Au mois de mars 1794, l'évêque schismatique de Paris fut compris dans l'accusation que le Comité de Salut Public dirigea contre la faction anarchique qui voulait fonder l'ordre social sur l'Athéisme. Il était réservé à cette époque de désorganisation morale de voir un prélat chrétien, coupable des derniers excès, être justement condamné à mort comme athée par les pontifes du culte de l'Etre suprême.

Pour Gobel, enfermé à la Conciergerie,

> la mort de plus en plus visible
> Se levait dans sa nuit et croissait à ses yeux,
> Comme le froid matin d'un jour mystérieux....

Devant le tribunal révolutionnaire, on avait beau dire ou même ne rien dire, c'était un. L'évêque fut condamné à mort; la lecture de son arrêt lui fit l'effet d'une douche sur la tête d'un fou.

Dans la solitude de sa dernière demeure, Gobel

embrassa toute sa vie d'un coup d'œil, et eut peur. Il se retrouva petit abbé, sollicitant un bénéfice des ministres de Louis XVI, souriant à tous, mielleux et insinuant, il se revit à son sacre quand on lui mit en tête la mitre et au doigt l'anneau, puis, assistant dans la cathédrale de Bâle, le prince, son métropolitain; et la joyeuse vie menée en cachette à Paris, et les querelles avec ses créanciers; il se rappela son début à la Constituante, quand il élevait la voix pour le pape et l'Eglise, son élection schismatique, ses frères et les fidèles s'écartant de lui, et cette descente de la Courtille qui devait aboutir à l'apostasie et à la Carmagnole dansée en pleine Convention avec des filles revêtues d'habits sacerdotaux, devant les vases sacrés, arrachés des autels.

Ce fut alors que Gobel écrivit à l'abbé Lothringer, un de ses vicaires épiscopaux, qui ne l'avait point suivi dans toutes ses erreurs, le billet suivant :

« Mon cher abbé, je suis à la veille de ma mort; je vous envoie ma confession par écrit; dans peu de jours, je vais expier par la miséricorde de Dieu, tous mes crimes et les scandales que j'ai donnés. J'ai toujours applaudi dans mon cœur à vos principes. Pardon, cher abbé, si je vous ai induit en erreur. Je vous prie de ne point me refuser les derniers secours de votre ministère, en vous transportant à la porte de la Conciergerie sans vous compromettre et, à ma sortie, de me donner l'absolution de mes péchés, sans oublier le préambule : *Ab omni vinculo excommunicationis.* Adieu, mon cher abbé, priez Dieu pour mon âme, afin qu'elle trouve miséricorde devant lui.

« J.-B.-J., évêque de Lydda. »

Pendant sa détention, Gobel avait repris ses exercices de religion et il ne paraissait devant les autres détenus qu'avec un air contrit et embarrassé. Il marcha à l'échafaud les yeux baissés et récitant en chemin les prières des agonisants. Le « *ci-devant évêque de Paris* » comme l'appelle son acte de décès, avait raison : il trouva dans la mort un asile contre la honte.

Nous pensons qu'il doit savoir gré à ceux qui écrivent son histoire de ne point porter de jugement sur lui ; si les hommes peuvent excuser ses crimes, ce serait en lui appliquant le mot d'André Chénier, retourné : *Il n'y avait pourtant pas grand'chose là.*

III

Après la mort de Gobel en 94, il ne lui fut pas donné de successeur, et le second évêque constitutionnel, Royer, ne gouverna effectivement le diocèse qu'à partir de 1798 jusqu'au concordat de 1801. Mais, en l'absence du pasteur légitime, M. de Juigné, les catholiques obéissaient à un conseil formé des abbés de Malaret, Emery et d'Espinasse et dont le chef était Charles-Henri du Valk de Dampierre, vicaire-général de l'archevêque avant la révolution, mort en 1834 évêque de Clermont.

L'abbé de Dampierre était resté à Paris, et c'était à lui qu'aboutissaient toutes les aumônes. Il se cacha durant la Terreur chez la comtesse de Grimaldi, rue de la Planche, où la *cachette du prêtre* était introuvable, dans le passage Sainte-Marie, chez le citoyen Duperron, juge de paix, et chez la marquise de Créquy, rue de Grenelle.

Il couchait presque toutes les nuits dans ce dernier hôtel et n'y entrait jamais en plein jour. Il en sortait par le jardin dont il escaladait la muraille au moyen d'une échelle de cordes, avec deux crampons qu'on avait soin de rejeter après lui ; il entrait de là dans un faux-fuyant de ruelles, entre des murs verdâtres, où se trouvait une cabane de planches absolument recouverte par un talus de pierres et de gravois amoncelés, de sorte qu'on n'y distinguait rien des maisons voisines. Si le pauvre suspect voulait s'arrêter dans cette cachette, il y trouvait du biscuit de navire, avec du vin, des fruits secs et des habits d'ouvrier. S'il ne soupçonnait aucun danger pour sortir de la ruelle, il ouvrait une petite porte qui donnait dans un étroit passage aboutissant à une maison de la Croix-Rouge et jamais il ne rentrait du même côté qu'il était sorti.

Les argus des comités de Sûreté générale et de Salut public avaient beau fureter depuis la fontaine de Grenelle jusqu'à la Croix-Rouge, et depuis la Croix-

Rouge jusqu'à l'Abbaye-aux-Bois, ils ne pouvaient parvenir à trouver l'abbé de Dampierre, et comme ils venaient troubler indistinctement à toute heure du jour et de la nuit tous les habitants de ce quartier, républicains ou non, pour y procéder à leurs fouilles, on avait fini par s'en révolter et les rudoyer si bien, qu'ils n'osaient plus y retourner.

C'était dans une maison de la Croix-Rouge que l'abbé de Dampierre avait établi sa chapelle et l'officialité du diocèse de Paris, pour lequel il avait reçu de l'archevêque comme vicaire-général, les pouvoirs les plus étendus. Il était le chef nominal du comité royaliste, et ce fut lui qui chargea l'abbé du Faget, ancien aumônier du roi, de dire les dernières prières sur sa fosse.

Cet ecclésiastique fut introduit, pendant la nuit du 22 au 23 janvier, dans le cimetière de la Madeleine, et de concert avec le chef des fossoyeurs, il y revêtit ses habits sacerdotaux. Pendant qu'il y récitait l'office des morts, à la lueur d'une lanterne sourde, il entendit un vacarme affreux à la porte du cimetière, c'était une patrouille de bonnets rouges, et comme il ne douta pas qu'ils n'eussent aperçu de la lumière et qu'ils ne finissent par enfoncer la porte, il se hâta de procéder à la bénédiction de la fosse où l'on avait jeté le corps du roi, et quand il se fut acquitté de cette pieuse fonction :

— Restez ici, dit-il au fossoyeur, et tâchez de vous sauver tandis qu'ils vont être occupés de moi.

Il s'achemina du côté de cette porte en surplis, avec

son étole et sa croix de Saint-Lazare... il ne doutait pas de marcher au-devant d'une mort certaine, mais il espérait charitablement que la fureur de ces révolutionnaires allait s'acharner et s'épuiser sur lui.

Tout en avançant dans une obscurité profonde et dans un trouble qui n'était pas moins profond, il sentit ses deux pieds glisser sur le bord d'une fosse dans laquelle il tomba sur une bière qu'on n'avait pas encore eu le temps de recouvrir de terre, et sur laquelle il se trouva tout naturellement étendu.

Quand les sectionnaires eurent forcé la porte, et fait irruption dans le cimetière, ils n'y aperçurent qu'un autre sans-culotte en bonnet rouge et en sabots, qui piochait à la clarté d'une petite lanterne et qui leur dit :

— Pourquoi donc venez-vous troubler les bons citoyens? est-ce que je savais que vous étiez des patriotes? Vous voyez bien qu'il faut que je travaille la nuit, car voilà une fosse que je n'ai pas encore eu le temps de combler....

— C'est vrai, se dirent les hommes de la patrouille; et ils s'en allèrent.

Ce fut aussi l'abbé de Dampierre qui fut l'instigateur du projet de délivrance de la reine quand elle était à la Conciergerie. On avait gagné le concierge, deux inspecteurs des prisons et le conventionnel capucin défroqué Chabot, moyennant la promesse d'un million en or. Mme de Forbin-Janson devait s'introduire dans la prison et se substituer à la reine qui serait sortie sous les habits de Mme de Janson.

Marie-Antoinette répondit : *Je ne dois, ni ne veux accepter le sacrifice de votre vie. Adieu! Adieu!* et le projet n'eut pas de suite.

IV

A part le petit troupeau groupé autour de M. de Dampierre, l'anarchie religieuse la plus complète régnait dans la capitale. Tous les décrets de la Législative ou de la Convention auraient pu se résumer en un seul, fruit des veilles d'un vaudevilliste contemporain : Art. Ier. — Il n'y a plus rien. Art. II. — Personne n'est chargé de l'exécution du présent décret.

Toutes les religions, tous les systèmes, toutes les sectes semblaient s'être donné rendez-vous : judaïsme, constitutionnalisme, panthéisme, protestants, athées, païens de Rome, ou de l'Inde, ou de l'ancienne Gaule, théophilanthropes, etc., les dieux lares, les urnes, les momies, les fioles, les lacrymatoires, les usages de tous les temps et de tous les peuples ressuscités par des maniaques qui les avaient puisés dans des dictionnaires: tel fut Paris depuis la mort de Robespierre jusqu'à la restauration de l'Eglise par le premier Consul.

Il n'est pas possible de concevoir l'état de la religion catholique durant cette période, sans se souvenir du chaos dans lequel était plongée la société civile. Tout en un instant s'était trouvé remis en question ; c'était une confusion universelle et le mélange le plus extraordinaire qui échappe au pinceau. Trente mille lois promulguées ne faisaient qu'augmenter le désordre, quarante milliards d'assignats émis ne servaient qu'à assurer la misère.

Accapareurs, filous, intrigants, filles publiques, tripoteurs, joueurs, escrocs, police et contre-police, mendiants vagabonds du faubourg Marceau, fournisseurs qui daignaient voler la République quand personne ne la voulait servir, flores des quatre saisons et déesses panachées des cavernes du Palais-Royal : tous vivaient tant bien que mal au grand jour en bonne intelligence.

Dans les rues, sur les places, c'était la compagnie des *Tape-Durs,* armés de bâtons noueux qu'on appelait des *Constitutions,* des généraux à double épaulette, en écharpe, le panache rouge ornant le chapeau brodé, des muscadins avec leurs *cadenettes* et leurs *oreilles de chiens,* des habits bleus, des nymphes en robe de linon, coiffées en *anneau de Saturne* ou *à la Bérénice.*

On ne rencontre que des Brutus, des Caton, des Aristide, des Gracchus, des Miltiade, des Epaminondas, toutes les femmes sont des Grâces, des Junon, des Vénus, des Calypso, des Eucharis ; on court à Bagatelle en wiskys à deux chevaux, ou au Tivoli de la rue Saint-Lazare.

Un jour crée des fortunes que détruit le lendemain,

le louis d'or vaut 18,000 livres et des gens du peuple voyant par terre des assignats de cent francs, disent qu'ils ne valent pas la peine d'être ramassés. Les mêmes hommes qui sous l'ancien régime n'auraient jamais pu parvenir à se faire recevoir conseillers au Châtelet, s'estiment au-dessus des places qui ne sont pas les premières, il n'est pas de commis qui ne se croie un Turenne pour avoir commandé un poste aux barrières.

On mange des bonbons à la *Madame Angot*, dans des éclats de bombe qu'on fait venir de Valenciennes ou de Lille et qui remplacent les coupes sur les cheminées. On voit aux étalages des gravures représentant le *Départ du député remplacé gros et gras*, l'*Arrivée du remplaçant sec et maigre*, et les *Rentiers sur le chemin de Bicêtre*. Les événements avaient été si terribles que la fiction théâtrale était loin d'atteindre le fait historique, pourtant les théâtres ne chôment pas. Le *Carnaval du Sérail* ou la *Nonne sanglante* attirent le public. Et à l'Opéra où l'on donne *Œdipe à Colone* et le *ballet de Psyché* se pressent des sanguinocrates de la veille, et des *Titus* portant sur leurs boutons le nombre XVIII, des *Merveilleuses* à robes athéniennes et des *Incroyables* à culottes anglaises, chapeaux à lucarne et brodequins à bec de canard.

Les dîners prismatisent les opinions, on charge son estomac en cérémonie en portant des toasts à l'Humanité, à la Justice, aux armées d'Italie; le faux est commun et multiplié dans tous les genres, on altère généralement toutes les écritures publiques et jusqu'aux billets de la *Loterie nationale.*

Dans les promenades, on croise des carrosses sur les portières desquels est un nuage en guise d'armoiries, et des cabriolets solo à grelots et à sonnettes qui écrasent le peuple souverain beaucoup plus que dans l'ancien temps ; la nuit venue, les vols sont si nombreux que beaucoup demandent le rétablissement du guet ; la révolution touche à son terme, il y a un langage pour la rue et un autre pour la maison, dans les lettres on se dit : Monsieur, et dans la société : Citoyen....

Quel pouvait être alors à Paris l'état de la religion et de ses ministres ?

Les églises tombent de tous côtés ; celles des Cordeliers, des Jacobins, des Augustins, des Carmélites, des Bernardins, Sainte-Opportune, Saint-Jean-en-Grève, Saint-Germain-le-Vieux, disparaissent tour à tour. Saint-Jacques-la-Boucherie, dont l'origine se perd dans la nuit des temps, tombe sous le marteau. Cette église, remarque Mercier, coûte bien plus à démolir qu'elle n'a coûté à bâtir. Les monastères de femmes sont changés en magasins d'épicerie et en bals champêtres, les amours en baudruches voltigent sur les débris des dortoirs. Les Invalides ne présentent plus que l'ombre de leur gloire première ; l'église est nue et tout à fait ravagée, l'autel sur lequel s'élevaient six colonnes d'or d'une splendeur éblouissante, est enseveli sous la poudre des démolitions. Des bonnets de liberté remplacent les fleurs de lis : on dépense des sommes immenses pour effacer ces dernières jusque dans les coins les plus élevés. On appelle cette opération : *sans-culottiser le dôme royal.*

Les rois du portail Notre-Dame, l'un sur l'autre entassés derrière l'église, restent enterrés sous les immondices, et tandis que dans les rues les ecclésiastiques ont, bon gré, mal gré, quitté la soutane, les musées, peuplés de tableaux enlevés à l'Italie, ne représentent que des moines de tous les ordres et des prêtres revêtus d'ornements sacerdotaux.

C'est un moment de transition ; la destruction continue et la résurrection commence. Les églises se meublent de confessionnaux neufs, on recherche avec empressement les Missels et les Bréviaires.

Pourtant les abbayes sont transformées en salles de restaurateurs, tous les couvents sont vendus ou à vendre comme domaines nationaux ; on n'en excepte que la maison des Bernardins, occupée par la *Boucherie des hospices civils et maisons d'arrêt* « qui peut tenir lieu, dit un arrêté, d'un des quatre établissements projetés depuis longtemps pour transporter les tueries hors Paris. »

Le ministre de l'intérieur adresse des circulaires pour faire célébrer des fêtes décadaires dans toutes les communes de la République, pour substituer des fêtes communales et champêtres aux *ci-devant fêtes patronales*, et pour établir des choréges ou directeurs de ces fêtes. Les jours fériés du catholicisme auraient ainsi été rayés à tout jamais du calendrier.

Quant aux réjouissances démocratiques, ce sont les fêtes de l'*Agriculture, des Epoux, de la Fondation de la République, de la Jeunesse, de la Vieillesse, de la Reconnaissance, de la Souveraineté du Peuple,* les fêtes du 10 août, du 18 fructidor, du 21 janvier 1793.

Le gouvernement assistait en pompe à cette dernière, comme l'indique le programme.

« Anniversaire de la juste punition du dernier roi des Français » (sic).

PROGRAMME.

I

« Le 2 pluviôse à sept heures du matin, une salve d'artillerie annoncera l'anniversaire du jour où la Convention nationale ordonna la punition d'un roi coupable.

II

A neuf heures, les commandants des troupes stationnées à Paris les auront rassemblées en divers lieux par eux désignés. Là, tous les militaires sous les armes renouvelleront le serment de *haine à la royauté et à l'anarchie, et d'attachement à la Constitution de l'an III.*

Des salves d'artillerie succèderont au serment.

III

Ce même jour, le temple de la Victoire sera orné avec plus de pompe.

Les décorations en seront augustes et porteront un caractère imposant et sévère. Au milieu, s'élèvera un autel qui soutiendra le livre de la Constitution. Autour de l'autel, sur des trépieds antiques, brûleront des parfums.

Des inscriptions seront placées en divers lieux de l'enceinte réservée aux cérémonies.

IV

A onze heures du matin, les membres des administrations, tribunaux, etc., qui doivent renouveler le serment républicain et qui auront été convoqués par les divers ministres, se réuniront dans le temple de la Victoire. Ceux qui ont des costumes, devront en être revêtus pour avoir place dans l'enceinte réservée aux fonctionnaires publics ; les autres n'y seront admis qu'en présentant une carte d'entrée.

. . . .

V

A son retour dans le Palais national, le Directoire exécutif, les ministres et la garde du Directoire assisteront si le temps le permet, à la plantation de deux arbres de la liberté devant la porte d'entrée du Palais national.

Le mode de cette plantation sera déterminé par un programme particulier. »

On n'enseigne plus, il est vrai, l'*Alphabet des sans-culottes*, mais François (de Neufchâteau) décide que « le Catéchisme de morale, si purement, si élégamment, si philosophiquement rédigé par l'illustre Saint-Lambert » sera imprimé en placard et affiché dans toutes les écoles primaires. Il ajoute « que c'est un des plus grands services qu'on puisse rendre à l'instruction. »

Enfin dans le discours prononcé le 7 pluviôse, an VII, à l'ouverture des cours de l'Ecole polytechnique, le représentant du gouvernement s'écriait :

« Pour former des esclaves, il fallait tromper l'innocence, il fallait mentir à la nature ; ils avaient mis un Dieu méchant entre les vertus de l'antiquité et les oreilles de l'enfance. Au bout de 2000 ans, un sourire à Miltiade, un salut à Brutus, entraînaient de la part des prêtres une proscription éternelle, etc., etc.... »

En somme, sous le Directoire, le monde officiel était ouvertement ennemi du culte catholique, la société de l'époque se montrait plus qu'indifférente, l'opinion des masses était hostile.

Mercier, le conventionnel, pouvait vraiment écrire en 1798 : Où est-il ce clergé antique, riche et puissant ? Un jour l'a détruit.

Un blasphème ignoble désignait les catholiques, on les nommait des *théophages;* si quelqu'un s'avisait de se plaindre de l'absence des cloches, qui toutes avaient été fondues à Paris, moins les bourdons de Notre-Dame, c'était un *philancloche.*

Le fait est qu'on n'entendait rien de plus que le tocsin du Luxembourg ou la sonnette invitant les boutiquiers à balayer les trottoirs. Les orgues avaient également disparu, mais il s'élevait contre leur suppression des réclamations assez générales, pour que le ministre s'en préoccupât :

La circulaire du 25 prairial, an VII, roule sur ces instruments, démoralisateurs et réactionnaires :

« Citoyens, de toutes les parties de la république on réclamait la conservation et l'emploi des buffets d'orgues pour les temples décadaires. Accoutumé au son de cet instrument, le peuple s'en voyait privé avec peine; c'était d'ailleurs un moyen d'intérêt ôté aux fêtes républicaines. J'ai reconnu la justice des réclamations qui m'ont été adressées. J'aurais désiré pouvoir y répondre sur-le-champ, et y satisfaire moi-même, mais les buffets d'orgues réclamés, faisant partie du mobilier national, je ne pouvais qu'inviter le ministre des finances à les en distraire. Ce ministre vient d'autoriser la régie de l'enregistrement à donner ordre à ses préposés dans les départements, de faire remettre à la disposition de chaque administration centrale, tous les buffets d'orgues appartenant à la république.... »

Les prêtres constitutionnels invitent le public, par des avis imprimés à la porte des églises, à venir entendre un sermon contre les insermentés; des ecclésiastiques en uniforme de citoyen-soldats, montent leur garde, portant la Sainte Eucharistie dans leur giberne; sur la chaire de Notre-Dame flotte un drapeau tricolore, où se lit en gros caractères cette inscription : « Liberté des cultes. » Le prédicateur chrétien a devant ses yeux les tableaux où sont écrites en très-grosses lettres les maximes théophilanthropiques, et comme les catholiques et les théophilanthropes ont, à diverses heures, la jouissance des mêmes églises, vêtu d'une robe de lin, le lecteur de la nouvelle secte va prêcher ses adeptes dans cette chaire, tout émue encore de la parole éternelle de Bourdaloue et de Massillon.

M. le curé de Saint-Sulpice annonce hautement qu'il refusera de prêter serment à la nation. Il prêche sur l'enfer et lance anathème contre la constitution schismatique, qu'on prétend imposer au clergé.

Les cris : *A l'ordre! à l'ordre,* couvrent sa voix, et des citoyens armés montent à l'orgue et font jouer le *Ça ira.* On intime au curé de chanter, il refuse, et on le force à se retirer.

Un officier municipal monte à son tour dans la chaire et dit :

— Messieurs, la loi n'oblige point cet homme à prêter serment à la nation. Par son refus, il a seulement encouru la destitution de l'emploi public qui lui était confié. Il ne sera bientôt plus notre pasteur, et vous serez appelés à en nommer un autre qui soit plus digne de votre confiance.

Tel était à Paris l'état de la religion, quand, au mois de février 1798, il y eut une réunion du clergé constitutionnel. Beaucoup de siéges étaient vacants par mort, apostasie, mariage, abandon des fonctions ecclésiastiques, et les partisans du schisme se mettaient en mouvement de tous côtés, afin de combler les vides. Ils se remuèrent si bien à Paris, qu'à l'assemblée dont il s'agit, sur soixante-sept votants, il se trouva cent treize suffrages. Ce singulier scrutin n'eut point de résultat. Grégoire, évêque de Loir-et-Cher, qui avait eu le plus de voix dans cette comédie, en sentit tout le ridicule et déclara qu'il n'accepterait pas. Royer fut, quelques mois après, élevé sur le siége de Paris, mais il ne devait sa nomination qu'aux promesses faites dans plusieurs paroisses d'entrer en communication avec le chef de l'Eglise et d'opérer la réconciliation des curés intrus avec le souverain-pontife.

Royer, homme d'une soixantaine d'années, était un intrigant, fils de médecin, curé dans le diocèse de Belley avant 89, député à l'Assemblée nationale, qui prêta le serment civique, fut sacré (?) évêque de l'Ain, siégea à la Convention et vota dans le procès du roi l'appel au peuple et le bannissement. Son modérantisme lui valut de passer en prison la période de la Terreur et d'en sortir à la chute de Robespierre. Il avait fait partie du conseil des Cinq-Cents et venait d'en être exclu en 1798, par suite d'un échec électoral, quand il monta sur le siége de Paris.

Il ne fut point combattu comme Gobel; n'ayant pas d'amis, il n'eut pas d'adversaires. Le schisme se traînait péniblement vers sa fin; on pouvait prévoir le moment psychologique où il rendrait le dernier soupir, tout le monde était las, épuisé, écœuré, car ce régime qui avait commencé dans le sang finissait dans le rire.

On dit qu'il est un moyen excellent pour ne pas souffrir de la chaleur en été : ce moyen consiste à revenir d'Afrique. De même n'est-il rien de pareil pour faire sentir aux peuples le besoin d'une religion, comme sa suppression momentanée. C'était une aspiration universelle vers le rétablissement du culte, et de la communion romaine. Les prêtres assermentés signaient en foule la formule de rétractation rédigée par l'abbé de Dampierre. Plus de trente églises étaient desservies en 1800 par des ecclésiastiques soumis à l'autorité légitime.

Les évêques réunis multipliaient en vain leurs conciles à Paris, ils étaient de jour en jour moins nombreux et plus abandonnés. Grégoire déployait inutilement son infatigable activité pour soutenir l'Eglise dont il était le grand-prêtre, la privation d'un autre sacerdoce pouvait seule attirer les fidèles aux sermons, dans lesquels

Royer s'aventurait à dire : *Mes frères, la religion et la République sont sœurs.*

Le 13 août 1801, on apprit la nouvelle convention entre le pape et le premier consul, le concile où siégeait Royer reçut ordre de se séparer. On voit dans les actes l'extrême embarras des *Pères,* ils ne savaient quel parti prendre et voyant que leur église allait crouler, ils auraient voulu du moins finir avec quelque éclat. Trois jours après, le schisme constitutionnel avait vécu.

L'évêque de Paris adressa sa démission et sa rétractation au cardinal-légat, et mourut quelques années plus tard chanoine de Besançon, où il s'était voué au service des hôpitaux. Le repentir est de toutes les saisons.... Heureux ceux qui après avoir joué un rôle dans les mascarades du carnaval révolutionnaire ne se sont pas dérobés devant le mercredi des cendres !

CHAPITRE XII

LE CONCORDAT

La Religion au début du Consulat. — Les négociations du Concordat. — M. de Talleyrand. — Les plénipotentiaires. — Les textes des divers projets successivement discutés. — Politique du gouvernement français. Dépêches et rapports inédits. — Conséquences du Concordat pour l'Eglise. — Sa situation nouvelle. — L'autorité du pape augmentée par la Révolution.

Pour être moins apparente qu'en 1793, l'anarchie religieuse n'en était ni moins réelle ni moins profonde au début de l'année 1800. La question ecclésiastique s'imposait au gouvernement consulaire avec une force d'autant plus grande, que l'ordre nouvellement rétabli dans les matières politiques et administratives, rendait plus visible et plus choquant le désordre qui régnait encore dans l'Eglise.

On parlait d'absolution générale, on demandait que les pasteurs constitutionnels d'églises vacantes par mort ou démission reçussent un nouveau visa de leur légitime évêque. Des plaintes nombreuses sur la situation religieuse parvenaient au pouvoir, des mémoires lui étaient adressés. Les possesseurs de biens nationaux n'étaient pas les moins inquiets, les solutions les plus bizarres, les plus contradictoires étaient chaque jour proposées.

On poussait le premier consul à se déclarer le chef d'une religion nouvelle, ou à adopter la religion protestante. « Il ferait, disait-on, tout ce qu'il voudrait. — Oui, répondait-il, mais dans le sens des besoins vrais et sentis de la France. »

Il pouvait ce qui était dans le sens des opinions régnant dans le moment en France, mais pas davantage. Il le pouvait mieux, plus puissamment qu'un autre, mais il ne pouvait rien contre le mouvement actuel des esprits.

— Je suis bien puissant aujourd'hui, s'écriait le premier consul, eh bien! si je voulais changer la vieille religion de la France, elle se dresserait contre moi et me vaincrait.

Le premier consul vit dans le Concordat un bien politique ; ce traité s'offrit à M. de Talleyrand comme un mal nécessaire. Les négociations, qui durèrent neuf mois, furent suivies en partie double, d'un côté, par l'abbé Bernier et Mgr Spina à Paris, de l'autre, par le ministre des relations extérieures, Talleyrand et le cardinal Consalvi à Rome, sous le couvert du plénipotentiaire français auprès du pape, M. Cacault. Napoléon voulait sincèrement le succès, mais il tenait à ce que l'on fît vite, et selon ses ordres. Bernier cherchait à retirer de cette grave affaire un chapeau de cardinal et, si possible était, l'archevêché de Paris ou son équivalent; Spina, pressé par Bernier, qui lui-même subissait l'influence de Talleyrand et de Bonaparte, ne savait comment accorder les exigences du cabinet de Paris avec les procédés solennels, circonspects et même un peu lents, de sa cour. A Rome, le cardinal Consalvi, secrétaire d'Etat de Sa Sainteté, avait un intérêt majeur à conclure. Le Concordat qui donnait la paix religieuse à la France, affermissait dans les mains du pape les Etats qu'on venait de lui rendre; il faisait présager un traité analogue pour l'Italie. Consalvi craignait toutefois de paraître trop faible envers cette République française, dont le défunt pape et le Sacré-Collége avaient eu tant à se plaindre.

Notre ministre M. Cacault, placé entre les deux parties contractantes, faisait de son mieux pour qu'on se hâtât à Rome, pour qu'on prît patience à Paris. Son concours fut aussi précieux au chef de l'Eglise qu'à notre pays; il s'employa avec la meilleure foi du monde, non sans habileté, et fit preuve d'un vrai tempérament diplomatique. D'ailleurs, il y allait pour M. Cacault de sa réputation et de son avenir. Malgré les entraves que son chef hiérarchique apportait à la négociation et les malentendus qu'il suscitait, notre représentant à Rome était trop fin pour n'avoir pas su deviner la volonté du premier consul et pour n'ignorer pas que celui-ci ne pardonnait pas un échec.

Quant à Talleyrand, son rôle fut des plus équivoques ; il avait ses raisons particulières pour manquer d'enthousiasme envers le culte catholique, il redoutait la rentrée en France de ses anciens confrères de l'épiscopat, témoins de son apostasie ; il ne lui déplaisait point de prolonger la situation qui permettait à chacun de pêcher en eau trouble ; bref, cet homme de la pacification, comme l'appelle Royer-Collard, s'ingénia, jusqu'au dernier jour de la discussion des articles, à faire naître la discorde.

M. d'Haussonville[1] croit que Talleyrand ne prit point de part aux négociations du Concordat ; l'ancien évêque d'Autun y joua au contraire un rôle prépondérant. Cet éminent diplomate fit même tous ses efforts pour faire échouer l'œuvre de pacification ; durant six mois il fit surgir des difficultés de toute nature ; il n'épargna rien ou presque rien pour compromettre le succès des négociations et s'il partit pour les eaux avant la signature du traité, c'est qu'il se sentit impuissant à en suspendre la marche, à en retarder la conclusion.

Enfin l'on aura une idée précise des principes singuliers du gouvernement en matière de culte, en lisant la lettre suivante, écrite par le citoyen Portalis, au milieu même des négociations du Concordat :

(1) L'Eglise romaine et le premier Empire.

LE CONSEILLER D'ÉTAT CHARGÉ DE TOUTES LES AFFAIRES CONCERNANT LES CULTES AU MINISTRE DES RELATIONS EXTÉRIEURES.

Le 24 frimaire an X.

« J'ai reçu, citoyen ministre, une pétition d'Isacarus Bethlemit, prélat du rit grec, qui expose que les services qu'il a rendus aux Français l'ayant obligé de quitter Rome, il a été dépouillé de ce qu'il possédait, et se trouve en France dans la plus grande détresse : il demande à exercer dans les églises de Paris les fonctions de son ministère, et cette demande a pour but de se procurer par là des moyens de subsistance.

» Dans un moment où l'exercice des cultes n'est soumis à aucun règlement, où la rivalité des prêtres donne souvent entre eux matière à des mécontentements, et à des réclamations, il serait sans doute imprudent de satisfaire les vœux du prélat Isacarus, et je pense que tout autre moyen de lui procurer des ressources serait plus convenable ; *jusqu'à l'époque où les églises ayant des chefs connus, il lui sera possible de s'entendre avec eux pour y exercer ses fonctions....* »

Signé : PORTALIS[1].

(1) Ce document et ceux qui sont contenus dans ce chapitre, sont extraits des archives des Affaires étrangères. (Correspondance de Rome.— Années 1800 et 1801.) Ils sont *entièrement inédits*, et de nature à jeter un jour nouveau sur cette négociation dont les suites ont été si importantes.

C'est pourquoi nous avons cru devoir les publier *in extenso*

Le 1er frimaire an IX, un rapport annoté de la main de Talleyrand, et signé de lui, fut adressé au premier consul par le département des relations extérieures :

Le ministre, « *considérant la religion romaine dans ses rapports avec le gouvernement de la République* » s'exprimait ainsi :

« Le gouvernement vient d'accorder à la religion romaine un assez grand degré de tolérance; elle en jouit, ce me semble, d'une manière assez calme, mais cette disposition tient plus à l'espoir qu'elle a d'une tolérance plus étendue, qu'au sentiment direct de celle dont il lui est permis de jouir.

» Il s'agit maintenant d'examiner quelle doit être l'étendue de la tolérance que les partisans de la religion romaine ont le droit d'attendre de la justice éclairée du gouvernement pour l'exercice de leur culte.

» La religion romaine n'a rien de local, de partiel, de national, elle est universelle dans ses perspectives, dans les bases de son institution, dans la marche générale de son organisation intérieure. Cette considération qui dans les temps où l'esprit humain était asservi et où les nations étaient plongées dans la barbarie avait fait prendre aux chefs de cette religion un essor assez marqué vers la domination universelle, est précisément le motif qui doit prévenir l'établissement de toute espèce de domination de sa part, dans les lieux où elle est pratiquée; car comme elle prétend à un certain caractère d'uniformité et d'invariabilité, il faut qu'elle domine partout ou qu'elle ne domine nulle part.

On voit quel était l'esprit qui présidait au traité que l'on allait discuter ; on peut aussi penser combien, chez un homme jaloux de son autorité autant que le premier Consul, cette esquisse d'une église *dominatrice* était de nature à le prévenir et à l'ébranler dans son dessein.

Posant ensuite les bases du futur concordat, Talleyrand continuait :

« Cette conciliation peut se trouver, selon mon opinion, dans la suite de propositions que je vais exposer au premier consul, je les présente toutes sous un point de vue général, bien que leur objet réel soit de fixer les rapports de l'établissement religieux du culte romain avec le gouvernement de la République.

» 1° Il y aura un établissement ecclésiastique *pour toutes les associations religieuses* qui manifesteront le désir d'exercer un culte public. Tout établissement ecclésiastique régulièrement et ostensiblement organisé sera sous la protection spéciale du gouvernement.

» 2° Les effets de cette protection seront : 1° une sauvegarde contre tout ce qui tendrait à troubler l'exercice du culte; 2° l'indépendance relative de chaque culte à l'égard d'un autre; 3° une rétribution annuelle accordée à chaque établissement dans la proportion du nombre de citoyens qui composent l'association religieuse à laquelle cet établissement appartient.

» 3° Les conditions requises pour l'organisation régulière et ostensible d'un établissement ecclésiastique sont : 1° que chaque établissement ecclésiastique fasse connaître au gouvernement les règles de sa discipline, la hiérarchie et le nombre de ses ministres, l'étendue et les limites de l'autorité spirituelle dont les divers degrés constituent la hiérarchie ; 2° que la nomination et les promotions des ministres du culte aux divers degrés de la hiérarchie *soient soumises à l'approbation* du gouvernement.

» 4° Il sera proposé au Corps législatif de porter une loi relativement au meilleur mode de lever une contribution religieuse des cultes sur l'universalité des citoyens. »

Tel fut le premier document officiel mis sous les yeux de Bonaparte : on peut le considérer comme la première ébauche du concordat signé à Paris l'année suivante.

Dès ce moment Talleyrand, avec une dextérité de main surprenante, avait pris la conduite des négociations ; jusqu'à la fin, le premier consul ne devait voir que par ses yeux. Or, le général Bonaparte qui à son avénement, si l'on en excepte son armée, ne connaissait en France ni les hommes, ni les choses, était bien autrement ignorant encore, au double point de vue historique et dogmatique, de ces matières de religion que l'on allait discuter.

Habitué à ne conclure des traités qu'avec des nations vaincues, en général épuisées par la guerre, à qui il lui était aisé d'imposer ses volontés, le consul ne se préoccupa, en cette occurrence, que d'une chose : faire vite et à son gré ; le moindre retard l'exaspérait.

Quant à la cour de Rome, prudente par devoir et par tradition, ni sa situation précaire, ni les menaces du gouvernement français, ne parvenaient à l'ébranler ni à l'émouvoir. On a plus d'un exemple dans l'histoire de ce calme inflexible, de cette impassible rigidité qui président à tous ses actes.

Comme l'écrivait très-bien M. Cacault, qui jugeait la situation avec beaucoup de sagacité : « On peut anéantir la cour de Rome, on ne saurait changer sa marche ancienne ni ses dogmes[1]. »

Talleyrand savait tout cela mieux que personne, et ne se faisait pas faute d'opposer au pape la brusquerie du consul, qui mettait sans cesse le marché à la main, au consul, l'esprit temporiseur du souverain-pontife. Il représentait à Bonaparte cette fermeté de Pie VII tantôt comme inspirée par l'Autriche ou le parti royaliste, tantôt comme une preuve de la mauvaise foi de la cour de Rome qui, disait-il, ne tenait pas à conclure avec notre gouvernement.

En même temps, dès qu'il voyait qu'on allait parvenir à s'entendre, il faisait surgir quelque proposition

(1) Dépêche du 14 prairial an IX.

inacceptable, rédigeait un rapport au premier consul pour insister sur la nécessité qu'il y avait à la faire adopter, écrivait ensuite à notre plénipotentiaire qu'il eût à présenter cette proposition comme un *ultimatum*, et quand au bout de quelques jours, il n'obtenait de Rome qu'une réponse évasive, il revenait à la charge près de Napoléon, pour lui faire savoir que le pape et ses conseillers se jouaient de nous. Ainsi, quelques jours après avoir adressé au premier Consul le rapport qui précède, Talleyrand écrivait à Rome :

LE MINISTRE DES RELATIONS EXTÉRIEURES
AU CITOYEN CACAULT
MINISTRE DE LA RÉPUBLIQUE A ROME

28 ventôse an IX.

« Citoyen, vous êtes chargé par le gouvernement de la République d'accomplir le rapprochement déjà heureusement négocié entre la France et la cour de Rome et de rétablir l'ancienne harmonie qui existait entre les deux Etats....

» La France a dû renoncer à l'idée d'ériger Rome en République. Présumer que la populace romaine pourrait devenir un peuple romain, se persuader qu'une multitude ignorante, fanatique, emportée et que la superstition seule et une autorité absolue peuvent dompter, serait capable de se donner des lois, de choisir ses magistrats et de leur obéir, était une opinion dont l'expérience de deux années de troubles et de crimes, avait trop démontré la folie, pour que le gouvernement actuel de la République n'en laissât pas le blâme à ceux qui l'avaient conçue, et qui malgré tous les obstacles, s'étaient obstinés à la faire adopter. Il a su déférer sur ce point aux vœux de l'Italie, aux regrets des principales puissances de l'Europe. Il a dû consentir au rétablissement des souverains-pontifes, et par les mêmes motifs qui lui faisaient une règle de prudence et de justice de se prêter à leur rétablissement, il a dû s'occuper du soin de rétablir entre eux et la France des rapports d'une utilité réciproque pour les deux Etats. »

On ne peut s'empêcher, à propos de cette dépêche où Talleyrand laisse percer entre les lignes tout son mécontentement de la négociation qu'il est contraint d'entreprendre, de rappeler une lettre confidentielle adressée par le même ministre à notre chargé d'affaires à Rome, sous le Directoire, dans laquelle il s'était exprimé ainsi à l'égard du Saint-Siége :

« Encouragez, disait-il, l'élan que le peuple de Rome paraît prendre pour la liberté. Il faut aider les bonnes dispositions de ceux qui pensent qu'il est temps que le règne des papes « finisse. »

M. de Talleyrand ne pouvait oublier les bulles d'excommunication fulminées autrefois contre lui.

Quoiqu'il en fût des dispositions personnelles de l'ancien prélat, la négociation se poursuivait entre

Bernier et Spina. Un projet de Bulle proposé à Sa Sainteté pour l'approbation des articles, fut en même temps remis au premier Consul.

Nous croyons devoir donner ici tout d'abord, pour rendre la comparaison plus aisée, le *texte définitif* du Concordat signé à Paris le 15 juillet 1801.

« Le gouvernement de la République reconnaît que la religion catholique, apostolique, romaine, est la religion de la grande majorité des citoyens français.

» Sa Sainteté reconnaît également que cette même religion a retiré et attend encore en ce moment le plus grand bien et le plus grand éclat de l'établissement du culte catholique en France et de la profession particulière qu'en font les consuls de la République. En conséquence, d'après cette reconnaissance mutuelle, tant pour le bien de la religion que pour le maintien de la tranquillité intérieure, ils sont convenus de ce qui suit :

ART. 1er

La religion catholique, apostolique, romaine, sera librement exercée en France. Son culte sera public, en se conformant aux règlements de police que le gouvernement jugera nécessaires pour la tranquillité publique.

ART. 2

Il sera fait par le Saint-Siége, de concert avec

le gouvernement, une nouvelle circonscription des diocèses français.

ART. 3

Sa Sainteté déclarera aux titulaires des évêchés français qu'elle attend d'eux avec une ferme confiance pour le bien de la paix et de l'unité, toute espèce de sacrifices, même la résignation de leurs siéges.

D'après cette exhortation, s'ils se refusaient à ce sacrifice commandé pour le bien de l'Eglise (refus néanmoins auquel Sa Sainteté ne s'attend pas), il sera pourvu par de nouveaux titulaires au gouvernement des évêchés de la circonscription nouvelle de la manière suivante :

ART. 4

Le premier consul de la République nommera dans les trois mois qui suivront la publication de la bulle de Sa Sainteté, aux archevêchés et évêchés de la circonscription nouvelle. Sa Sainteté conférera l'institution canonique suivant les formes établies par rapport à la France avant le changement du gouvernement.

ART. 5

Les nominations aux évêchés qui vaqueront dans la suite, seront également faites par le premier consul, et l'institution canonique sera donnée par le Saint-Siége en conformité de l'article précédent.

ART. 6

Les évêques, avant d'entrer en fonctions, prêteront directement entre les mains du premier consul le serment de fidélité qui était en usage avant le changement de gouvernement exprimé dans les termes suivants :

(Suit le serment.)

ART. 7

Les ecclésiastiques du second ordre prêteront le même serment entre les mains des autorités civiles désignées par le gouvernement.

ART. 8

La formule de prière suivante sera récitée à la fin de l'office divin dans toutes les églises catholiques de France :

Domine, salvam fac Rempublicam.

Domine, salvos fac consules.

ART. 9

Les évêques feront une nouvelle circonscription de leurs diocèses, qui n'aura d'effet qu'après le consentement du gouvernement.

ART. 10

Les évêques nommeront aux cures; leur choix ne pourra tomber que sur des personnes agréées par le gouvernement.

ART. 11

Les évêques pourront avoir un chapitre dans leur cathédrale et un séminaire pour leur diocèse, sans que le gouvernement s'oblige à les doter.

ART. 12

Toutes les églises métropolitaines, cathédrales, paroissiales et autres non aliénées, nécessaires au culte, seront mises à la disposition des évêques.

ART. 13

Sa Sainteté, pour le bien de la paix et l'heureux rétablissement de la religion catholique, déclare que ni elle ni ses successeurs ne troubleront en aucune manière les acquéreurs des biens ecclésiastiques aliénés et qu'en conséquence, la propriété de ces mêmes biens, les droits et revenus y attachés, demeureront incommutables entre leurs mains ou celles de leurs ayant cause.

ART. 14

Le gouvernement assurera un traitement convenable aux évêques et aux curés, dont le diocèse et les cures seront compris dans la circonscription nouvelle.

ART. 15

Le gouvernement prendra également des mesures pour que les catholiques français puissent, s'ils le veulent, faire en faveur des églises des fondations.

ART. 16

Sa Sainteté reconnaît dans le premier consul de la République française, les mêmes droits et prérogatives dont jouissait près d'elle l'ancien gouvernement.

ART. 17

Il est convenu entre les parties contractantes que, dans le cas où quelqu'un des successeurs du premier Consul actuel ne serait pas catholique, les droits et prérogatives mentionnés à l'article ci-dessus et la nomination aux évêchés, seront réglés par rapport à lui, par une nouvelle convention.

Les ratifications seront échangées à Paris dans l'espace de quarante jours.

Fait à Paris, le 26 messidor de l'an IX de la République française (15 juillet 1801).

(Suivent les signatures.)

Voici maintenant le premier projet arrêté par les plénipotentiaires et soumis à leurs gouvernements respectifs.

Du 12 frimaire an IX. — N° 16.

ARTICLES CONVENUS

TITRE PREMIER.

De la religion catholique en France.

» Les consuls de la République française reconnaissant que la religion catholique, apostolique et romaine, est la religion de la grande majorité des citoyens français.

Elle sera protégée, par le gouvernement (d'une manière spéciale[1]) et tous actes contraires au libre exercice de son culte sont annulés.

(1) Ces mots sont effacés par Talleyrand, sur la minute.

TITRE SECOND.

Des métropoles et des évêchés français.

ARTICLE PREMIER

Il sera fait, d'accord entre le Saint-Siége et le gouvernement français, une nouvelle circonscription qui réduira l'Eglise de France à cinquante évêchés et douze métropoles.

ARTICLE DEUXIÈME

Les titres des évêchés supprimés passeront au diocèse dans lequel ils seront incorporés et, selon les anciens usages de l'Eglise, l'évêque titulaire joindra au nom de son diocèse ceux des diocèses y réunis.

ARTICLE TROISIÈME

Les évêques pourront, s'ils le jugent nécessaire, établir auprès d'eux des séminaires et conserver des chapitres. Le gouvernement leur accordera protection, mais il ne sera pas tenu de les doter.

ARTICLE QUATRIÈME

Si dans la suite, il devient nécessaire de faire des changements à la circonscription nouvelle qui sera faite en vertu du présent *traité de paix et d'union*, il sera pris des arrangements pour que dans aucun cas, les Français catholiques ne puissent ressortir et dépendre d'un diocèse étranger[1].

TITRE TROISIÈME.

Des titulaires actuels des évêchés français.

Les titulaires quelconques des évêchés français seront invités par Sa Sainteté à se démettre de leurs siéges pour assurer le rétablissement *tranquille et complet de la religion catholique en France*. Les siéges de ceux qui se refuseraient à cette mesure nécessitée par les circonstances seront, par l'autorité du chef suprême de l'Eglise catholique, apostolique et romaine, déclarés vacants, et ils seront, ainsi que les siéges des évêques volontairement démissionnaires, remplis par de nouveaux titulaires.

TITRE QUATRIÈME.

De la nomination aux évêchés conservés.

ARTICLE PREMIER

La nomination aux métropoles et évêchés de la

(1) Cet article et le précédent portent en marge ce mot : *Inutile*.

nouvelle circonscription, ainsi qu'aux vacances qui surviendront, sera faite par le premier consul et par ses successeurs catholiques.

L'institution canonique appartient au Saint-Siége, et Sa Sainteté s'engage à la conférer dans la forme ordinaire aux nouveaux titulaires, aussitôt que leur nomination lui sera notifiée.

ARTICLE SECOND

Dans le cas où les successeurs du premier consul ne professeraient pas la religion catholique, apostolique et romaine, les gouvernements de la République et du Saint-Siége se concerteront, pour que les lois de l'Eglise soient observées en ce point, sans qu'il soit porté atteinte aux droits du gouvernement.

TITRE CINQUIÈME.

De la garantie à donner au gouvernement par les ministres de la religion catholique.

ARTICLE PREMIER

Les évêques nommés par le premier Consul et institués canoniquement par le Saint-Siége, feront, avant leur consécration, la promesse de fidélité à la Constitution entre les mains du premier Consul.

ARTICLE SECOND

Les ecclésiastiques du second ordre feront la même promesse entre les mains des autorités civiles chargées de la recevoir.

Cette promesse comporte l'engagement de ne jamais faire servir leur influence personnelle ou celle de leur ministère, à détourner les fidèles de l'obéissance due au gouvernement et du respect qu'ils doivent porter aux autorités constituées.

Le gouvernement déclare qu'il n'exige rien de relatif à la liberté des cultes et à la doctrine de l'Eglise catholique.

TITRE SIXIÈME.

Des autres titres ecclésiastiques.

ARTICLE PREMIER

Le Saint-Siége autorise les évêques français à faire, chacun dans leurs diocèses, une nouvelle circonscription des paroisses.

ARTICLE SECOND

Les nouvelles circonscriptions seront soumises à l'approbation du gouvernement.

ARTICLE TROISIÈME

La nomination à tous les titres curiaux sera faite par les évêques.

TITRE SEPTIÈME.

Du traitement des archevêques, évêques et autres ecclésiastiques.

ARTICLE PREMIER

La République accorde aux titulaires des évêchés et des cures le traitement annuel qui leur fut accordé par les décrets de l'assemblée Constituante, du 24 juillet, 3, 6 et 11 août 1790.

ARTICLE SECOND

Les dispositions de l'arrêté du 7 nivôse an VIII, relatives aux édifices servant au culte, et adoptées par les consuls pour les départements de l'Ouest, seront étendues aux autres départements de la République.

ARTICLE TROISIÈME

Le gouvernement permet aux catholiques français de faire, quant à présent et sans rien préjuger pour l'avenir, des fondations en rentes sur l'Etat au profit de l'Eglise, lesquelles rentes ainsi que les édifices et habitations destinées aux ministres du culte, seront assujetties aux impôts et charges de l'Etat.

TITRE HUITIÈME

De la garantie donnée par l'Eglise aux acquéreurs des biens ecclésiastiques.

Le Saint-Siége reconnaît les aliénations des domaines ecclésiastiques, faites en vertu des lois de la République et la propriété incommutable de ces domaines dans les mains des acquéreurs. Il interdit tant aux ecclésiastiques qu'aux fidèles toute réclamation sur cet objet.

TITRE NEUVIÈME

Articles généraux.

ARTICLE PREMIER

Sa Sainteté reconnaît dans le gouvernement français actuel les mêmes droits et priviléges dont jouissaient les rois de France avant la Révolution et le changement de gouvernement.

ARTICLE SECOND

Les ecclésiastiques qui, dans ces derniers temps, sont entrés, après leur consécration, dans les liens du mariage, seront réputés simples citoyens et réduits comme tels à la communion laïque.

ARTICLE TROISIÈME

Les évêques qui ont exercé en France des fonctions épiscopales sans avoir été canoniquement institués par le Saint-Siége, et les prêtres qui ont été pourvus par eux, *seront de droit réunis au Saint-Siége, s'ils déclarent simplement et volontairement à Sa Sainteté vouloir se conformer aux règles contenues dans les présents articles.*

ARTICLE QUATRIÈME

La présente convention sera religieusement observée. Sa Sainteté l'ordonne tant en son nom qu'au nom de l'Eglise et de ses successeurs; elle interdit toute discussion ultérieure sur les articles qui en sont l'objet, sous peine d'encourir les censures ecclésiastiques.

Le premier consul le promet également au nom de la nation française et de ses successeurs, et défend à toute personne de s'y opposer, sous les peines portées par les lois contre ceux qui entravent l'exécution des ordres du gouvernement.

Comme on le voit, ce premier projet accompagné de *Notes* de l'abbé Bernier *sur le sens et les motifs de la rédaction des différents articles,* diffère notablement du Concordat définitif.

Il fut suivi d'un second, qui ne contenait que six titres au lieu de neuf, mais qui n'était guère que la reproduction du premier. Fidèle à son système, le ministre des relations extérieures, bien qu'il ne se dissimulât pas que cette rédaction ne pourrait être acceptée sans discussion par la cour romaine, affectait de considérer la négociation comme terminée.

Il écrivait, le 2 ventôse an IX, à Mgr Spina :

« Monsignor,

» J'ai l'honneur de vous adresser le projet de convention qui m'a été remis de votre part, et qui me paraît, en effet, devoir enfin réunir conformément à vos vœux et aux miens le Saint-Siége et le gouvernement français et les faire concourir au rétablissement de la paix religieuse et de la bonne harmonie entre les deux Etats.... »

Talleyrand faisait connaître en même temps au premier consul que les difficultés étaient toutes aplanies et tandis que celui-ci s'apprêtait à nommer des plénipotentiaires pour signer, il apprenait que Mgr Spina, n'ayant pas les pouvoirs nécessaires, allait en référer à Rome.

Cette tactique, consistant à faire croire au premier

consul que tout était arrangé, pour l'informer ensuite qu'il n'y avait rien de fait, atteignait sûrement son but : elle exaspérait Bonaparte qui croyait voir dans ces délais une mauvaise foi évidente de la cour pontificale.

Un mois après, la discussion recommençait sur nouveaux frais, et Talleyrand adressait un rapport ainsi conçu, sur la direction qu'il convenait de lui donner.

RAPPORT AU PREMIER CONSUL

1er germinal an IX (22 mars 1801).

- L'intention du premier consul est de relever le catholicisme, *conformément aux principes de l'Eglise gallicane.*

- Le premier consul m'a ordonné de rechercher ces principes dans les actes *authentiques* et dans les ouvrages *consacrés par l'opinion publique,* où ils ont été énoncés.

- J'ai l'honneur de mettre sous ses yeux :

1° La déclaration du clergé de France, du 25 mars 1682.

2° Un extrait, fait avec quelque étendue, du célèbre ouvrage de Bossuet, en défense des quatre articles de cette déclaration.

3° Le 14e discours de l'abbé Fleury sur les libertés de l'Eglise gallicane.

- D'après les ordres formels du premier consul, je

recommanderai aux personnes qu'il chargera de négocier avec les ministres du Saint-Siége de *se pénétrer des principes qui sont exposés dans ces écrits et de les regarder comme des instructions rigoureuses* dont il ne leur sera jamais permis de s'écarter. La volonté ferme et arrêtée du gouvernement français étant de relever les autels d'une religion qui soit *aussi libre et aussi pure* que celle qui a été professée par nos ancêtres. »

L'impression de ce rapport sur l'esprit de Napoléon fut immense; nous en voyons les conséquences, quand l'empereur, lors de ses démêlés avec le pape, en 1811, disait avec colère qu'il voulait des ecclésiastiques imbus de l'esprit de Bossuet et non de l'esprit de Grégoire VII. Le résultat de cette lecture a été au-delà des espérances de Talleyrand. Pour Napoléon, Bossuet reste toujours l'homme de la Déclaration de 1682. Avant son entrée au pouvoir, le premier consul avait partagé son temps entre l'étude de l'art militaire et l'application qu'il en avait faite sur tous les champs de bataille de l'Europe; la campagne d'Egypte et les travaux multiples auxquels il avait dû se livrer depuis le 18 brumaire, ne lui avaient guère permis de s'adonner aux dissertations théologiques ni à l'histoire religieuse. Il était absolument neuf en ces matières, et s'il faisait un Concordat avec le pape, c'était œuvre purement politique, et dirigée dans le sens des besoins vrais et sentis de la France.

M. de Talleyrand, l'ancien élève du séminaire de Saint-Sulpice, agent général du clergé et évêque d'Autun, n'ignorait rien de tout cela; il connaissait le caractère dominateur de son maître et il ne fut pas difficile à l'ancien prélat d'exploiter au profit de ses idées le côté faible du général. Par son rapport et par les documents dont il l'appuya, il fit d'une manière définitive l'opinion du consul, ou plutôt il lui fournit une opinion toute faite, la sienne, sans que le chef du gouvernement français pût la repousser ni la contrôler.

Ce ne fut pas au demeurant la seule occasion où Napoléon subit l'influence de Talleyrand, qu'il ne cessa de mépriser et par qui il fut exploité toujours.

Le nom de Bossuet fit son effet, et nul ne parvint dans la suite à effacer cette impression première. Les conditions dans lesquelles avait été faite cette Déclaration de 1682, le droit de régale, la bulle par laquelle le pape Alexandre VI et ses successeurs la flétrirent, l'Assemblée de 1693 qui la désavoua, le nombre des évêques français qui y prirent part, c'est-à-dire à peine le quart, l'édit de Louis XIV déclarant qu'elle ne serait jamais appliquée, le refus d'institution opposé par les souverains-pontifes à ceux qui l'avaient souscrite, tout cela fut, par M. de Talleyrand, passé sous silence.

Comment enfin admettre que la foi catholique n'eût été en France *libre et pure* que depuis Louis XIV, et comment une déclaration de quarante évêques, délibérant sous la pression d'un pouvoir civil absolu, avait-elle rendu la pureté et la liberté au culte chrétien, qui jusqu'à ce jour en France en aurait été dénué. C'est ce que le ministre des relations extérieures ne disait point?

Mais où ce rapport trouve son utilité véritable, c'est à démontrer aux générations présentes la bonne foi que le chef de la diplomatie française apporta dans cette délicate affaire.

Conduites dans cet esprit, les négociations devaient, on le comprend, n'avancer qu'avec peine; aussi le ministre, pour en finir, écrivait-il à notre ambassadeur à Rome :

29 floréal an IX. (19 mai 1801.)

« .... Citoyen, j'ai l'ordre formel du premier consul de vous informer que votre première démarche auprès du Saint-Siége doit être de lui demander, dans le délai de *cinq jours*, une détermination définitive sur le projet de convention, et sur celui de la bulle dans laquelle la convention doit être insérée, qui ont été proposés à son adoption. Si dans le délai que vous êtes chargé d'offrir, les deux projets sont adoptés sans aucune modification, les deux Etats seront liés de fait par des rapports pacifiques....

» Si des changements vous sont proposés, et que le délai expire, vous annoncerez au Saint-Siége que votre présence à Rome devenant inutile à l'objet de votre mission, vous vous voyez obligé à regret, de vous rendre auprès du général en chef, et vous partirez, en effet, sur-le-champ pour Florence. Vous ne donnerez pas à cette déclaration la force d'une menace, mais vous en laisserez tirer les conséquences qu'on voudra.... »

La cour romaine n'avait pas eu besoin de cet *adjutorium* diplomatique pour achever son travail. Un nouveau projet était en route, quand Talleyrand adressait à Rome la dépêche précédente.

Il fut remis le 24 *mai* 1801 au ministre par Mgr Spina. En voici le texte :

PROJET DE CONCORDAT RENVOYÉ DE ROME A PARIS APRÈS Y AVOIR ÉTÉ REMANIÉ

I

Le gouvernement de la République française reconnaît que la religion catholique, apostolique et romaine est la religion de la grande majorité des citoyens français. Animé par les mêmes sentiments et professant la même religion, il protégera la liberté et la publicité de son culte; il la conservera dans toute la pureté de ses dogmes et dans l'exercice de sa discipline. Les lois et décrets contraires à la pureté de ses dogmes et au libre exercice de sa discipline, seront annulés.

II

Il sera fait par le Saint-Siége, de concert avec le gouvernement, une nouvelle circonscription des diocèses français : leur nombre sera réduit, de telle manière néanmoins, qu'il suffise aux besoins spirituels des diocèses.

III

Sa Sainteté témoignera aux évêques légitimes, la juste et ferme persuasion où elle est, de leur disposition à se prêter à tout sacrifice que pourra exiger d'eux la paix et l'unité de l'Eglise. D'après cette exhortation, le Saint-Père pour ne pas retarder davantage le rétablissement de la religion catholique, apostolique et romaine en France, prendra les mesures convenables pour le bien de la religion, et pour le plein effet de la nouvelle circonscription, conformément à l'objet qu'il s'est proposé en l'approuvant.

IV

Le premier consul professant la religion catholique, nommera aux archevêchés et évêchés de la nouvelle circonscription dans les premiers trois mois qui suivront la publication de la bulle de Sa Sainteté, concernant la circonscription susdite, et Sa Sainteté donnera à ceux qui seront ainsi nommés, l'institution canonique dans les formes établies dans le Concordat entre Léon X et François Ier.

V

Les nominations aux évêchés qui viendront à vaquer se feront également par le premier consul, et l'institution sera donnée par le Saint-Siége en conformité de l'article précédent.

VI

Les archevêques et les évêques, avant d'entrer en fonctions, prêteront directement entre les mains du premier consul le serment de fidélité.

VII

La formule du serment sera celle-ci : « Je promets obéissance et fidélité au gouvernement établi par la Constitution de la République française. »

VIII

Les ecclésiastiques du second ordre prêteront le même serment entre les mains des autorités civiles désignées par le gouvernement.

IX

La prière suivante sera récitée dans toutes les églises catholiques de France à la fin de l'office divin.

Domine, salvam fac rem Gallicam.

Ou celle-ci :

Domine, salva Galliæ consules.

X

Les évêques, de concert avec le gouvernement, feront une nouvelle circonscription de paroisses dans leurs diocèses respectifs, bien entendu qu'il soit pourvu aux besoins spirituels des fidèles.

XI

Ils nommeront à toutes les cures, et choisiront des pasteurs doués des qualités requises par les lois de l'Eglise, pour le bien spirituel de leurs troupeaux pacifiques, et qui n'auront pas démérité la confiance du gouvernement.

XII

Ils pourront avoir des séminaires, etc. (comme l'article du Concordat).

XIII

(Id.).

XIV

Le Saint-Père afin de coopérer autant qu'il est en lui à la tranquillité de la France, qui serait entièrement troublée par la répétition des biens ecclésiastiques, aliénés par la République, et particulièrement pour ne point retarder le rétablissement de la religion catholique, eu égard à l'importance de l'objet et à la multitude des acquéreurs, dispense, à l'exemple de ses prédécesseurs, les acquéreurs catholiques ou qui s'étant éloignés de l'unité de l'Eglise, y feront retour, de toute restitution soit des biens fonds, soit des fruits perçus ou à percevoir. Il déclare aussi que les autres ne seront pas inquiétés dans leur possession des dits biens, ni par lui ni par ses successeurs.

XV

Le gouvernement se charge d'un traitement (comme l'article du Concordat).

XVI ET XVII

(Comme les articles correspondants du Concordat).

Ce projet fut remis au premier consul par Bernier qui l'acceptait dans son ensemble et ne proposait que des changements insignifiants. On pouvait croire que les signatures allaient y être apposées, quand Talleyrand en écrivit dans ces termes à Bonaparte :

RAPPORT AU PREMIER CONSUL

9 prairial an IX.

« Je présente au premier consul, le projet de convention entre le gouvernement de la République et la cour de Rome.

» Je ferai quelques observations sur les changements que le souverain-pontife a cru devoir introduire, au plan qui avait été consenti par son agent à Paris.

ART. 1er

» Cet article présente deux différences remarquables. Celui du premier projet est ici divisé en deux. Au premier le Saint-Père ajoute trois nouvelles clauses, dont deux me semblent inadmissibles.

» Le Saint-Père demande que le gouvernement se déclare *catholique* et qu'il promette de *conserver la pureté des dogmes de la religion*. Ce dernier soin appartient au ministère ecclésiastique, et *il serait tout à fait ridicule que la puissance civile consentît publiquement à s'en dire chargée*.

» Le Saint-Père a de plus inséré dans cet article, la clause de la révocation des lois et décrets contraires à la pureté des dogmes, et à l'exercice de la discipline de l'Eglise. Cette clause est inadmissible. Le citoyen

Bernier propose d'y substituer la formule : *Nonobstant tout acte antérieur, s'il en existait de contraires à ces dispositions*. Le mot acte n'exprimant que des mesures de gouvernement, il y a peu d'intérêt à adopter cette formule.

ART. 3

- Cet article et celui qui est proposé par le citoyen Bernier, de quelque manière qu'on les rédige, ne peuvent entrer dans une convention. *Que le souverain-pontife s'adresse aux évêques et leur témoigne, ou déclare, ou signifie ce qu'il voudra, peu importe au gouvernement de la République*. Une convention ne doit rien exprimer que ce qui est d'un accord commun. Or ici les deux gouvernements ont à convenir d'une chose, c'est que les siéges soient remplis par de nouveaux évêques. Le Saint-Père arrivera à ce résultat par la voie qui lui paraîtra la plus convenable : mais la convention ne doit parler que du résultat.

ART. 4

- Cet article faisait partie du premier du titre 2. Le pape y demande un délai de trois mois pour la nomination aux évêchés; cette demande est plausible. Il demande de plus que le premier consul fasse profession de foi. Cette clause a deux inconvénients :

1° Par la rédaction, c'est sur cette profession que le

Saint-Siége fonde l'engagement qu'il prend de conférer l'institution canonique ; ce qui annonce très-explicitement que les successeurs du premier consul ne pourront nommer aux évêchés, s'ils ne sont pas catholiques.

2° Cette profession dans un acte de gouvernement aussi notoire que l'est une convention, est opposée à tous les principes, *car encore une fois l'adhésion aux dogmes et aux rites d'une religion est un acte de citoyen et non de gouvernement.*

. . . .

ART. 11

» Cet article exprime le choix des curés. — L'approbation du gouvernement exigée dans le premier projet est ici délayée dans des expressions extrêmement vagues. Ce changement est une pure chicane. Le Saint-Siége n'ignore pas qu'un grand nombre de curés sont nommés en Europe par des laïques et même par des protestants.

ART. 12

» On peut promettre au Saint-Siége l'établissement des séminaires et chapitres, mais il n'y a aucune nécessité à s'y engager.

ART. 14

» Cet article est relatif aux biens nationaux. Il est

inadmissible, et celui substitué par le citoyen Bernier ne suffit pas pour remplir l'objet du gouvernement. Il ne faut pas perdre de vue que le sujet de cet article doit être considéré comme un des principaux motifs de la détermination que le premier consul a prise de réconcilier la cour de Rome à la France, et la France au Saint-Siége. Il faut que sur ce point le gouvernement atteigne pleinement son but, et ce n'est que par la rédaction sans aucune modification du premier projet, qu'il peut l'atteindre.

» Les difficultés que le Saint-Siége se fait et nous fait à cet égard sont des chimères. Les réformes de Joseph II ont excité des réclamations, mais n'ont point attiré d'anathème. *L'Eglise a été dépouillée dans tous les siècles, et les spoliateurs n'ont été punis que quand ils étaient faibles.* Le traité de Westphalie a sécularisé la moitié des biens ecclésiastiques de l'Allemagne, et la cour de Rome n'a pas excommunié l'empire.

» Cet objet est d'une trop haute importance pour que le gouvernement modifie au plus léger degré sa première détermination.

» La rédaction convenue entre M. Spina et nous doit être le *sine qua non* de tout arrangement avec la cour de Rome.

ART. 15 et 16

Les changements introduits dans ces deux articles ne peuvent nous convenir. *Le gouvernement ne peut prendre sur lui d'assurer un traitement au clergé,* mais il peut promettre qu'il prendra des mesures pour lui en procurer un. Le résultat est le même et cela doit suffire au clergé et à la cour de Rome. *Quant aux fondations il ne peut pas se départir de la restriction insérée au premier projet*[1]. Le premier gouvernement sensé qui est sorti du sein de la République, ne doit pas se constituer le restaurateur des biens de main morte.

» Le Saint-Père a supprimé, dans son projet, l'article relatif aux ecclésiastiques mariés. Le citoyen Bernier dit cependant dans son rapport, que sur l'insistance du gouvernement, cet article sera rétabli. Cet article est moralement aussi indispensable, que l'est politiquement celui relatif aux biens nationaux. Il serait souverainement injuste de laisser indécis l'état d'une foule d'individus qui sont devenus pères de famille et citoyens. Cette déclaration attirera à la mesure de la réconciliation des partisans très-zélés, qui sans elle en seraient les plus dangereux ennemis.

» J'ai lieu de croire que le citoyen Cacault, excité par mes dernières dépêches, s'efforcera d'inspirer à la cour de Rome *des sentiments conformes à sa position.* Dans cette attente, je pense qu'il convient d'exprimer à l'agent du Saint-Siége un mécontentement marqué sur

(1) Les fondations ne sont autorisées par le projet qu'en *rentes sur l'Etat*, exclusivement.

l'insuffisance et le vague des articles de la convention modifiée. Au fond, il n'y a pas de modifications nécessaires à faire à la première.

Signé : CH. MAU. TALLEYRAND. »

Le même jour, le ministre écrivait à l'abbé Bernier :

9 prairial an IX.

« J'ai soumis au premier consul le rapport qu'il vous avait chargé de faire sur l'état actuel de nos relations avec la cour de Rome, et le nouveau projet de convention, modifiée sur celle proposée et consentie par M. Spina. Ce projet, quant au fond et quant aux expressions, diffère tellement sur des points très-importants du premier, qu'on aurait tout lieu de croire que le Saint-Siége ne cherche qu'à gagner du temps. »

Ce projet fut donc renvoyé à ses auteurs, qui le firent parvenir à Rome, où il y fut revu dans le sens des observations du gouvernement français, et adressé de nouveau à Paris, où Spina et Bernier le remanièrent encore.

M. de Talleyrand à qui on le transmit, eut soin de l'annoter en le remettant au premier consul, de telle sorte qu'il ne put être accepté dans l'état où il le voulait mettre :

PROJET DE CONCORDAT

TEXTE PROPOSÉ

27 prairial an IX.

TITRE I

ART. 1er

Le gouvernement de la République française reconnaissant que la religion catholique, apostolique et romaine est la religion de la grande majorité des citoyens français déclare qu'il l'admet comme telle sous sa *protection spéciale*[1]. Toute disposition contraire à celle-ci est réputée nulle et non avenue.

ART. 2

Il sera fait, de concert avec le gouvernement, par le Saint-Siége, une nouvelle circonscription des diocèses catholiques français.

(1) En marge : point de protection spéciale : il faut dire, reconnaissant que la religion catholique est la religion de, etc., etc., révoque et annule tous actes contraires à son libre exercice.

ART. 3

Sa Sainteté *déclarera* à tous les titulaires des évêchés français qu'elle attend d'eux avec confiance et qu'ils doivent faire pour le bien de la paix toute espèce de sacrifices, même celui de leurs siéges, et d'après cette exhortation, elle pourvoira de suite au *gouvernement*[1] des diocèses de la circonscription nouvelle de la manière indiquée dans les titres suivants.

TITRE II

ART. 1er

Le premier consul Bonaparte professant la religion catholique[2] nommera dans les trois mois qui suivront la publication de la bulle de Sa Sainteté aux archevêchés et évêchés de la circonscription nouvelle. Sa Sainteté s'engage à conférer l'institution canonique dans les formes usitées aussitôt que les nominations lui seront notifiées.

(1) En marge : Ce mot laisse de l'indécision sur la vacance qui doit être nettement exprimée.

(2) En marge : Le général Bonaparte professe la religion qu'il veut : le premier Consul n'en professe point.

ART. 2

Les nominations aux évêchés qui vaqueront dans la suite, seront également faites par le premier consul en conformité de l'article précédent.

TITRE III

ART. 1er

Les évêques, avant d'entrer en fonctions, prêteront directement entre les mains du premier consul le serment de fidélité dans la forme suivante :

« Je promets obéissance et fidélité au gouvernement et aux autorités établis par la constitution de la République française. »

Ou celle-ci :

« Je promets soumission aux lois civiles et politiques de la République française et obéissance au gouvernement établi par la constitution. »

ART. 2 ET 3

(Comme au Concordat les articles correspondants.)

TITRE IV

ART. 1er

Les évêques de concert[1] avec le gouvernement feront une nouvelle circonscription des paroisses de leurs diocèses respectifs.

ART. 2

Ils nommeront à toutes les cures, et leur choix ne pourra tomber que sur des ministres qui méritent la confiance du gouvernement[2].

TITRE V

ART. 1er

Toutes les églises métropolitaines, cathédrales, paroissiales et autres non aliénées (etc., comme au Concordat).

ART. 2

Sa Sainteté, pour elle et ses successeurs, renonce, au nom de l'Eglise, pour le bien de la paix, à toute prétention sur les domaines ecclésiastiques, aliénés en

(1) En marge : Avec l'approbation du.

(2) En marge : Approuvé du gouvernement.

France, et déclare que la propriété de ces mêmes biens et les droits y attachés, demeureront incommutables entre les mains des acquéreurs.

ART. 3 ET 4

(Relatifs au traitement du clergé et aux fondations en faveur des églises, comme dans le Concordat).

TITRE VI

ART. 1er

Sa Sainteté[1] prendra les mesures convenables pour que les ecclésiastiques qui sont entrés depuis leur consécration dans les liens du mariage ou qui par d'autres actes ont notoirement renoncé à leur état, puissent être admis à la communion laïque.

ART. 2

(Relatif aux prérogatives du gouvernement à Rome comme au Concordat).

Dans un autre rapport de Talleyrand au premier consul, *sans date,* on lit :

(1) En marge : Rien d'éventuel sur ce point : les huit premiers mots de cet article doivent être supprimés et à la place de *puissent être* il faut *seront*.

« .... (ext.) *sur l'institution des évêques,* le citoyen Grégoire ne voudrait pas que l'institution appartînt de droit au pape : *il a raison,* mais le pape exerce ce droit depuis des siècles : ce qui blessait l'Eglise gallicane était moins la théorie de l'institution que la redevance ; on supprime la redevance.... Cependant on peut supprimer dans les articles du projet de pacification le mot *appartient.* »

Sur ces entrefaites, le cardinal Consalvi était arrivé de Rome à Paris. La présence de ce prince de l'Eglise, secrétaire d'Etat de Sa Sainteté, activa les négociations.

Talleyrand, désespérant de voir échouer l'entreprise, et après avoir eu la précaution de se faire donner dans l'intervalle le bref de sécularisation que l'on connaît, partit pour les eaux de Bourbon-l'Archambault, après avoir confié l'intérim des relations extérieures au citoyen Caillard.

Toutefois il remit au premier consul un dernier projet, en opposition à celui de Consalvi, et qui contenait l'article relatif aux prêtres mariés.

En le remettant à Napoléon, le ministre citoyen Talleyrand écrivit en marge, de sa main, l'apostille suivante, avant de partir pour les eaux, le 24 messidor an IX, c'est-à-dire deux jours avant la signature du traité :

« Le projet de convention que propose M. le cardinal Consalvi, fait rétrograder la négociation vers l'époque de ses premières difficultés. Elles sont toutes levées par les dispositions que le Saint-Père a montrées au premier consul. Ce retour des agents du pape vers une opposition qui n'a point de motif plausible et que l'esprit conciliant du chef de l'Eglise n'autorisait pas, tient à un esprit de chicane et de tracasserie qu'il faut enfin désabuser; ce projet de convention ne blesse en rien les droits de l'Eglise, et je suis d'avis que le premier consul le présente une dernière fois comme l'ultimatum du gouvernement de la République. »

Mais en quittant Paris, Talleyrand y laissait derrière lui son confident et son ami, M. d'Hauterive, auquel il faisait parvenir ses instructions. Ce fut ce dernier qui, au moment de la signature du traité, eut recours à la substitution de pièces, dont le cardinal Consalvi a parlé dans ses mémoires.

La lettre suivante nous fait d'ailleurs connaître qu'il existait deux traités à peu près semblables, quoique différent sur quelques points, entre autres celui des ecclésiastiques mariés.

LE SECRÉTAIRE D'ÉTAT AU CITOYEN CAILLARD
MINISTRE DES RELATIONS EXTÉRIEURES PAR INTÉRIM

« Vous trouverez ci-joint, citoyen, un arrêté qui nomme des plénipotentiaires pour terminer la négociation avec la cour de Rome. Je vous envoie en même temps *deux projets* de convention sur les affaires ecclésiastiques.

L'un coté A a été remis par le citoyen Bernier, provisoirement chargé de conférer avec les plénipotentiaires de la cour de Rome.

L'autre coté B est la rédaction définitive adoptée par le gouvernement; il n'y a entre l'un et l'autre aucune différence essentielle.

Le gouvernement verra avec plaisir que cette convention soit signée le 14 juillet.

Signé : B. HUGUES MARET. »

Environ deux semaines après la signature, le 16 fructidor, un rapport était adressé au sujet des ratifications, par le département des relations extérieures; sous la plume de d'Hauterive, on reconnaît la main de son chef.

« La forme ordinaire des ratifications, est-il dit, s'applique parfaitement à la convention ecclésiastique, sans la copie des pleins pouvoirs, qui dans cette circonstance ne peuvent être insérés avant le texte du traité, parce que les pleins pouvoirs donnés aux ministres plénipotentiaires de Sa Sainteté, *renferment des réflexions qui ne sont pas de nature à être publiées*, du reste la citation des pouvoirs dans un acte aussi formel que celui-ci suffit pour constater leur authenticité. »

Le citoyen Portalis, conseiller d'Etat, avait été chargé, quelque temps avant la signature du Concordat, de toutes les affaires concernant les cultes. Une des plus importantes était la nomination aux évêchés de la nouvelle circonscription.

Des dissentiments ne tardèrent pas à s'élever à ce sujet. Une note du cardinal secrétaire d'Etat adressée le 30 novembre 1801 (9 frimaire an X) au citoyen Cacault, ministre à Rome, en fait mention.

Cette note devait servir de réponse à une lettre de Portalis.

La première partie est relative à la démission des anciens évêques et à la circonscription des diocèses. La seconde touche à l'institution canonique que le gouvernement français voudrait voir conférer *immédiatement* par le cardinal légat aux nouveaux titulaires. La troisième a trait à la nomination de quinze évêques constitutionnels que le Saint-Siége refuse de reconnaître, s'ils ne rétractent pas leur erreur.

« Quelques-uns d'entre eux, dit la note pontificale, sont arrivés à dire *qu'ils étaient montés sur leurs siéges sans aucune opposition canonique*, ce qui est le même que heurter de front le jugement contraire dogmatique prononcé sur cela par le Saint-Siége et accepté de tout le catholicisme.

» A ce sujet, Sa Sainteté observe qu'ils se *contredisent* ouvertement dans ce que dit leur formule alors qu'ils assurent qu'ils reconnaissent le souverain-pontife pour centre de l'unité de l'Eglise catholique, mais effectivement ils s'en séparent, en se refusant à ce qui a été ordonné et prescrit par le Saint-Siége[1].... On a lu dans la note du conseiller Portalis que le pape est collateur forcé.

» Pour entendre le sens de cette expression, il suffit de faire deux courtes observations. Le Concordat de Léon X et de François Ier auquel se reporte l'art. 4 de la Convention, quand il est dit que tout se fera selon les formes usitées avant le changement de gouvernement, admet évidemment chez le pape, la liberté de refuser l'institution dans quelques cas. Il suffit de lire le titre III. »

« Des exemples *sous Innocent XI, Alexandre VIII et Innocent XII,* prouvent la même chose. Les *Bulles d'institution furent refusées par Innocent XI et Alexandre VII à différents ecclésiastiques qui avaient eu part à la déclaration de l'assemblée du clergé en 1682.*

» *Innocent XII ne les accorda qu'après qu'ils eurent déclaré* dans leurs lettres écrites au pape qu'ils tenaient pour non arrêté ce qui avait pu être arrêté par ces

(1) En marge de la copie qui existe aux affaires étrangères on lit : « Mais vous-mêmes, n'êtes-vous point inconséquent, car si vous ne les considérez pas comme évêques légitimes, pourquoi leur avez-vous demandé leurs démissions et pourquoi les avez-vous acceptées? »

Il est impossible de pousser plus loin la mauvaise foi : il est clair que l'art. 3 du Concordat qui a trait aux démissions des évêques titulaires ne peut s'appliquer qu'aux évêques légitimes, institués en 1789, et non aux schismatiques. Sa Sainteté n'a jamais songé à demander leur démission à de soi-disant prélats qu'elle n'a point reconnus, mais bien excommuniés à plusieurs reprises.

assemblées contre la puissance ecclésiastique, et l'autorité pontificale.

On peut voir la différence qu'il y a entre cette déclaration *spéciale* et la déclaration générale, si douce, que Sa Sainteté demande aux constitutionnels[1]. »

(1) On lit en marge cette annotation inspirée par Talleyrand : « Il est absolument faux que les *Evêques de France* aient, comme le dit ici le cardinal Consalvi, déclaré en 1693, qu'ils tenaient pour non arrêté ce qui avait été arrêté par l'Assemblée de 1682 contre l'*autorité pontificale.* Quelques évêques de France écrivirent, en effet, au pape, mais dans *des termes ménagés* de manière que leur lettre ne pouvait être regardée *que comme un témoignage de la douleur* qu'ils ressentaient de la persévérance de prévention du Saint-Siége contre eux. Ils étaient loin d'avouer que ces préventions fussent fondées, mais voulant marquer leur désir de rétablir les anciennes relations entre le Saint-Siége et l'Eglise de France, sans rappeler les sujets de la discussion, ils déclarèrent qu'ils tenaient pour non décrété, ce qui avait pu être décrété *sur la puissance ecclésiastique et sur les droits des Eglises.* Ce qui n'emporte aucune rétractation de la croyance de l'Eglise de France sur l'autorité pontificale ; ce qui d'ailleurs n'exprimait alors que le sentiment particulier de quelques évêques qui depuis dix ans sollicitaient vainement l'institution canonique du Saint-Siége, et qui l'obtinrent, en effet, à la faveur de cette explication. Rien de ce qui fut fait en 1693 ne présente le caractère ni d'une déclaration générale, ni d'une déclaration contraire à celle de 1682. »

Il nous semble inutile d'insister sur la fausseté de ces allégations et sur la mauvaise foi qu'elles contiennent. On sait aujourd'hui la part qui revient à chacun dans cette déclaration de 1682 et ce qui s'ensuivit. M. de Talleyrand reconnaît lui-même que les évêques écrivirent au pape pour *déclarer qu'ils tenaient pour non décrété ce qui avait pu être arrêté sur la puissance ecclésiastique et sur le droit des Eglises* c'est-à-dire ce qui avait fait l'objet des discussions de 1682.

Tel a été le rôle de M. de Talleyrand dans les discnssions qui ont préparé le Concordat. Au rebours des diplomates qui s'emploient de tout leur pouvoir à aplanir les difficultés, à s'ingénier pour trouver des formules susceptibles d'être acceptées de part et d'autre, cet infidèle négociateur n'a pris soin que d'entraver la négociation, nourrissant jusqu'au dernier jour l'espoir de la voir échouer.

L'ancien prélat avait fait trop de mal à l'Eglise pour le lui pardonner jamais; et redoutant de ne pouvoir se réconcilier avec elle, il tentait du moins d'éviter qu'elle ne se réconciliât jamais avec la France. Il agit de même en politique en 1814, quand il rétablit la monarchie légitime, non par amour des Bourbons, mais par crainte de Napoléon qu'il avait trahi, et dont il savait n'avoir plus à attendre grâce dans l'avenir.

C'était du reste un spectacle curieux, en l'an X de la République, et bien digne du temps, que celui d'un homme qui s'était montré des plus acharnés à attaquer la religion et ses ministres, qui pour cela avait été excommunié, rejeté de l'Eglise, qui n'était pas trop relevé encore de ces justes condamnations, concourir au redressement de tant de torts, à la réparation de tant de maux qu'il avait contribué à accumuler sur la France. Il y porta l'esprit qu'on pouvait lui supposer, la justice qu'on en pouvait attendre. La religion lui est redevable de l'insertion, dans ce grand acte, des clauses qui lui pourraient porter préjudice, et que le premier consul n'eût pas cherché à lui imposer.

Si l'on se prend à considérer à distance l'ensemble de ces négociations, on ne se peut refuser à voir dans toute cette affaire la manifeste action de la Providence qui a fait servir, au rétablissement de la religion catholique en France, celui-là même qui, dans l'accomplissement de cette tâche, ne cessa de se montrer son plus cruel ennemi.

Nous n'avons pas voulu, dans le cours de cette esquisse, faire usage des documents animés d'un esprit contraire à celui du ministre des relations extérieures, nous avons passé sous silence les lettres de Mgr Spina, pleines d'un esprit de zèle apostolique et de sage tolérance, et les dépêches de M. Cacault, notre ambassadeur à Rome, où l'on voit combien ce diplomate est touché d'admiration à la vue du pontife universel et du Sacré-Collége tout entier, uniquement préoccupés de ce grand traité et regardant comme le plus cher de leurs triomphes, la conversion de cette belle nation française, la fille aînée de l'Eglise.

Aussi bien ces rapports sont aujourd'hui connus et appréciés de tous.

Mais en s'efforçant de faire prévaloir le principe de l'indifférence de l'Etat en matière de religion, en refusant à l'Eglise une *protection spéciale,* Talleyrand a inauguré pour elle une ère nouvelle.

Sous l'ancienne monarchie, l'Eglise catholique était

au-dessus de la loi ; sous la Révolution, elle était hors la loi. Depuis le Concordat, elle est *prévue par la loi,* elle est dans la loi.

La Révolution qui a modifié l'ordre social de fond en comble, l'esprit de Talleyrand qui a présidé à la convention par laquelle l'Eglise a retrouvé place au grand jour, ont fait à l'Eglise une situation nouvelle dans l'Etat.

L'Etat l'oublie trop aujourd'hui, et l'Eglise ne s'en souviendra jamais assez.

Sous l'ancien régime, le catholicisme dominait notre état social ; tous les dogmes et un grand nombre de lois de discipline étaient ou pouvaient être lois de l'Etat. L'Eglise catholique était elle-même la première, la plus fondamentale, la plus légale des institutions. Il n'en est plus de même aujourd'hui.

On peut juger du changement qui s'était produit dans la situation politico-religieuse, par les justes réclamations que soulevèrent les Articles Organiques. Rien de plus étrange que l'article VIII de la loi du 18 germinal an X, déclarant « susceptible *d'appel comme d'abus, l'infraction des règles consacrées par les canons reçus en France, l'attentat aux libertés, franchises et coutumes de l'Eglise gallicane.* »

Le citoyen Portalis n'avait rien trouvé de mieux que de reproduire sur la matière l'ancienne législation des Parlements, au moment où le législateur proclamait un principe directement contraire à ce régime.

L'ancienne législation déclarait qu'il y avait abus dans la violation des canons, des libertés de l'Eglise gallicane, parce que ces canons, ces libertés étaient sous la protection des lois ou plutôt étaient eux-mêmes des lois. Mais n'est-il pas évident aujourd'hui que cet état de choses n'existe plus? Le gouvernement veut protéger les canons, mais alors il ne tolère plus ni le protestantisme, ni le judaïsme que les canons condamnent. Ceci nous dispense d'entrer dans le détail des lois catholiques, qui serait infini. S'il ne peut rien pour les plus fondamentales, que peut-il pour les autres?

Ce que nous disons des canons, s'applique aux libertés de l'Eglise gallicane. En quoi ces libertés peuvent-elles aujourd'hui intéresser l'Etat? Ces libertés, dans l'intention du législateur, ne sont que les anciennes maximes des Parlements, consignées dans le recueil de *Pithou*. Si quelqu'un doit connaître les vraies libertés de l'Eglise de France, ce sont sans doute les évêques de cette Eglise. Or, n'est-il pas curieux de voir édicter des peines par le pouvoir civil contre le pouvoir religieux, parce que ce dernier n'aura pas fait usage des libertés à lui octroyées?

Selon Pithou, les *libertés gallicanes* découlent de ces deux maximes : la première, que le pape ne peut rien sur le temporel; la seconde, que la puissance spirituelle est réglée par les canons. S'il prenait envie à un pape de se mêler du temporel, ses actes seraient jugés comme ceux d'un autre souverain étranger. Si le pape use dans l'ordre spirituel d'un pouvoir absolu, quel mal cela fait-il à l'Etat? S'il viole les canons, comment sait-on qu'il les viole? De quel droit l'en empêchera-t-on? « Etes-vous les maitres des docteurs? s'écriait un prélat contemporain ; si vous êtes catholiques, vous savez que ce sont au contraire ces docteurs qui sont vos maîtres ; si vous ne l'êtes pas, il est absurde et immoral que vous, déistes, protestants, athées peut-être, enseigniez des règles et des dogmes que vous ne croyez point, il est tyrannique que vous les imposiez. »

Le régime de l'Eglise est la légalité : la liberté, rien que la liberté, mais toute la liberté, voilà ce qu'elle peut réclamer.

Un autre fait de capitale importance ressort de cette négociation, c'est la quasi-déposition de tous les anciens évêques, demandée, exigée presque du souverain-pontife, par le gouvernement français. Tandis que M. de Talleyrand *chicanait* les plénipotentiaires romains sur des questions de détail, tandis qu'il recommandait à M. Cacault la Déclaration du clergé de France de 1682 « comme une instruction précise dont il ne lui serait jamais permis de s'écarter » qu'il allait même jusqu'à contester sourdement au pape l'institution canonique, le ministre du premier consul invitait le Saint-Père à changer, en bloc, les titulaires des évêchés français et à les remplacer par de nouveaux. Quel fait plus contraire à ce qu'on appelait les droits de l'Eglise gallicane? quel précédent en faveur de l'autorité absolue du souverain-pontife sur l'Eglise? La cour de Rome elle-même se refusait à user du droit dont les représentants de la France voulaient l'investir de gré ou de force.

On a vu les propres expressions de M. de Talleyrand dans son rapport du 9 prairial an IX :

« Que le souverain-pontife s'adresse aux évêques et leur témoigne, ou déclare, ou signifie ce qu'il voudra, peu importe au gouvernement de la république. »

Ainsi le gouvernement de la république comprenait qu'il n'avait pas mission de s'ingérer dans le gouvernement de l'Eglise, comme il arrivait à tout propos sous l'ancien régime; il déclinait son incompétence. Talleyrand continuait :

« Une convention ne doit rien exprimer que ce qui est d'un accord commun. Or, ici les deux gouvernements ont à convenir d'une chose, c'est que les siéges soient remplis par de nouveaux évêques; le Saint-Père arrivera à ce résultat par la voie qui lui paraîtra la plus convenable.... »

Ainsi il n'y avait pas « accord commun » dans la démission imposée pour le bien de l'Eglise aux anciens évêques. Le Saint-Père en était seul chargé, il avait seul le choix des moyens.

Certes, à notre époque où l'on parle sans cesse d'*ultramontanisme* et de prétendus empiétements de la cour de Rome, ces déclarations du gouvernement français, et dans ce gouvernement d'un ennemi de l'Eglise, nous paraissent précieuses à enregistrer.

Nous sommes loin de la mission du conseiller d'Etat Amelot, sous Louis XIV, relative à l'acceptation de la bulle *Unigenitus*, par le cardinal de Noailles.

Le pape proposait d'user de rigueur envers un membre du Sacré-Collége, constitué en état de rebellion contre une constitution pontificale, dogmatique, acceptée et sollicitée même par le gouvernement français. L'envoyé de Louis XIV refusait pourtant, non sans hauteur, toute combinaison qui aurait mis le Saint-Père en mesure de sévir contre un prélat français.

Deux siècles après, un gouvernement, jaloux de ses prérogatives plus que tout autre, et le plus puissant de l'Europe par ses armes, insiste pour que le Saint-Père déclare vacants tous les évêchés de France et arrive, *par la voie qui lui paraîtra la plus convenable,* à remplir les siéges de nouveaux titulaires.

La révolution française contribuait ainsi à l'unité de l'Eglise, par le pouvoir qu'elle reconnaissait à son chef. Superbe éloquence des faits! Toute-puissance de la volonté divine qui se plaît ainsi à confondre la politique humaine!

On ne peut comparer, pour les conséquences qu'ils ont eus, le Concordat conclu en 1515 par François Ier, et le Concordat conclu en 1801 par Napoléon. Les rapports de l'Eglise avec l'Etat avaient, sous l'ancien régime, des règles et des traditions antérieures à François Ier; des relations puissantes existaient entre eux depuis la fondation de la monarchie, et parce qu'on ne voyait pas de code, il ne suivait point qu'il n'y eût pas de lois.

Des traités dont l'esprit était partout et dont le texte n'était nulle part, avaient été conclus et observés à toutes les époques, sous tous les règnes depuis saint Remi et le roi Clovis. L'Eglise avait vraiment fondé l'Etat, l'Etat devait trop à l'Eglise pour la méconnaître entièrement. Mille souvenirs les unissaient; un dédale d'ordonnances, des précédents innombrables, les services rendus créaient entre les deux pouvoirs une indissoluble solidarité. Les incursions que l'un d'entre eux faisait sur les domaines de l'autre, ne tiraient pas à grande conséquence. On ne peut nier que depuis les deux derniers siècles, l'Eglise et ses pasteurs ne fussent dans une certaine dépendance du souverain, mais celui-ci ne se glorifiait-il pas entre tous de son titre de *Roi très-chrétien?*

Un Concordat de 17 articles pouvait-il rétablir l'ancien ordre des choses, si bien bouleversé qu'il n'en restait plus trace? Pouvait-il prétendre régler, synthétiser en quelques lignes ce que l'on nomme les rapports de l'Eglise et de l'Etat? nous ne le pensons pas.

Ces mesures de police, ces articles, revus, remaniés, discutés, corrigés cent fois et émondés dans tous les sens, cet instrument diplomatique, sorte d'enclume sur laquelle les deux parties contractantes avaient à tour de rôle fait tomber le marteau, pour lui donner la forme qui leur convenait le mieux, ne pouvait remplacer du jour au lendemain quatorze cents ans de vie commune et d'efforts partagés, d'union intime troublée parfois à la surface, mais jamais dans le fond de la monarchie française avec l'Eglise universelle[1].

(1) 15 juillet 1801. — Le Concordat est signé à Paris entre Sa Sainteté Pie VII et Napoléon Bonaparte, premier Consul de la République française. Les plénipotentiaires nommés pour concourir à cet acte qui fait reprendre à la France son rang dans la hiérarchie catholique sont, pour Sa Sainteté : S.E. Hercule Consalvi, cardinal de la Sainte Eglise Romaine, diacre de Sainte-Agathe *ad Suburram*, son secrétaire d'Etat ; Joseph Spina, archevêque de Corinthe, prélat domestique de Sa Sainteté, assistant au trône pontifical, depuis cardinal ; et François Caselli, de l'ordre des Servites, théologien consultant de Sa Sainteté, et depuis cardinal et évêque de Parme. Et pour le premier Consul : Joseph Bonaparte, conseiller d'Etat ; Emmanuël Cretet, conseiller d'Etat, et Etienne-Alexandre-Jean-Baptiste-Marie Bernier, docteur en théologie, curé de Saint-Laud, d'Angers, et depuis évêque d'Orléans.

CHAPITRE XIII

JEAN IX BAPTISTE DE BELLOY

Le *Te Deum* pour la restauration du culte. — La petite Eglise. — Les formules. — Le cérémonial. — Rang des archevêques. — Honneurs et préséances. — Décret du 24 messidor an XII. — Protocole. — M. de Belloy. — Evêque de Marseille. — Doyen de l'épiscopat. — Organisation du diocèse. — Les curés constitutionnels. — Obsèques du cardinal de Belloy. — Jugement de Maury sur lui. — Homme de paix.

1802-1808

I

A six heures du matin, le 28 germinal an X, le premier consul promulgua la loi sur les cultes : une salve de soixante coups de canon l'annonça au peuple. A huit heures, le préfet de police fit afficher la loi dans tous les quartiers de Paris, suivant l'usage accoutumé dans les grandes solennités. A dix heures et demie, le premier consul donna dans la cour du Palais les drapeaux à la légion d'élite, et aux bataillons qui devaient en recevoir. A dix heures, les autorités administratives et judiciaires du département de la Seine et de la ville de Paris partirent du Palais de justice où elles s'étaient réunies, pour se rendre à l'église Notre-Dame.

A la même heure, le tribunal de cassation, le Corps législatif, le tribunat et le sénat partirent en corps de leurs palais respectifs avec une garde d'honneur.

A onze heures et demie, le premier consul quitta le Palais des Tuileries, une salve de soixante coups de canon annonça son départ. A la tête du cortége, marchaient des escadrons de hussards, de chasseurs, de dragons; les bataillons des grenadiers de la garnison, l'infanterie légère de la garde, la légion d'élite à pied et à cheval, les grenadiers à pied et les chasseurs à cheval de la garde.

Les voitures des conseillers d'Etat, du corps diplomatique, des ministres, des consuls suivaient immédiatement. Les généraux commandant la place et la division, le premier inspecteur de la gendarmerie, les généraux de la garde, marchaient à côté de la voiture du premier consul.

Des grenadiers à cheval et cinquante hommes de la légion d'élite fermaient la marche. Le cortége se dirigea vers Notre-Dame par la place du Carrousel, la rue de Malte, la rue Saint-Honoré, la rue du Roule, le Pont-Neuf, le quai des Orfèvres, le Marché-Neuf et la rue neuve Notre-Dame. Une salve de soixante coups de canon annonça l'entrée du premier consul dans l'église métropolitaine. Trois bataillons d'infanterie entrèrent dans l'église, et un bataillon de grenadiers se forma en haie le long de la grande entrée. La messe était célébrée pontificalement. Avant l'Evangile, les évêques prêtèrent entre les mains du premier consul, le serment ancien rappelé par la convention conclue avec Sa Sainteté. Le *Te Deum*, pour la paix générale et celle de l'Eglise, termina cette cérémonie religieuse. Il y eut le soir illumination et concert dans le jardin des Tuileries.

Tel est le compte-rendu officiel de cette journée mémorable, où le premier magistrat de la République, après avoir décrété la conversion des rentes, finissait par décréter la conversion des peuples. Mais s'il est aisé de rétablir l'ordre dans les rues, s'il est possible de le rétablir dans l'administration, il est difficile de le faire régner dans les consciences. Tandis que dans les sphères gouvernementales, plusieurs voyaient d'un mauvais œil la nouvelle apparition de cette Eglise qu'ils avaient eux-mêmes persécutée, et qu'ils croyaient à jamais détruite, d'autres, parmi les fidèles des campagnes, regardaient les prélats institués en vertu du Concordat comme de simples schismatiques ; ils prétendaient que le pape, par ce traité, avait outrepassé ses droits, et persistaient à ne reconnaître pour leur véritable évêque, que le prélat d'avant 1789. On les appelait la *Petite Eglise*, ils continuaient à entendre la messe dans des maisons particulières, et refusaient d'entrer en communion avec les nouveaux curés. Plusieurs même allaient jusqu'à défendre, qu'à leur mort, leur corps fût porté à l'église, et ordonnaient qu'on les conduisît directement au cimetière, comme si l'on vivait encore sous le régime de la constitution civile du clergé. La publication des *Articles organiques* confirma d'ailleurs les membres de la Petite Eglise dans cette conviction que le Concordat lui-même ne serait pas sérieusement exécuté. Quelques ecclésiastiques, déçus dans l'espoir qu'ils avaient eu d'obtenir de grands emplois, entretenaient ces esprits bornés dans leurs ridicules préventions.

Les formules dont les évêques se servaient n'étaient pas partout les mêmes; les constitutionnels avaient la leur, les évêques émigrés reprenaient la formule ancienne, quelques prélats en adoptaient une nouvelle. Les mandements débutaient ainsi : *N.... par la grâce de Dieu et la nomination du premier consul, etc.*, ou bien : *N.... par la miséricorde divine et avec l'institution du Saint-Siége apostolique.* On leur écrivit que le temps avait consacré la formule : *Par la miséricorde divine et la grâce du Saint-Siége apostolique,* qu'on s'en était servi pendant plusieurs siècles, et qu'on devait continuer à l'employer.

D'un autre côté, dans plusieurs paroisses, les habitants continuèrent à chômer les fêtes supprimées, malgré les représentations de leurs curés, et forcèrent ceux-ci à les célébrer. On avait interdit toute cérémonie religieuse hors des églises, dans les grandes villes, mais plusieurs consistoires protestants mûs par un esprit de modération, exprimèrent leurs regrets de ce qu'ils étaient un obstacle à l'exercice extérieur du culte catholique et demandèrent que les cérémonies pussent avoir lieu comme autrefois.

La messe de minuit fut célébrée de nouveau à Noël, la procession des Rogations fut permise hors de l'enceinte des églises, mais la tolérance dont on parut animé à l'égard du culte ne s'étendit pas à tous ses pasteurs, et l'on interdit aux anciens évêques, non réélus, de porter les marques distinctives de l'épiscopat; comme si, privés de leurs siéges, ils avaient en même temps perdu leur sacrée dignité.

Pour ceux qui avaient été promus aux siéges de la nouvelle circonscription, Napoléon leur assigna une place dans la hiérarchie administrative, militaire, judiciaire de la France. Avant la révolution, les membres du haut clergé marchaient en corps et leur ordre avait le pas sur les autres. Dans le système nouveau, créé par le décret du 24 messidor an XII sur les honneurs et préséances, on assimila les princes de l'Eglise aux autres fonctionnaires de l'Etat, et on les intercala, assez arbitrairement d'ailleurs, entre les autres représentants de l'autorité. C'est ainsi que les cardinaux vinrent immédiatement après les grands dignitaires de l'empire — archi-chancelier, architrésorier, connétable, grand chambellan, grand-électeur, etc., — les archevêques prenaient rang après les premiers présidents de cour et les généraux de division; ils avaient le pas sur les préfets, les préfets qui se trouvaient ainsi après les archevêques et les généraux divisionnaires avaient le pas à leur tour sur les généraux de brigade qui précédaient les évêques. La nomenclature de ce décret ne mentionnait pas les curés ni les simples prêtres[1].

Le décret du 24 messidor, demeuré en vigueur dans toutes ses dispositions, s'est vu modifié tout récemment par le gouvernement du maréchal de Mac-Mahon, en ce qui concerne le rang des évêques. La préséance a été accordée à ces derniers sur les généraux de brigade; ils sont ainsi placés immédiatement à la suite des préfets[2].

(1) Sous la monarchie les cardinaux passaient immédiatement après les grands dignitaires du royaume. (Grand-amiral, grand-veneur, grand-aumônier, grand-maître de la maison, chancelier, etc., etc.) Ils avaient le pas sur nosseigneurs les maréchaux de France et sur les ducs-pairs. Cet état de choses se prolongea jusqu'à la régence du duc d'Orléans (1715) où le cardinal Dubois fit prendre à ceux qui étaient revêtus de la pourpre romaine, le pas sur les grands dignitaires eux-mêmes et leur fit reconnaître le droit d'entrée au Conseil.

Le roi ou les princes parlant aux cardinaux ou leur écrivant, les traitaient de *cousins*, honneur partagé par les ducs-pairs, les maréchaux, amiraux, grands dignitaires et ministres secrétaires d'Etat.

(2) Dans leur correspondance avec les évêques, les préfets ont adopté pour la plupart un protocole conciliant leur supériorité administrative

C'est ainsi que l'évêque doit la première visite au préfet, que le préfet doit la première visite à l'archevêque, et que celui-ci la doit à son tour au premier président, s'il en existe dans sa résidence. Parmi les dispositions de ce décret, nous remarquons les honneurs dûs aux archevêques à leur arrivée dans leur ville archiépiscopale. On ordonnait que la garnison serait en bataille sur les places qu'ils devraient traverser, que cinquante hommes de cavalerie iraient au-devant d'eux, qu'ils auraient une garde de quarante hommes, qu'il serait tiré cinq coups de canon, qu'une sentinelle enfin monterait la garde devant leur palais et que toutes les fois qu'ils passeraient devant

avec le respect dû au caractère sacré : *Agréez, Monseigneur, l'assurance de ma haute et respectueuse considération.* L'évêque termine en général ses lettres par la même formule. Les ministres qui écrivent aux préfets : *Recevez l'assurance de ma considération très-distinguée*, se servent vis-à-vis des évêques de la formule de *haute considération.* La qualification de *Monseigneur* n'est du reste employée que depuis ce siècle, dans la correspondance officielle.

Avant 89, non-seulement le roi et les princes de sa famille leur écrivaient : *Monsieur l'Evêque*, mais les simples gentilshommes de qualité les appelaient simplement : Monsieur, et les évêques entre eux ne se servaient pas d'un autre mot dans leurs lettres ou leurs conversations. Les cardinaux seuls étaient traités de *Monseigneur et d'Eminence.* Encore eût-ce été à Versailles un manque absolu de savoir-vivre que d'appeler un cardinal Monseigneur, en présence d'un prince du sang, cette qualification étant exclusivement réservée aux personnes royales quand elles se trouvaient dans le même salon avec de simples particuliers, fussent-ils les plus considérables du monde.

des troupes, elles se mettraient sous les armes et les tambours et les trompettes sonneraient le rappel.

Quand le décret de 1804 fut mis en vigueur, l'archevêque de Paris nommé par arrêté consulaire en vertu du Concordat, était déjà en fonctions depuis deux ans.

Monseigneur de Belloy était d'un âge où le commun des hommes est depuis longtemps entré dans l'éternité, — 93 ans, — quand il fut appelé à succéder à M. de Juigné sur le siége de Paris.

Né sous le règne de Louis XIV, il avait reçu un bénéfice du régent Philippe d'Orléans. Louis XV le choisit pour succéder sur le siége de Marseille à l'illustre Belzunce, quand une maladie aussi dangereuse que la peste, la fureur des controverses religieuses, sévissait cruellement dans ce diocèse. Son esprit de conciliation apaisa les querelles encore vivaces, et fit taire les haines des partis. Ce même esprit le porta à bénir en 1789 les drapeaux donnés à la garde nationale de Marseille[1]. Quand l'évêché de Marseille, par un simple décret de l'Assemblée nationale, eut été supprimé et réuni au siége constitutionnel des *Côtes de la Méditerranée,* M. de Belloy adressa une protestation à Versailles, puis contraint d'abandonner sa cathédrale de la Major, il se retira dans l'Oise, à Chambly, où il passa sans être inquiété les jours de la Terreur.

(1) Ces drapeaux étaient blancs mais garnis à l'un des angles d'un morceau d'étoffe tricolore.

Du sein de cette retraite, il ne cessait d'avoir les yeux fixés sur sa ville épiscopale, et son église demeurait le plus important de ses soucis. Nous avons de lui une lettre écrite au consul général de la sérénissime république de Venise à Marseille, pour le remercier d'avoir conservé les reliques, que l'émeute aurait, sans son intervention, profanées comme tant d'autres :

« Chambly, 25 septembre 1795.

» *A Monsieur le Consul de Venise, à Marseille.*

» Monsieur,

» Sans avoir L'honneur de vous connoitre personnellement, Je vous prie d'agréer mes justes remerciements sur les soins pieux et genereux, que vous avez bien voulû prendre, de conserver et de faire remettre à notre église cathédrale, les précieuses reliques dont elle était pourvue avant sa dévastation ; L'on ne m'a pas laissé ignorer, Monsieur, le bel acte de religion dont vous avez donné l'exemple, le jour de la fete de St Lazare, pr Eveque du diocèse, en assistant solemnellement à l'office, de la manière la plus édifiante, avec nombre de personnes de votre nation ; cette démarche fait l'éloge des sentiments de piété et de religion dont vous étes animé, elle vous sera très méritoire devant Dieu à raison des salutaires effets, qu'elle à, (m'écrit-on), produit sur la multitude du peuple, qui y assistait.

» Je ne puis asséz vous exprimer, combien j'en suis touché et reconnoissant; c'est avec ce sentiment de reconnoissance, d'estime et de respect, que je suis très sincèrement, Monsieur,

» Votre très humble et obéissant serviteur

» † J. Bap[t], Ev. de Mlle.

» Si vous m'honoriez d'une réponse, voicy mon adresse *dans laquelle il ne faut pas ajouter* la qualité d'Evêque. Au citoyen J. Bap[t]. Belloy, à Chambly, département de l'Oise. »

Quelques années plus tard, durant les négociations du Concordat, Bernier adressait à Talleyrand une *notice sur les démissions données par les anciens évêques*[1]; il s'exprimait ainsi à l'égard de M. de Belloy : « Leur doyen d'âge, l'évêque de Marseille, vieillard de 92 ans, fait pour donner l'exemple à ses collègues, a écrit le 21 septembre à Mgr Spina : « Je reçois avec respect et soumission filiale, le bref, que vous m'adressez de la part de N. S. P. le pape; plein de vénération et d'obéissance pour ses décrets, et voulant toujours lui être uni de cœur et d'esprit, je n'hésite pas à remettre entre les mains de Sa Sainteté ma démission de l'évêché de Marseille. Il suffit qu'elle

(1) 3 vendémiaire an X.

l'estime nécessaire à la conservation de la religion en France, pour que je m'y résigne. »

Cette lettre mise sous les yeux du premier consul, valut à ce vénérable prélat l'archevêché de Paris. En présence des concurrents nombreux qui sollicitaient ce siége, nommer un évêque quasi-centenaire, c'était pour le gouvernement signer une trêve.

Ce choix d'un homme que personne n'osa attaquer, et dont l'élévation ne blessa aucun amour-propre, prévint en effet les agitations et les troubles.

L'archevêque de Paris justifia toutes les espérances que le gouvernement consulaire avait fondées sur sa haute sagesse; aussi Bonaparte sollicita pour lui le chapeau de cardinal. Déjà par un arrêté du 16 août 1802, il l'avait nommé membre du conseil général d'administration des secours et hôpitaux de Paris. Pie VII le décora de la pourpre dans le consistoire du 17 janvier 1803, et le premier consul lui remit la barrette dans la chapelle des Tuileries, le 27 mars de cette année. Le cardinal publia divers mandements nécessités par les circonstances; ainsi, le 13 juin 1803, celui qui ordonne des prières publiques pour demander à Dieu la prospérité des armes de la République; le 20 février 1804, le mandement qui ordonne qu'il sera chanté dans toutes les églises du diocèse, le dimanche 26 février, une messe d'actions de grâces pour remercier Dieu de la découverte d'une conspiration tramée contre les jours du premier consul; et le 30 décembre de cette année, un mandement pour le *Te Deum* chanté à l'occasion du couronnement de Napoléon. Le 21 juillet 1803, le cardinal de Belloy décréta l'établissement des fabriques dans toutes les paroisses, en dressa les statuts, et publia une lettre pastorale concernant le règlement qui fixe les droits respectifs des curés et desservants.

Le diocèse fut organisé par les soins de l'évêque d'Orléans, M. Bernier, qui espérait être nommé lui-même à l'archevêché de Paris[1].

On n'éprouva dans ce travail que les difficultés inséparables d'un état de choses, où les places étaient réduites, sans que le nombre des concurrents le fût. La circonscription des cures et des succursales excita quelques réclamations; on fit à M. Bernier le reproche d'avoir trop agrandi le territoire de certaines paroisses, et d'en avoir resserré d'autres dans des bornes trop étroites. Il semblerait en effet avoir moins consulté en cette circonstance l'avantage des fidèles que celui des sujets qu'il avait le désir de placer.

Peu après, il parut un mémoire imprimé en faveur des prêtres constitutionnels, signé *Sébastien-André Sibire*. L'auteur prétendait qu'on les avait laissés sans place et dans l'inaction, ce qui n'était pas exact. Sans doute on ne les employa pas tous, mais ils le furent en plus grand nombre que le gouvernement lui-même ne l'avait indiqué. Sur soixante-huit prêtres placés hors

(1) Voir aux Pièces justificatives.

des murs de Paris, *cinquante-cinq* avaient fait le serment de 1790. Dans l'intérieur de la ville, sur neuf chanoines, trois étaient assermentés ; l'un des vicaires généraux l'était aussi. Sur douze curés, on comptait également trois constitutionnels, et dix-huit sur trente desservants. Au reste, le préfet de police fit saisir le mémoire du sieur Sibire, comme tendant à prolonger le schisme, et l'attente des malveillants fut trompée.

Le 2 décembre 1804, le souverain-pontife sacrait à Notre-Dame l'empereur Napoléon et l'impératrice Joséphine.

En mémoire de ce grand événement dont la cathédrale de Paris avait été le témoin, le pape, par une bulle du 3 des calendes de mars (27 février) 1805, érigea cette église en *basilique mineure*, à l'instar des basiliques mineures de Rome, et accorda à ladite église, à ses chapitres et chanoines, de faire porter dans les processions, le *conopée*, dit vulgairement *pavillon* (petit dais) avec la clochette, à l'instar des mêmes basiliques de Rome[1].

En 1806, le 10 août, le cardinal de Belloy fit la translation solennelle et la première exposition, dans l'église de Notre-Dame, de la sainte Couronne d'épines, achetée en 1238 par le roi saint Louis. Cette précieuse relique, déposée à la bibliothèque nationale pendant

(1) La publication de cette bulle en France fut autorisée par un décret impérial daté du camp de Firsckensteim le 31 mai 1807.

les mauvais jours de la Révolution, avait été, à la demande du cardinal, rendue à la métropole. Deux jours après cette cérémonie parut un mandement qui ordonnait la publication du catéchisme à l'usage de toutes les églises de l'empire français pour être seul enseigné dans le diocèse de Paris[1].

Sauf quelques actes d'administration, l'épiscopat de M. de Belloy est presque exclusivement rempli par les *Te Deum* solennels que l'empereur ordonnait. Jamais la monarchie ancienne n'en avait autant demandé. *Te Deum* pour toutes les batailles, *Te Deum* pour tous les traités, *Te Deum* pour l'anniversaire de ces batailles et de ces traités, *Te Deum* pour les anniversaires de la naissance de l'empereur, *Te Deum* pour les anniversaires de son couronnement. La grande figure de Napoléon tentait d'absorber la religion comme elle absorbait toute chose en Europe ; le culte lui semblait principalement destiné à faire des vœux pour ses armes et à rendre grâces à Dieu, tantôt de ce que l'empereur se battait, tantôt de ce qu'il ne se battait plus.

Quant à Belloy, il se vit revêtu de toutes les dignités de l'Eglise et de l'empire : Sénateur, Comte de l'empire, Grand-Aigle de la Légion d'honneur. L'empereur l'aimait beaucoup ; longtemps après sa mort, dans ses conversations de Sainte-Hélène, Napoléon mettait de

(1) Pour le catéchisme de l'empire, voir *l'Eglise romaine et le premier Empire*, par le Comte d'Haussonville.

Belloy à la tête de ces anciens évêques qui eurent sa confiance et ne le trahirent jamais.

— Le digne cardinal de Belloy et le bon archevêque Roquelaure, disait-il, m'affectionnaient sincèrement.

Le prélat avait 96 ans, quand l'empereur le recevant aux Tuileries lui dit :

— Monsieur le cardinal, vous vivrez jusqu'à cent ans.

— Eh ! pourquoi, répondit-il gaiement, Votre Majesté veut-elle que je n'aie plus que quatre ans à vivre. Vraiment elle me fait tort. Il me faut d'abord la centaine et ensuite les quatre au cent.

Trois ans plus tard en 1808 — il était dans sa quatre-vingt-dix-neuvième année — l'archevêque atteint d'un catarrhe, était sur son lit de mort, entouré de sa famille. Il refusait les médicaments :

— Apprenez à mourir, n'entravez point la mort, disait-il.

Napoléon, par un décret rendu à Bayonne, ordonna d'élever un monument à sa mémoire : « Voulant, dit-il, honorer la mémoire du cardinal de Belloy, et donner une preuve de la reconnaissance que nous conservons, des services qu'il nous a rendus, et du cas particulier que nous faisons des vertus dont ce respectable prélat a donné l'exemple, pendant soixante années d'épiscopat, nous avons ordonné qu'il fût enterré dans l'église métropolitaine, et qu'il lui fût élevé un monument, pour attester la singulière considération que nous avons pour ses vertus épiscopales. »

Le Moniteur rend compte en ces termes des obsèques qui lui furent faites :

« Aujourd'hui 25 juin, en exécution du décret rendu à Bayonne le 19 du même mois, par lequel S. M. l'empereur et roi permet que Mgr le cardinal de Belloy, décédé archevêque de Paris, soit enterré dans l'église métropolitaine de Notre-Dame, la pompe funèbre de S. E. Mgr Jean-Baptiste de Belloy, cardinal-archevêque de Paris, sénateur, grand aigle de la légion d'honneur, a eu lieu dans l'église métropolitaine de Notre-Dame, ainsi qu'il suit :

« A dix heures et demie S. A. S. Mgr le prince archichancelier de l'empire, (Cambacéres) est arrivé à l'archevéché ou se sont trouvés S. A. S. le prince architrésorier, le seul grand dignitaire de l'empire présent à Paris ; LL. EE. les ministres de S. M. l'empereur et roi, les ministres d'Etat, les grands officiers de l'empire, présents dans cette capitale, le ministre des relations extérieures du royaume d'Italie, les grands officiers de la Légion d'honneur, des députations du sénat, de la cour de cassation, de la cour des comptes, de la cour d'appel, de la cour criminelle, le préfet de la Seine, les maires de Paris, les commandants d'armes de la première division militaire.

« On distinguait dans le clergé qui occupait le sanctuaire LL. EE. le cardinal Caprara, le cardinal Maury, le cardinal Ruffo et le cardinal de Bayanne, M. l'archevêque de Corfou, M. de Rohan, ancien archevêque de

Cambrai, premier aumônier de l'impératrice, et plusieurs évêques. Le clergé s'est rendu à la chapelle ardente où était exposé le corps de S. E. le cardinal de Belloy.

» Le convoi s'est mis en marche, suivi immédiatement par LL. AA. SS. et par tous les membres des autorités ci-dessus désignées; il est sorti de l'archevêché, par le chevet de l'église, a parcouru la place Fénelon, la rue du Cloître, le parvis Notre-Dame et est entré par la principale porte de l'église.

» Le cercueil de S. E. a été déposé sous un catafalque magnifique, élevé au milieu du chœur, autour duquel régnait un cordon de lumières, et drapé dans toute son enceinte, ainsi que le sanctuaire et la nef. Les litres étaient décorés des armes et des écussons de S. E.

» Le catafalque, surmonté d'un dais, était orné de figures, de cassolettes et de cierges ardents, et entouré par la famille du respectable prélat, dont il renfermait la dépouille mortelle.

» Les artistes les plus distingués de la capitale, avaient été réunis pour exécuter la messe de *Requiem* de Mozart, et l'impression qu'elle a produite répondait dignement au caractère lugubre de cette imposante cérémonie.

» Après l'Evangile, M. Jalabert l'un des vicaires-généraux, a prononcé l'oraison funèbre, adressant la parole à S. A. S. le prince archi-chancelier; M. Lejeas, président du chapitre, a officié.

» LL. AA. SS. le prince archi-chancelier, et le prince archi-trésorier, LL. EE. les ministres, les grands officiers de la légion d'honneur, les maréchaux de l'empire, le président du sénat, ont été jeter l'eau bénite sur le cercueil de S. E. »

Le cardinal Maury fit de Belloy un éloge mérité :

« Le héros de l'histoire et de la postérité, auquel il sied si bien de mesurer et de dispenser la gloire, dit Maury, l'a déjà élevé au-dessus de tous nos hommages en ordonnant qu'il lui fût érigé un monument funèbre dans le temple où sa cendre repose. Ce digne pontife, également selon le cœur de Dieu et des hommes, et dont le nom sera toujours en bénédiction, a terminé sa carrière apostolique, à l'époque où il allait entrer dans son année séculaire ; tous les vœux publics lui présageaient et lui souhaitaient encore une jouissance prolongée de jours sereins, au delà des bornes les plus reculées de la vie. Un si glorieux épiscopat sera, dans les fastes de cette grande Eglise, inséparable du rétablissement à jamais mémorable du culte public ; c'est l'anneau sacré par lequel le Ciel a voulu rattacher tous ses successeurs légitimes à la série des évêques immortels qui ont occupé avec tant d'éclat le siége de saint Denis, notre premier apôtre. Dans ce vieillard vénérable, qu'on aurait pu appeler comme autrefois le fameux Osius de Cordoue, *le père des évêques,* la Providence semblait avoir signalé le caractère le plus heureusement en harmonie avec les circonstances difficiles à la restauration de nos autels, par son excellent esprit, sa haute prudence, son attrayante douceur, son inépuisable charité, et la sagesse toujours éclairée de ses principes. La religion profita de la piété filiale qu'inspiraient ses vertus, son grand âge et la réunion de tous les dons extérieurs de la nature pour commander avec plus d'autorité le respect dû à son ministère ; et durant ses dernières années, il nous a retracé la vieillesse auguste et calme du disciple bien-aimé qu'il paraissait avoir spécialement choisi pour modèle dans cette douce morale qui se réduit à la seule obligation d'aimer le prochain, selon Dieu, l'essence et la plénitude de la loi. »

Homme de paix, dirent les harangues officielles ; la paix, en vérité, l'amour de la paix, ç'a été le sentiment le plus vif et le plus profond de cet archevêque, dont le destin à Paris a été de célébrer la guerre. La paix, il fut chargé, au XVIIIe siècle, de la rétablir à Marseille ; il fut appelé, au XIXe, à la consacrer à Paris. Il réussit dans cette double mission ; et dans la capitale, où son ouaille première était le premier guerrier du siècle, il n'eut point de peine à s'en faire apprécier. La paix, il la portait dans les plis de sa robe d'évêque, il aimait avec passion ce bien si hautement désirable, que l'Eglise catholique ne sait rien de meilleur à souhaiter à ceux de ses membres qui quittent cette vie agitée, quand elle implore le Ciel par ces paroles : *Requiem æternam dona eis*. La paix, ce grand *desideratum* de l'humanité, que le fidèle vient chercher au tribunal de la Pénitence, quand le prêtre lui dit : *Allez en paix*. La paix, enfin, ce but de tous les efforts, qui seule donne le bonheur et sans qui le bonheur n'est point ; que les chants religieux, en même temps qu'ils proclament la gloire de Dieu dans le ciel, font espérer sur la terre aux hommes de bonne volonté ; la paix, n'est-ce point pour un prélat un noble apanage que de la posséder, une rare vertu que de la répandre?

CHAPITRE XIV

LE CARDINAL MAURY

Les dernières années de Maury. — La mort du cardinal à Rome. — Le fils du cordonnier de Valréas. — Prédicateur du roi. — Maury à la Constituante. — L'abbé Maury en Europe. — Archevêque de Paris. — Maury et Napoléon. — Le cardinal exilé.

1810-1814

I

La vie des hommes, comme celle des nations, est faite d'ombre et de lumière. Le cardinal Maury, habitué au soleil le plus éclatant, à un mouvement perpétuel, aux bruits les plus terribles, fut aveuglé par le demi-jour, paralysé par l'inaction, assourdi par le silence. Il expia par le martyre de ses dernières années, la double trahison religieuse et politique dont il s'était rendu coupable.

Chassé de France, démissionnaire forcé du siége de Paris qu'il avait injustement occupé, rayé de l'Académie française, il se retira à Rome. Le vicaire de Jésus-Christ, envers lequel il s'était montré bien autrement coupable qu'envers le roi, ne tarda pas à le recevoir à merci. Mais par une permission spéciale du Ciel, il lui fut donné d'expier ses fautes de la manière qui lui devait être la plus cruelle et qu'aucun souverain ne lui aurait pu infliger : l'isolement. Il se sentit seul, dans cette Ville-Eternelle où vingt ans auparavant il avait paru en triomphateur. Maury, qui avait vu réunies en sa personne toutes les dignités humaines ; Maury, que le pape et les rois s'étaient disputé l'honneur d'avoir à leur cour, qui avait tenu frémissants sous sa parole des auditoires si divers et si remarquables, recevait à peine quelques rares et timides visites, et n'avait pour public que le jeune secrétaire auquel, pendant des nuits entières, il dictait de souvenir ses plus beaux discours.

Le cardinal allait, à deux heures du matin, frapper à la porte de celui qui tenait sa plume.

— Allons, enfant, levez-vous, il nous faut travailler.

Et le jeune homme se levait, et la besogne commençait bien vite. Maury, coiffé d'un serre-tête, vêtu d'une épaisse houppelande et d'un gros gilet de molleton, se promenait de long en large dans son cabinet, parlant comme s'il eût été à la tribune, et sa dictée était si rapide, que la plume de son secrétaire ne le pouvait jamais suivre.

De même qu'un voyageur, tant qu'il est sur le

chemin, court nuit et jour, par la pluie et par le soleil, sans s'apercevoir de ses veilles ni des dangers; mais dès qu'il est arrivé au terme et qu'il s'asseoit devant son foyer, il éprouve une lassitude sans bornes et peut à peine se traîner; ainsi Maury, après une existence si agitée, se retrouvant en face de lui-même, sentit tout à coup sa blessure.

— Notre vie, disait-il, en se promenant au Colysée quelques mois avant sa mort, n'est presque qu'une enfance prolongée, et dès que notre éducation se termine, quand nous pourrions être quelque chose, la mort arrive tout à coup.

Elle était bien faite pour apaiser son âme, cette ville où l'on est oppressé par les souvenirs sortant du sol où coula le sang des martyrs, et que les palais des Césars jonchèrent de leurs colonnes abattues, tandis que le vent dispersait la poussière des idoles brisées.

Mais le temps était loin où Maury quittait la France révolutionnaire pour chercher asile près du souverain-pontife; il était en 92 exilé volontaire et, en 1814, il était contraint de quitter son pays. Dans le premier cas, le cardinal souffrait pour ses convictions, dans le second, il souffrait pour les convictions des autres.

Quand il apprit qu'après avoir été deux fois reçu à l'Académie, il ne devait pas y avoir de successeur, et que personne ne prononcerait son éloge, le grand orateur se prit à dire :

— Je ne connais plus d'autre bonheur que mes souvenirs, et je me regrette souvent moi-même dans mon exil solitaire.

Il revenait volontiers d'ailleurs à la première moitié de sa vie. Son visiteur le trouvait un livre à la main.

— Vous me voyez là, disait-il, en compagnie de Chamfort, esprit charmant et fin, que j'ai beaucoup connu ; je retrouve ainsi les années de ma jeunesse.

La lecture, la promenade et le rosaire qu'il ne manquait jamais de dire chaque soir, partageaient son temps.

Si souvent exposé à tout perdre, il avait fini par ne plus tenir à rien ; sentant la mort imminente, il ne songeait point à prendre des attitudes comme les grandeurs de carton ; il se recueillait.... Il mourut en déférant sa cause loin du temps présent, à cette époque où l'on juge les hommes par les faits et non pas les faits par les hommes.

II

Nous sommes quelque chose bien plus par ce que nous désirons et voulons, que par ce que nous accomplissons. Dans ce monde il n'y a de fort que le désir. L'aspiration, c'est la respiration de l'âme.

En arrivant à Paris en 1765, à peine âgé de 19 ans, ce fils d'un cordonnier de Valréas, que l'on nommait Jean Siffrein Maury, avait le bien précieux par excellence, la volonté.

Son oncle, qui le conduisait à la diligence, l'embrasse et lui donne dix-huit livres.

— Je t'en rendrai un jour 18,000, lui crie le jeune homme en agitant son mouchoir.

Sur le haut de ce véhicule, avec Maury, étaient aussi juchés Portal et Treilhard.

— Je veux, dit Portal, être membre de l'Académie des sciences et médecin du roi.

— Et moi, dit Treilhard, je deviendrai avocat général.

— Moi, reprit Maury, je serai prédicateur du roi et l'un des quarante de l'Académie française.

Avant de se lancer sur les traces de Bossuet, Maury jeta les bases de cet *Essai* si précieux, qui est devenu, depuis, le véritable rudiment de la langue apostolique. Sept ans plus tard, en 1772, l'abbé prononçait son *Eloge de saint Louis,* le premier jalon de sa fortune. « L'Académie française, écrivait Diderot, célèbre tous les ans la fête du roi, dans la chapelle du Louvre, par une messe en musique pendant laquelle le panégyrique de saint Louis est prononcé. Le lendemain, le prédicateur et son sermon sont oubliés. Cette année, le panégyrique de saint Louis a eu un succès marqué. Il a été prononcé par M. l'abbé Maury et reçu avec applaudissement; c'est-à-dire qu'on a claqué des mains dans la chapelle, et ce succès ne s'est pas démenti à l'impression. »

Maury fut recommandé par l'Académie au cardinal

de la Roche-Aymon qui avait la feuille des bénéfices, et reçut pour récompense l'abbaye de la Fresnade. Le cardinal le fit, quelques années après, prêcher les carêmes à la cour. M. de Beaumont le chargeait parfois de rédiger ses mandements. Dès lors il était lancé.

Il s'écriait du haut de la chaire de Versailles :

— La justice est la bienfaisance des rois.

Ses discours ne péchaient point par trop de simplicité, la morale, l'économie politique, la philosophie, le gouvernement et l'administration trouvaient place dans ses homélies.

— C'est dommage, disait le roi, si l'abbé Maury nous avait parlé un peu de religion, il nous aurait parlé de tout.

Prédicateur de la cour, vicaire-général de Lombez, chanoine, abbé-commendataire, Maury était lié avec Buffon, Chamfort, Boismont, Marmontel, partout recherché, partout fêté.

La société du XVIIIe siècle, ennemie des brusqueries anguleuses ou des véhémences trop accentuées, se plaisait à ses discours voilés, à ses traits d'esprit timides, à ses douceurs mondaines qui paraissaient à peine viriles, et que faisaient passer son aptitude à tout faire comprendre et sa malice enveloppée de soie et de coton.

Il y avait en lui une timidité bizarre, et comme un sentiment personnel de mortification, peu d'accord avec les éclairs vifs, les lueurs oratoires et les observations hardies, jaillissant de ce mélange de modestie douce-reuse et de mélancolie. On ne pouvait mieux conter, ni mieux dire sans lourdeur et sans pétulance.

Sa situation était unique, les calomnies inspirées par la liberté de ses allures pleuvaient sur lui sans l'atteindre, son *Eloge de Saint-Vincent de Paul* faisait une impression telle, que Lefranc de Pompignan, chargé de lui répondre le jour de sa réception à l'Académie, lui pouvait dire sérieusement :

— Vous avez fait pour Saint-Vincent de Paul plus que sa canonisation même.

Il lui suffisait enfin, pour faire passer ses remontrances hardies aux courtisans, d'ajouter : *Ainsi parlait Saint Jean Chrysostôme.*

Si l'on songe que la difficulté qu'on éprouve à se faire accepter, est pour un homme en raison directe de son talent, on peut se faire idée de l'habileté déployée à Paris et à Versailles, par le petit abbé de la Fresnade, devenu prieur de Lihons.

Aussi, nul ne fut étonné que les électeurs ecclésiastiques du bailliage de Péronne choisissent l'abbé Maury pour leur représentant, en 1789, aux Etats-Généraux. C'était le théâtre qui lui convenait. La tribune se trouva naturellement à sa mesure, et il fut prêt sans effort pour la lutte.

— J'ai observé les deux partis, dit l'abbé, ma résolution est prise de périr sur la brèche, mais je n'en ai pas moins la triste certitude qu'ils prendront la place d'assaut et qu'elle sera mise au pillage.

Cette tribune de l'Assemblée nationale fut pour lui un trône et un piédestal. De là, il nous apparaît superbe, plus grand que nature, enfermé dans sa dialectique comme dans une place forte, soulevant par son geste des orages qu'il apaisait à son gré, tantôt attaquant, tantôt attaqué, mêlant le trivial au sublime, le pathétique à la discussion, l'ironie à la magnificence du discours, et poursuivant son but à travers les méandres, sans se laisser égarer ni distraire, jusqu'à ce qu'il soit parvenu à faire naître dans l'esprit de ses auditeurs, la conviction dont il est lui-même pénétré.

Aussi bien les harangues, les interruptions, les saillies de l'abbé sont connues; comme tous les hommes doués du don naturel de la parole, les entraves qu'on lui voulait mettre le faisaient bondir. Le veut-on rappeler à l'ordre quand il exprime son opinion sur la constitution civile du clergé :

— Vous demandez qu'on me rappelle à l'ordre! Eh! à quel ordre me rappellerez-vous? Je ne m'écarte ni de la question, ni de la justice, ni de la décence, ni de la vérité. Les orateurs qui m'ont précédé à cette tribune n'ont pas été rappelés à l'ordre, et comment y serais-je rappelé, quand je viens décerner au corps épiscopal une juste et solennelle réparation.

Sa voix magnifique, servie par une poitrine d'acier, dominait les orages parlementaires, son audace, sa présence d'esprit, sa constitution athlétique semblaient défier les clameurs de la salle et les interruptions des tribunes.

Calme, le front encadré par la petite perruque Louis XV, les yeux très-grands et profondément enfoncés sous l'orbite, l'expression froide et un peu dure, avec de grands plis partant des ailes du nez et deux ou trois larges rides : tel était Maury à quarante ans.

Dans la repartie, il avait un ton sérieux qui lui donnait une saveur toute particulière. S'agissait-il d'emprisonner quelques suspects :

— J'y consens, répliquait-il, mais à la condition expresse que, s'ils ne sont pas coupables, les membres du comité des recherches prendront tous leurs places dans les prisons.

A Robespierre, Maury disait d'aller prêcher ses maximes dans la forêt de Bondy, et il ajoutait :

— Prenez garde, Messieurs, prenez garde d'encourager le crime en ayant l'air d'encourager le pillage, attaquer les propriétés est toujours d'un brigand.

Dans une séance orageuse, Maury, Cazalés et Mirabeau, cherchent vainement tous les trois à se faire entendre.

— Ecoutez, Messieurs, s'écrie l'abbé, voilà les trois ordres à la tribune.

Les luttes de Maury et de Mirabeau demeureront célèbres dans les fastes oratoires.

— Je vais enfermer l'abbé Maury dans un cercle vicieux, s'écrie Mirabeau.

— Vous viendrez donc m'embrasser, dit Maury qui a entendu le propos.

Les comparer l'un à l'autre était la plus grande injure qu'on pût faire à l'abbé. Dans un accès de mécontentement politique contre lui, le chevalier de Coigny fit circuler l'épigramme suivante qu'il avait composée, et où il jouait sur les deux noms :

Deux insignes chefs de parti,
D'intrigue ici tiennent bureau,
Chacun à l'autre est assorti,
Même audace et voix de taureau ;
L'on pourrait faire le pari
Qu'ils sont nés dans la même peau,
Car retournez *Abémauri*
Vous y trouverez *Mirabeau*.

Quoi qu'il en soit de ces boutades, ce n'en est pas moins à Maury que revient l'honneur d'avoir exprimé le premier les idées qui ont prévalu depuis sur le droit des gens, l'inamovibilité de la magistrature, la souveraineté du peuple ; c'est lui qui annonça avec une prévoyance prophétique que les novateurs tourneraient plus tard contre la propriété en général tous les arguments employés contre la propriété ecclésiastique. Ce fut l'abbé qui prononça pour la première fois ce mot de *sans-culottes*, dont se glorifièrent ensuite les plus exaltés de ses adversaires.

Maury était un jour interrompu par deux femmes qui témoignaient leur mécontentement en criant et gesticulant dans leur loge.

Maury s'arrête, et se retournant vers le bureau :

— Faites taire ces sans-culottes, Monsieur le président.

Le président d'ailleurs ne trouvait, pas plus qu'un autre, grâce devant sa plaisanterie. La sonnette présidentielle l'interrompait-elle trop fréquemment :

— Monsieur le président, mettez-vous-la au cou, lui criait-il, et ces mots suffisaient à rétablir le silence.

Ces saillies qui faisaient fureur, ne se bornaient pas à l'enceinte de l'Assemblée.

— L'abbé Maury à la lanterne! hurlait-on sur son passage.

— Y verrez-vous plus clair?

Il était en promenade aux Tuileries.

— Où est cet abbé Maury? dit un homme qui brandissait un couperet, je vais l'envoyer dire la messe aux enfers.

— Tiens, si tu as du cœur, dit Maury en tirant ses pistolets, voilà des burettes pour la servir.

On avait reconnu, dans la foule qui ramenait le roi à Paris, le duc d'Aiguillon sous le costume d'une poissarde. — Il avait tourné à la révolution ; — quelques jours après, ce gentilhomme rencontre l'abbé Maury aux Tuileries, et va lui faire un beau salut ; à quoi l'abbé lui dit avec un regard ferme et froid :

— Passe ton chemin, salope.

N'empêche que l'illustre orateur ait plusieurs fois manqué d'être lapidé, qu'on voulût le faire tomber à la renverse quand il montait le grand escalier de Versailles, et que des centaines de libelles le diffamaient publiquement. La plupart sont trop ignobles pour être même partiellement reproduits : tantôt c'était le *Cantique de Saint-Guignolin* qui se terminait ainsi :

Il n'est honneur où ne puisse prétendre
Un phénomène égal à celui-là ;
Et m'est avis que pour avoir sa cendre,
Un beau matin on vous le brûlera.
Le pape à Rome
De ce grand homme
S'ébahira,
Le canonisera.

En implorant son heureuse assistance,
Les possédés du malfaisant esprit,
Les enragés et les gens en démence
En obtiendront un remède subit.
Dans la misère,
La France entière
N'aura qu'un cri :
Ce sera : Saint Maury !

Tantôt c'était son *Moyen de parvenir*, tantôt le *Tableau des travaux de M. l'abbé Maury et de leur produit*. On y lisait :

Pour sermons, oraisons funèbres prononcés par l'évêque de G..., un brevet de prédicateur du roi et 3,000 fr. d'appointements. . 3,000
Pour des ouvrages attribués à plusieurs grands seigneurs, et les éloges de plusieurs philosophes, une prébende de 2,000 fr. 2,000
Rédaction des mémoires de M. de Calonne et de ses discours, une abbaye de 36,000
Comme limier et mouche d'un autre ministre, une autre abbaye de. 15,000
Pour tous les discours de délits de justice, et des séances royales, une pension sur les économats de 12,000

Une autre fois, on prétendait que Chérin lui avait composé ainsi un écusson : de gueule, aux lampas d'or, écartelé de trois frelons, au fond de sable, et pour supports : un renard et un singe. On disait qu'il avait une généalogie le faisant descendre de Morery, en faisant descendre Morery lui-même de Thomas Morus.

Brocards, pamphlets, caricatures ne savaient l'impressionner; il souriait aux menaces du peuple, il répondait par un mot plaisant ou énergique aux invectives des tribunes, et revenait à ses adversaires avec un sang-froid imperturbable. « L'ordre de ses discours, dit Marmontel, faits presque tous à l'improviste et qui duraient des heures entières, l'enchaînement de ses idées, la clarté de ses raisonnements, surtout son expression juste, correcte, harmonieuse et toujours assurée, sans la moindre hésitation, rendaient comme impossible de se persuader que son éloquence ne fût pas préméditée; et cependant, la promptitude avec laquelle il s'élançait à la tribune et saisissait l'occasion de parler, forçait de croire qu'il parlait d'abondance. »

Sa renommée était universelle; le pape, dans une lettre qu'il lui adressait, le proclamait : *egregium virum;* le roi lui écrivait : « Henri IV est le père des Bourbons, et vous en êtes le plus éloquent, le plus intrépide défenseur. Je vous envoie son portrait, portez-le par vénération pour sa mémoire et par amitié pour moi. »

Enfin M. Burke, le célèbre *leader* de l'opposition anglaise, écrivait à M. Woodford (11 février 1791) :

« Dites de ma part à M. Maury que, lorsqu'il pourra se soustraire aux dangers dont son inviolabilité l'environne, je le prie de venir jouir de sa renommée dans ce pays d'esclavage, où il n'aura rien à redouter d'un comité des recherches, ni de l'excellente loi contre les crimes de lèse-nation....

« .... A la vérité, j'ai reçu autrefois M. le comte de Mirabeau dans ma maison, et M. l'abbé Maury daignera-t-il entrer sous le même toit qu'il a habité? Avant de l'y recevoir, j'aurai soin qu'elle expie la présence de M. de Mirabeau; je la ferai donc purifier, et j'y emploierai toutes les cérémonies expiatoires, connues depuis Homère jusqu'à nos jours. Je ne veux en négliger aucune, et je n'excepterai que l'hommage de cet Espagnol, qui brûla sa maison parce que le traître connétable de Bourbon y avait logé. A ce sacrifice près, je me soumettrai à tout pour purifier mon habitation, car je suis extrêmement superstitieux, et je pense qu'en entrant dans ma maison, M. de Mirabeau y apportait avec lui un funeste augure, puisque le séjour de M. de Mirabeau dans plusieurs maisons de force, a entraîné la ruine de toutes celles qui existaient en France.... »

L'Europe entière répétait ce mot d'un ami de l'abbé : « La grandeur de certains hommes ferait presque croire que la fortune a des yeux. »

En 1790, Maury dut assister, par ordre de Louis XVI, à la Fédération, et la reine voulut qu'il portât ce jour-là une cocarde de rubans tricolores, qu'elle eut même l'attention de lui envoyer la veille de la cérémonie.

Mais l'année suivante, les événements avaient marché, et le roi recommandait la modération à Maury, dans sa lettre du 3 février 1791 :

« M. l'abbé, vous avez le courage des Ambroise, l'éloquence des Chrysostôme ; la haine de bien des gens vous environne. Comme un autre Bossuet, il vous est impossible de transiger avec l'erreur, et vous êtes, comme le savant évêque de Meaux, en butte à la calomnie. Rien ne m'étonne de votre part. Vous avez le zèle d'un véritable ministre des autels, et le cœur d'un Français de la vieille monarchie. Vous excitez mon admiration, mais je redoute pour vous la haine de nos ennemis communs; ils attaquent à la fois le trône et l'autel, et vous les défendez l'un et l'autre. Il y a quelques jours, sans votre imperturbable sang-froid, sans vos ingénieuses réparties, je perdais un Français totalement dévoué à la cause de son roi, et l'Eglise, un de ses défenseurs les plus éloquents.... Sachez temporiser, la prudence est ici bien nécessaire; votre roi vous en conjure, trop heureux s'il peut un jour s'acquitter envers vous et vous prouver sa reconnaissance, son estime et son amitié.

« LOUIS. »

Dès lors, il n'y avait plus rien à faire à Paris pour l'abbé; il se rendit à Coblentz, où six cents gentils-hommes battirent des mains à son arrivée et firent la haie sur son passage; et de là, à Rome, où le comte de Provence le nomma, après l'assassinat de Louis XVI, son plénipotentiaire secret.

« Le roi mon frère, lui disait-il, est mort sans avoir pu reconnaître le courage héroïque avec lequel vous avez défendu ses droits. Je n'ai pas plus de puissance qu'il n'en avait, mais du moins je suis maître de ma confiance et je vous la donne. »

Il jouissait dans la capitale du monde chrétien d'une position exceptionnelle; le pape lui-même lui rendait visite et, mettant la main sur le cœur de Maury :

— Nous cherchons ce qui est à nous, lui disait-il.

Son ami Marmontel lui écrivait le 6 décembre 1791 :

« Je prévois les honneurs qu'on va vous rendre à Rome, et tout le monde ici croit vous en voir *rougir*[1]. C'est à nous de nous enivrer de votre gloire, c'est à vous de la recevoir comme vous faites, avec une modeste sensibilité.... Je vous connais une âme *cubique* qui, dans tous les mouvements de la fortune, se tiendra ferme sur sa base....

» Votre graveur m'a fait présent d'un exemplaire de votre portrait, tiré avant la lettre; l'envie m'est venue d'y ajouter quelques vers de ma façon. Mais j'attends pour cela votre approbation. Les voici :

» Pontifes, souverains, il défendit vos droits,
» Et l'Europe nous dit que la pourpre romaine,
» Malgré tout son éclat, pourrait payer à peine,
» Ce qu'il fit pour l'autel et la pourpre des rois. »

M. l'abbé Maury fut d'abord nommé archevêque *in partibus* de Nicée et nonce du pape à Francfort :

— M. le Nonce, lui dit le roi de Prusse, vous êtes un homme, un brave homme que je vois avec grand plaisir. Personne n'a aussi bien défendu son terrain que vous.

A Francfort, Maury dînait à la table particulière de l'empereur; à Rome il recevait le roi de Sardaigne, et quelque temps après le souverain-pontife lui conféra

(1) Allusion à la pourpre Cardinalice.

la pourpre cardinalice. La confiance de Maury en lui-même était encore augmentée par les honneurs qui lui étaient décernés, par la considération dont il était l'objet.

— Oh ! l'abbé, lui avait dit Mgr le comte d'Artois, comme vous êtes grossi !

— Et moi, Monseigneur, je vous trouve bien grandi, ripostait Maury.

Le nouveau cardinal avait, dans ses voyages, sa voiture remplie de livres; Mgr Caraffa lui dit à ce propos :

— Vous vouliez jeter de la poudre aux yeux, mais nous n'avons pas été dupes.

— Vous m'avez cru trop modeste; si j'avais eu une semblable idée, ce n'est pas avec les livres des autres, c'est avec les miens que je serais arrivé.

C'est toujours l'homme qui, parlant de son ouvrage sur l'Eglise gallicane, disait avec une pittoresque fierté :

— Bossuet avait effleuré le sujet, moi, je l'ai éventré.

Les princes français et plusieurs souverains de l'Europe félicitèrent le pape du choix qu'il avait fait, et Maury, de la dignité à laquelle il était promu.

« L'empressement d'une chose si désirée, écrivait Monsieur, comte de Provence, m'avait fait penser à adresser cette lettre à *mon cousin, M. le cardinal Maury*, et à l'écrire en conséquence, mais la date m'en a empêché.... »

Le comte d'Artois mandait à Maury :

« Mon cousin, je ne veux pas perdre un instant pour vous faire tous mes compliments, et pour vous témoigner ma vive satisfaction sur la grâce que S. S. vient de vous accorder.... »

Cette lettre était accompagnée d'une autre, où le prince disait :

« Je viens de vous écrire en cérémonie, mon cher cardinal, pour vous faire mon compliment sur la dignité que vous avez si bien acquise, mais comme je me flatte bien que nous aurons par la suite quelques affaires à traiter ensemble, je veux reprendre tout de suite avec vous la manière que je ne quitterai pas.... »

Le roi de Prusse, Frédéric-Guillaume, répondait à Maury, au sujet de l'annonce qu'il lui avait faite de sa dignité nouvelle :

« En vous offrant comme récompense le chapeau de cardinal, le Saint-Père s'est procuré une jouissance digne de son cœur. Quant à moi, je ne puis au moins me refuser celle d'en témoigner à ce respectable chef de l'Eglise romaine toute ma satisfaction, et je me flatte qu'il voudra bien recevoir ma lettre, avec les sentiments auxquels les miens me donnent droit. »

Le pape écrivait au cardinal, peu de jours avant son départ pour Montéfiascone, le 4 mai 1794 :

« Mon cher Maury,

« En outre de la lettre autographe que vous avez

reçue du roi de Prusse, il nous en a écrit une de la main d'un secrétaire pour le même objet. Elles nous ont fait toutes deux beaucoup de plaisir et nous avons déjà ordonné à Mgr Stay, de faire en réponse un bref épistolaire, dont nous lui avons nous-même suggéré les idées. En attendant, nous nous empressons de vous renvoyer votre susdite lettre ci-incluse et nous vous en faisons notre compliment.

» Puisque vous voulez venir jeudi prochain dans la matinée à Saint-Pierre, nous vous y reverrons très-volontiers, et en attendant, par anticipation, nous vous embrassons en esprit et nous vous donnons notre paternelle et apostolique bénédiction. »

Certes, il y a loin de ces expressins si douces, si amicales, à l'étiquette austère du protocole des souverains-pontifes, dans leurs correspondances, même avec les cardinaux.

Tout Rome alla le complimenter chez le cardinal Zelada, où il était descendu. Mesdames de France le voulurent avoir à leur cercle, il était obligé d'aller une fois par semaine à Frescati, chez Son Altesse Royale le cardinal d'York, et les cardinaux, les princesses romaines, s'adressaient à Mgr Consalvi, qui n'était encore qu'auditeur de Rote, pour avoir dans leurs salons le célèbre cardinal. Son portrait se trouvait dans tous les palais et dans le cabinet même du souverain-pontife.

III

Cependant le temps marchait, le calme se rétablissait en France, la religion, par le Concordat, avait repris sa place au grand jour, Napoléon était le plénipotentiaire au moyen duquel la révolution avait fait sa paix avec l'Eglise.

Une ère nouvelle, et qui semblait définitive, était ouverte; le nouvel empereur, couronné par le pape, donnait des lois au continent. La cause monarchique paraissait à jamais perdue, et le cardinal Maury, ambassadeur contesté d'un monarque *in partibus*, supportait péniblement le poids de cette confiance dont il était investi.

Il y avait pour l'orateur de l'Assemblée nationale un rôle grandiose à jouer, c'était celui du dévouement à outrance : il ne s'en soucia pas. Il n'avait de sensibilité que celle du discours; il faisait tout avec de l'esprit et il en avait infiniment, mais ce qu'on appelle de l'âme, il n'en avait point.

S'enfermer dans son évêché de Montéfiascone, s'envelopper dans sa pourpre écarlate comme dans un linceul, braver les vicissitudes humaines par une impassibilité superbe, lui parut lugubre. Il ne voulut pas s'*esclaver* à son triomphe.

Maury se rallia au régime nouveau... il salua le

nouvel empereur. Il faisait pressentir cet acte dans une lettre de 1797 :

« Je me serais sacrifié sans espérance, sans nécessité, comme sans fruit, en me séparant du chef suprême de l'Eglise par un refus isolé, inutile et *très-désastreux pour moi* dans ma solitude, où je me trouvais à la merci de la France alors toute-puissante en Italie. D'ailleurs, j'étais né sujet du Saint-Siége, j'étais régnicole sans être français d'origine. Cette considération particulière imposait à mon obéissance le devoir absolu d'adhérer à la volonté et à l'exemple de mon souverain, dont j'habitais les Etats, où j'exerçais un ministère public.

» Dominé par des observations d'un si grand poids, j'écrivis la lettre de félicitations qui m'était prescrite, mais je pris la précaution d'énoncer formellement dans la première phrase de ma lettre, que *je me réunissais à tous les membres du Sacré-Collége, pour me conformer aux ordres du pape en adressant à Sa Majesté le tribut de mes félicitations sur son avénement au trône....* »

Cette *considération particulière* d'être né *sujet du Saint-Siége,* n'empêchera pas Maury, quelques années plus tard, de se mettre en révolte ouverte contre le pape, et de braver, pour l'amour de Napoléon, le souverain-pontife prisonnier.

Les amis du cardinal firent parade pour justifier sa conduite politique d'une lettre (chiffrée) de Louis XVIII à Maury du 22 octobre 1803 ; ce prince faisait connaitre son sentiment sur la lettre de félicitation que les membres du Sacré-Collége devaient écrire à l'empereur :

« Il faudrait être sur les lieux, écrivait-il, pour bien juger des sacrifices que la position du cardinal Maury, et l'unanimité des démarches du Sacré-Collége peuvent lui imposer. Ce qu'il y a de sûr, c'est que le roi n'en sera pas plus scandalisé, qu'il ne le fut jadis de lui voir porter un ruban tricolore. »

Ce document ne saurait justifier le cardinal. Il est bien clair que l'envoi d'une lettre collective, considérée comme simple formalité, n'engageait point Maury, tandis que l'acceptation du traitement de cardinal français, d'une place au Sénat, et du poste de premier aumônier de Jérôme Napoléon, constituaient un véritable reniement politique.

Maury avait soixante ans, il se sentait vieillir, l'oubli l'effrayait; il voulut goûter aux douceurs du pouvoir, il jugea qu'il avait assez pratiqué le dévouement, et demanda un passe-port en s'écriant : Fidélité, tu n'es qu'un nom. Vainement il chercha à colorer sa défection sous des motifs d'intérêt public.

Napoléon accueillit à bras ouverts « ce fameux abbé Maury. »

— J'ai, lui dit-il, personnellement plaisir à me retrouver avec l'un des membres distingués d'une assemblée où la différence d'opinion n'a pas empêché qu'on s'aimât et qu'on s'estimât.

« Après cinq minutes de conversation, raconte notre héros, je fus ébloui et je me sentis tout à lui. » Le fait est que les expropriations de consciences se traitent toujours de gré à gré, et il est bien rare qu'on ne finisse pas par s'entendre avec le propriétaire.

Quelques années après sa rentrée en France, Maury prit place à l'Institut, nouvellement créé ; il y fut traité d'Eminence selon sa formelle volonté, mais là se borna son énergie, car il eut presque l'air de s'excuser, dans son discours de réception, de sa fermeté durant la période révolutionnaire.

Il s'exprima ainsi au sujet de sa promotion au cardinalat :

« Je n'avais plus de poste à remplir, Rome, sous la domination de laquelle j'étais né, m'offrait une seconde patrie. Déjà l'orage grondait sur la tête de son souverain qui m'appelait, me réclamait, et dont il était de mon devoir d'aller partager les périls. L'immortel Pie VI m'y prodigua aussitôt toutes les dignités de mon état, objets d'ambition d'autant moins désirables, qu'elles n'attiraient sur nous que la prévention et la haine, *mais qu'il eût été lâche* de refuser à une époque où elles ne pouvaient tenter que la fidélité, le zèle et le courage. »

Le cardinal conservait pourtant ses condées franches avec Napoléon et ses ministres.

— C'est assez de victoires, disait-il, assez de triomphes, assez de prodiges, la France soupire après la paix.

L'empereur lui demande brusquement à Saint-Cloud où il en est avec la maison de Bourbon :

— J'ai perdu la foi et l'espérance, répond-il, mais je conserve encore la charité.

En 1812, il disait à Fouché, l'ancien conventionnel, alors ministre de l'empire et duc d'Otrante :

— Les notables étaient des extravagants, à l'Assemblée nationale nous étions des écervelés, les membres de la Législative étaient des coquins, mais ceux de la Convention étaient des gredins, vous n'en disconviendrez pas, Monsieur le duc.

Choyé, recherché des salons de l'empire comme il l'avait été de l'aristocratie, son vif sentiment du beau faisait loi dans les choses d'imagination ; ses saillies, son érudition, sa singulière liberté de langage, étaient pour une réunion un régal de haut goût, et pouvoir causer avec lui, équivalait pour un homme du monde à un brevet d'homme d'esprit.

IV

Six mois après la mort du cardinal de Belloy, l'empereur nomma à l'archevêché de Paris, le cardinal Fesch son oncle, archevêque de Lyon, après avoir été successivement chanoine à Ajaccio et commissaire des guerres. Celui-ci refusa sous le prétexte qu'il ne pouvait changer sans déchoir, eu égard à la primatie ancienne de son siége ; il ne voulait pas en réalité prendre sa part des embarras dans lesquels la persécution du Saint-Siége par Napoléon plongeait l'Eglise.

L'empereur, furieux de ne pouvoir vaincre la résistance de son oncle, fait appeler Maury.

« Il lui demanda son serment d'archevêque de Paris, dit Poujoulat, avant même de lui annoncer sa nomination ; le prélat prêta le serment en habit et manteau courts. Lui, qui pourtant avait connu les tempêtes, fut si ému de cette scène soudaine, du son de voix et de l'air terrible de Napoléon en ce moment-là, qu'il faillit s'évanouir. Le chapitre de la métropole de Paris, placé sous le coup d'une invitation formelle, qui équivalait à un ordre, conféra à l'archevêque nommé le titre et les pouvoirs d'*administrateur capitulaire du diocèse*. Ce ne fut pas à l'unanimité mais à la majorité, et l'abbé d'Astros, le jeune vicaire-général, président de l'Assemblée capitulaire, vota avec la minorité. »

Le cardinal fit part au souverain-pontife de cet événement par la lettre ci-dessous (16 octobre 1810. — Original en italien) :

« Très-Saint-Père,

» Il y a deux jours que Sa Majesté Impériale et Royale daigna me faire appeler à l'improviste dans son cabinet pour m'annoncer qu'elle me nommait à l'archevêché de Paris, en accompagnant cette grâce des plus flatteuses expressions pour le peu que j'ai fait, pour la défense de la religion, au temps funeste de nos calamités passées. Je ne manquai pas de représenter à Sa Majesté qu'étant évêque de Montefiascone et de Corneto, je ne pouvais abandonner mes églises sans l'autorisation de Votre Sainteté. L'empereur m'ayant répondu que je devais les conserver jusqu'au moment où j'obtiendrai l'institution canonique de l'archevêché, je n'avais d'autre parti à prendre que d'obéir aux ordres de Sa Majesté. »

Le cardinal demande ensuite au pape l'institution canonique et explique qu'il n'est encore qu'administrateur capitulaire du diocèse.

Maury commit la faute impardonnable de se faire installer le 1er novembre à Notre-Dame, et de se mettre audacieusement en relief, décidant que les actes ne seraient signés que de lui seul.

Il fut reçu officiellement par une députation du chapitre :

« Monseigneur, dit l'abbé d'Astros, nous venons au nom du chapitre métropolitain de Paris, vous féliciter de votre nomination à ce siége, et prier Votre Eminence de prendre en main l'administration du diocèse. Il n'est personne qui ne se rappelle en ce moment, Monseigneur, avec quelle éloquence et avec quel courage vous avez défendu, dans le temps, la cause de la religion et du clergé. »

Le cardinal pâlit et comprit qu'il aurait à compter avec celui qui venait de lui adresser la parole.

Il n'en prit pas moins l'administration du diocèse avant d'avoir reçu les bulles pour le siége de Paris, bulles que Pie VII, dépouillé de ses Etats par Napoléon, refusait d'accorder aux évêques nommés à cette époque par ce prince. Par un bref daté de Savone, le pape lui défendit de faire acte de puissance et de juridiction dans la capitale, le menaçant des censures de l'Eglise s'il résistait à ses ordres, à ses remontrances.

Le cardinal passa outre, et nia l'authenticité de ce bref, que l'abbé d'Astros[1] avait fait circuler secrètement. Un second bref suivit le premier et fut intercepté par la police. Mais ces protestations du pape empêchaient Savary de dormir, et l'administration impériale déployait vainement tout son génie pour saisir cette poste secrète entre Paris et Savone.

« On était à la fin de décembre, raconte l'abbé d'Astros dans ses Mémoires, et le chapitre de la métropole de Paris devait paraître aux Tuileries à la réception du 1er janvier 1811. L'empereur avait voulu cette année que le chapitre se présentât en habit de chœur. Nous arrivons donc aux Tuileries, et nous attendons dans une salle que Bonaparte, après avoir passé devant les généraux, les corps d'officiers, le Sénat, vienne jusqu'à nous. »

Quand M. le cardinal présenta le chapitre à l'empereur, celui-ci, d'un ton solennel et d'un air irrité, dit à l'abbé d'Astros :

(1) Plus tard cardinal et archevêque de Toulouse.

— Vous êtes l'homme de mon empire qui m'êtes le plus suspect. Il faut être Français avant tout, il faut soutenir les libertés de l'Eglise gallicane. Il y a autant de distance de la religion de Bossuet à celle de Grégoire VII, que du ciel à l'enfer.

Le lendemain, Maury reçut ordre de se rendre chez Savary avec ses grands-vicaires, et de s'expliquer avec le ministre de la police.

— Nous entrons chez le ministre, dit l'abbé d'Astros.

— N'avez-vous pas, me dit Savary, des correspondances avec le pape à Savone?

— Chargé comme grand-vicaire de ce qui regarde les dispenses de mariage, je corresponds pour cet objet avec Sa Sainteté.

— Ce n'est pas cela, ne correspondez-vous pas sur les affaires du jour?

Je n'avais écrit au souverain-pontife qu'une seule fois, et n'avais pas reçu de réponse. Je crus pouvoir répondre négativement.

— Mais vous avez un bref du pape au cardinal Maury?

— Oui, je l'ai vu.

— Qui vous l'a montré?

— Je ne peux pas le dire.

— Oh! pour terminer, voilà Monsieur l'archevêque, donnez entre ses mains votre démission et tout est fini.

— Je ne le puis pas.

— Votre refus prouve que vous voulez être chef

de parti ; donnez votre démission ou vous êtes mon prisonnier.

— Je serai votre prisonnier.

— Vous voudriez être martyr, vous ne le serez point. »

Le 4 janvier, un agent de police conduisait, dans un fiacre, l'abbé d'Astros à Vincennes.

Durant les quatre années de sa puissance épiscopale dans le diocèse, Maury n'usa de sa juridiction que pour emboucher la trompette dans ses mandements, à seule fin de célébrer les victoires de la grande armée. Resserré entre un peuple qui ne le reconnaissait guère et un monarque auquel il devait obéir, il disait avec amertume :

— Napoléon veut avoir un clergé comme il a des chambellans.

Ce n'était pas la peine d'avoir dominé de sa mâle éloquence la première de nos assemblées parlementaires, d'avoir entrepris cette tâche gigantesque de contenir les envahissements révolutionnaires, pour arriver à trembler devant l'empereur.

Plusieurs fois, le cardinal monta dans la chaire de Notre-Dame, mais ne retrouva pas ses anciens succès. Maury, grand lutteur de tribune, puisant son énergie et ses soudaines inspirations dans les violentes résistances, les injures des partis et les ardeurs de la bataille, ne pouvait pas se retrouver dans Maury prédicateur, lisant un sermon au milieu du silence d'un auditoire recueilli.

L'archevêque ne fit partie d'aucune des députations envoyées officiellement à Savone avant, pendant et après le concile national de Paris tenu en 1811, mais plus d'une fois il les inspira. Ce fut lui qui se chargea de porter à Fontainebleau, où Pie VII avait été amené, les reproches, les promesses et les menaces de Napoléon, et dans cette circonstance, le cardinal perdit toute mesure : la douceur patiente du souverain-pontife n'y tint plus ; se levant, non sans effort, de son siége, il prit Maury par la main, et le poussa hors de son appartement.

Un an plus tard, l'empereur était à l'île d'Elbe, les alliés à Paris, le pape au Vatican.

Maury se promenait en robe rouge dans le jardin de l'archevêché, aux grilles duquel se pressaient des soldats russes ou allemands.

— Je n'ai pas eu peur des lanternes et des poignards de la révolution, dit-il, je ne tremblerai pas devant les Cosaques.

Et après un instant de réflexion douloureuse, il ajoutait tristement :

— Que ne suis-je resté dans l'humble chemin que mon père a suivi, et puisque je devais être quelque chose en ce triste monde, que n'a-t-il vécu plus longtemps et que n'ai-je pu mettre ma calotte de cardinal dans son tablier !

Le chapitre révoqua les pouvoirs accordés précédemment au cardinal Maury, dans le diocèse de Paris, et le pape le suspendit en même temps de toute fonction dans le diocèse de Montefiascone et Corneto. Exilé de France et emprisonné à Rome où il s'était réfugié, le prélat vit s'appesantir à la fois sur lui la colère de ceux qu'il avait trahis tour à tour. Le gouvernement français fit demander à Rome qu'on instruisît son affaire, et on ne sait jusqu'où les choses auraient été poussées, si le cardinal Consalvi, ami dévoué de Maury, n'avait obtenu sa liberté et sa rentrée en grâce.

Le pape, n'ayant point oublié les anciens et illustres services de l'orateur, accorda une audience particulière à l'archevêque qui s'était à son égard si indignement conduit. Celui-ci confessa ses torts, il y eut de touchants entretiens et de tristes épanchements. Le souverain-pontife pratiqua envers le prélat repentant l'infinie miséricorde de l'Evangile et il n'est peut-être pas, dans les temps modernes, de plus grand exemple d'oubli des injures et de pardon, que celui qui fut donné en cette circonstance à toute la chrétienté par son chef.

Maury reçut 4,000 écus romains de revenus sur le trésor, il put s'établir à Monte-Cavallo au Noviciat des Lazaristes, et retrouva sa place dans toutes les cérémonies, dans toutes les assemblées.

Louis XVIII n'usa pas envers son ancien ambassadeur d'autant de longanimité. Quelque sympathique que soit le gouvernement de la Restauration, on ne peut affirmer qu'envers le cardinal Maury, il ait poussé la générosité au delà des limites connues.

Il ne cessa de le poursuivre, il le fit rayer de l'Académie ; enfin quand le prélat eut succombé à la maladie qui le minait, il s'opposa énergiquement à ce que ses restes mortels fussent inhumés dans l'église de la Trinité au Mont-Pincius, qui était celle de son titre, et son cercueil attendit plus d'un mois la sépulture dans une antichambre, jusqu'à ce que l'amitié fidèle du cardinal Consalvi le fit déposer à côté des cendres des cardinaux Baronius et Tarugi [1].

L'ingratitude est une faculté négative qui a certainement son côté utile, mais il ne faut pas en abuser. Il paraît étrange de voir Maury qui défendit presque seul la monarchie française à une époque où tous l'attaquaient, chassé de France par la royauté légitime quand Talleyrand, un renégat légalisé, et Fouché, un des assassins de Louis XVI, tous deux conseillers de Napoléon, étaient les ministres de Louis XVIII. En bonne justice, mieux valait un homme qui n'avait trahi qu'une fois que ceux qui avaient trahi cinq ou six. Maury a été bien autrement coupable envers le pape et l'Eglise, qu'envers le roi. Le premier pourtant lui pardonna, le second fut inflexible.

Les historiens manquent au cardinal ; son neveu a écrit une apologie, d'autres, comme M. Poujoulat, n'ont peut-être pas assez distingué entre la foi religieuse et la foi politique.

(1) Voir aux Pièces justificatives.

Maury donna au XVIIIe siècle le spectacle de la plus noble résistance et au XIXe le spectacle de la plus déplorable trahison. Ce grand homme, une des gloires de la France moderne, ne fut pas même enterré sur un sol français.

Figure intéressante, d'une galerie où elles ne sont pas rares, on peut étudier en lui les grandeurs du désir humain et aussi ses faiblesses et aussi ses lâchetés. La Providence, dans ses impénétrables desseins, punit ainsi la mémoire de ces ambitieux à outrance, par ce qu'on peut justement appeler la *dégradation historique*.

CHAPITRE XV

ALEXANDRE-ANGÉLIQUE DE TALLEYRAND-PÉRIGORD

Talleyrand-Périgord, archevêque de Reims. — Prélat grand seigneur. — Pasteur homme de cour. — L'ami de Louis XVIII. — Grand-aumônier à Altona. — Les idées gallicanes. — Sa rentrée en France. — Archevêque nominal de Paris.

1817-1821

Caractère très-froid, très-simple, très-doux et très-entier, M. de Talleyrand était peut-être l'homme de France le moins fait pour vivre en temps de révolution. Etranger au mouvement des esprits jusqu'en 1789, le bouleversement qui s'opéra sous ses yeux le surprit comme un coup de foudre, mais sans l'ébranler.

Premier pair ecclésiastique comme archevêque-duc de Reims, il lui appartenait de prendre la parole au nom de son ordre. Il protesta dans l'Assemblée constituante contre la constitution civile du clergé; quand la position ne lui parut plus tenable, il se rendit à

Aix-la-Chapelle, d'où il continua à envoyer à Versailles ses protestations sous pli cacheté, et à gouverner son diocèse de Reims par correspondance. Il pensait quitter la France pour quinze jours, il n'y rentra qu'au bout de vingt-cinq ans. Semblable à un homme qui chercherait un abri passager pour un orage d'une heure, et qui verrait le déluge submerger le monde, M. l'archevêque de Reims regardait le ciel avec sérénité et attendait depuis un quart de siècle la fin de la tempête.

En 1801, il avait été du petit nombre des évêques qui malgré les exhortations du pape, persistèrent à ne pas donner leur démission. Il lui parut exorbitant qu'un concordat fût signé par le successeur des Apôtres avec un gouvernement insurrectionnel.

Ce fut sous l'empire de ces sentiments que M. de Talleyrand rentra à Paris; il s'attendait à trouver toutes choses pêle-mêle, et à voir régner une confusion universelle: il lui parut presque anormal que le culte s'exerçât librement en France, et que les sacrements fussent ostensiblement administrés à des catholiques aussi fervents que sous l'ancien régime.

Alexandre-Angélique était fils du marquis de Talleyrand et de la marquise, née Chamillard. Sa grand'mère avait été mariée en premières noces avec le marquis de Chamillard, en secondes, avec le prince de Chalais. Elle avait marié sa fille du premier lit avec le marquis de Talleyrand et sa fille du second lit avec le comte de Périgord, fils du marquis de Talleyrand. L'une des deux sœurs utérines devint donc la belle-mère de l'autre, et le comte de Périgord était à la fois le fils et le beau-frère du marquis de Talleyrand.

Ç'avait été un jeune homme mûr de bonne heure que M. de Talleyrand, et le roi Louis XV l'avait distingué. Aumônier du roi, au sortir du séminaire, il n'avait pas trente ans quand M. de la Roche-Aymon le demanda pour coadjuteur à Reims. Sa physionomie tendre et douce le rendait aisément sympathique; sa constitution frêle excitait l'intérêt.

— Ah! disait-on à Reims, nous ne le conserverons pas encore un an.

Et le prélat dont il était le coadjuteur, le recommandait à son clergé en ces termes :

— Ne cessez point, mes chers collaborateurs, de prier pour le vénérable archevêque que la miséricorde divine nous a donné pour nous aider dans l'exercice de notre ministère.

Au moral, sage et vertueux, il n'eut rien de l'attitude des prélats de cour, et il ne tint pas à lui de préserver son neveu Charles-Maurice de Talleyrand, le fameux diplomate, des écarts de sa première jeunesse. Amoureux de la ligne droite, animé d'un grand esprit de suite, il apportait dans sa charge pastorale la même régularité que dans la vie privée. Au physique, on ne savait lequel des deux il était le plus et le mieux, prélat ou grand seigneur ; le tact, cette modération exquise dans les manières, ce grand air, cette simplicité hautaine, cette politesse évangélique, étaient répandus naturellement dans toutes ses conversations. Courtisan religieux, pasteur homme de cour, il portait en lui et au plus haut point le mélange d'un successeur de saint Remy, combiné avec un gentilhomme de la cour de Louis XV.

On lit à son sujet dans les procès-verbaux de l'Assemblée du clergé de 1770, cette phrase, pleine d'éloges : « La considération distinguée qu'il s'est déjà acquise, son mérite, les qualités aimables qui forment son caractère, sa douceur et cette politesse si naturelle qui lui gagnent tous les cœurs et ajoutent un nouveau lustre à sa naissance, feraient penser que les témoignages publics d'estime et d'affection qui lui sont décernés, mériteraient d'être un jour cités comme un exemple dans les fastes de l'Eglise gallicane. »

Dans son diocèse, l'archevêque ne s'occupait pas seulement de l'amélioration morale de ses peuples. Il obtint du roi d'Espagne Charles III un troupeau de moutons mérinos, et donna ainsi une grande finesse aux laines de Reims ; il fonda avec l'aide de quelques maisons de commerce, une espèce de mont-de-piété dont les prêts étaient gratuits ; pour faire adopter par les paysans la couverture en tuile, et la substituer au chaume qui avait l'inconvénient de favoriser les incendies, il s'engageait à payer la différence du prix du chaume avec celui de la tuile; il faisait enfin dresser, pour rendre l'eau plus abondante, un plan général de forage des puits en Champagne.

Ce fut au milieu de ces soins d'administration, et de cette active sollicitude que le trouva la convocation des Etats-Généraux.

Quelques mois plus tard, il n'eut, en quittant la France, qu'à choisir entre les plus brillantes hospitalités. M. Pitt chargea M. le marquis de Barthélemy, notre ambassadeur à Londres, de dire à l'archevêque de Reims qu'il mettait à sa disposition tous ses moyens de crédit et de puissance, que son plus grand bonheur serait d'adoucir les peines de l'homme peut-être le plus respectable qu'il eût jamais connu.

Talleyrand n'accepta pourtant pas les offres du premier ministre anglais, il se rendit à la cour de Brunswick, puis à celle de Weimar, où il vécut dans la famille des souverains de ces pays et dans l'intimité du maréchal de Castries, l'ancien vainqueur de Clostercamp, avec lequel il resta jusqu'à sa mort, en 1801, étroitement uni.

Appelé en Russie par Louis XVIII, il se rendit à Mittau où celui que l'on appelait alors le comte de Lille, vivait avec le duc et la duchesse d'Angoulème, l'ange du malheur, l'abbé Edgeworth, le comte d'Avaray, le cardinal de Montmorency et quelques familiers.

Quand le prince fut contraint de s'éloigner, il le

suivit à Varsovie, vivant au milieu d'une foule d'émissaires et d'espions, envoyés de toutes les parties de l'Europe, principalement de Paris, pour observer la petite cour. Il fut témoin de tentatives sur la vie même de son maître, que l'administration prussienne affecta de ne pas voir, et qui mirent plus d'une fois en danger les jours de Louis XVIII. De Varsovie, l'archevêque s'en fut avec la famille royale à Hartwell, où il devint grand-aumônier. Ce fut en cette qualité qu'il remit, en 1814, le cordon du Saint-Esprit et qu'il donna l'accolade au prince-régent d'Angleterre.

A la restauration, Talleyrand rentrant en France, trouva son siége supprimé en vertu d'un concordat qu'il n'avait jamais reconnu, puisqu'il avait toujours refusé de s'y soumettre. On le nommait néanmoins l'archevêque-duc de Reims, puisqu'il avait été archevêque de cette ville, et que le premier titre emportait le second. En cette qualité, et d'après les usages de l'ancien régime, Talleyrand était le premier dans le clergé de France; sa charge de grand-aumônier augmentait encore sa position; enfin le roi le nomma ministre des affaires ecclésiastiques.

Il était difficile de faire un plus mauvais choix. Le bruit courut immédiatement dans le public, que les évêques institués en vertu du Concordat seraient mis à l'écart. Le silence de l'Almanach Royal sur tout ce qui était relatif au clergé, concourait à accréditer ce bruit. A la vérité, M. de Talleyrand s'était considéré, dès le premier jour, comme chargé de trouver et de nommer de nouveaux évêques.

Investir d'une fonction qui équivalait au portefeuille des cultes, un prélat qui avait refusé en 1801 de donner sa démission, c'était paraître infliger une leçon au souverain-pontife, et inquiéter la cour de Rome avec laquelle le comte, depuis duc de Blacas, allait être chargé de négocier un nouveau concordat. En France, c'était jeter une sorte de défi à l'opinion et adresser un blâme à tout l'épiscopat; par cette nomination on semblait manifester le désir d'abroger tout ce qui, depuis vingt-cinq ans, avait pu être fait en matière religieuse, le bien comme le mal; et tandis que dans l'ordre politique on affirmait ne devoir rien changer, qu'on poussait le pardon des injures jusqu'à conserver M. le duc d'Otrante, qui avait persuadé au prince qu'on ne saurait se passer de lui, on paraissait disposé à anéantir une organisation religieuse fonctionnant depuis quatorze ans avec l'approbation du pape.

Cette tendance réactionnaire souleva des murmures en France, et le choix de Talleyrand fut accueilli à Rome avec froideur. Le grand-aumônier ne se dissimulait pas d'ailleurs son insuffisance. Depuis vingt-cinq ans, tout avait changé dans notre pays, le jeune clergé ne connaissait pas même son nouveau chef, et les évêques de 1789 étaient presque tous morts, soit en exil, soit à la tête des diocèses nouveaux.

Pour l'aider dans la tâche qu'il avait entreprise,

Talleyrand s'adjoignit M. de Quélen, un jeune aumônier de l'impératrice, homme éminent, dont il fit plus tard son coadjuteur, et qu'il nomma tout d'abord secrétaire de la grande-aumônerie.

La nomination de M. de Quélen, c'est le plus bel acte d'administration de M. de Talleyrand. Tous deux avaient à peu près le même caractère, et se seraient ressemblé beaucoup, — sauf le talent, que le premier seul possédait à un haut degré, — s'ils avaient suivi la même route. Mais Quélen qui avait vu de près les horreurs sanglantes de la révolution, avait été par ce fait seul à portée d'apprécier les bienfaits du Consulat. Il comprenait la position nouvelle qu'un ordre de choses nouveau faisait à l'Eglise, il avait la notion des besoins de son temps, et n'ignorait rien de ce qu'il fallait pour les satisfaire. Au contraire, le vieil archevêque de Reims, n'avait pu puiser à la cour du duc de Brunswick, généralissime des armées coalisées en 1792, ni à Varsovie, d'où par les ordres de son neveu, l'ancien évêque d'Autun, le roi Louis XVIII s'était vu à peu près expulsé, ni en Angleterre, où pendant douze ans, le pays joua sa vie contre la nôtre, n'avait pu puiser, disons-nous, un bien grand enthousiasme pour les institutions nouvelles. Les ennemis de la révolution et de l'empire, qu'il avait exclusivement fréquentés, n'avaient pas eu de peine à faire partager leurs préventions par un français exilé, archevêque sans diocèse, pair sans parlement, aumônier d'un roi sans royaume. Pour concilier toutes choses, Talleyrand-Périgord n'était évidemment pas l'homme qu'il fallait. Il avait toutefois une qualité assez rare parmi les membres du premier cabinet de la Restauration : un absolu dévouement.

Pendant les négociations du Concordat, M. le grand-aumônier, entretint avec MM. de Richelieu et de Blacas, une active correspondance[1].

Le pape exigea tout d'abord que les anciens évêques envoyassent leurs démissions. Les termes en furent discutés avec une certaine âpreté :

M. de Talleyrand écrivait au duc de Richelieu le 25 juin 1817[2] :

« Je ne vous parle plus du mot *obedientiæ,* c'est » encore une mauvaise chicane à la catholicité, et c'est » nous faire injure que d'élever des doutes sur ce » point ; j'espère vous envoyer sous peu les lettres de » mes confrères.

» Je vous le dis, M. le duc, dans la sincérité de mon » cœur, et avec la droiture que vous m'avez toujours » connue, je n'ose m'appesantir sur les tristes consé» quences qui doivent résulter de laisser en place des » hommes que tout le clergé françois repousse avec » indignation ; les ministres du roi rendront un éminent » service à la religion, et peut-être à l'Etat, s'ils par-

(1) Voir aux pièces justificatives.

(2) Documents extraits des archives diplomatiques. Rome, 1817. — Cette pièce et les suivantes sont inédites.

» viennent à ôter cet opprobre du milieu de notre » Eglise. »

Sa démission personnelle, et la révocation des anciens constitutionnels que M. de Talleyrand ne cesse de demander, tels sont les deux objets qui remplissent ses lettres au ministre des affaires étrangères.

Il écrivait à nouveau, le 27 juin 1817, à M. de Richelieu :

« Monsieur le duc,

» J'ai reçu hier à onze heures du soir, la lettre que » vous m'avez fait l'honneur de m'écrire, et celle du » roi qui y était renfermée. Je suis obligé de profiter » de la permission que vous me donnez de garder » votre courrier, parce que, d'après le désir que vous » m'avez témoigné d'avoir le plus promptement possible » les nouvelles lettres demandées, j'ai envoyé M. l'abbé » de Quélen à Paris pour en faire tout de suite le » nombre de copies nécessaires, et les présenter à » signer aux évêques qui ont signé les précédentes. » Il faut être italien pour imaginer quelque subterfuge » dans cette erreur évidente de copiste, puisque cette » expression d'*obéissance* était dans nos précédentes » lettres, qu'elle est de droit et consignée dans tous les » actes du clergé, lorsqu'on ne demande rien de con- » traire aux principes et à la discipline constante de » l'Eglise. D'ailleurs, la bonne foi évidente avec » laquelle nous avons constamment agi dans cette si-

» affligeante affaire pour l'Eglise de France, la facilité » que nous y avons mise, pour parvenir au rétablisse» ment de la religion dans le royaume, devaient nous » mettre à l'abri d'un pareil soupçon.... »

Sur ces entrefaites, Talleyrand fut nommé archevêque de Paris : le roi le força d'accepter, en disant que son ombre seule, comme celle de saint Pierre, suffirait pour faire des miracles.

Il faisait part de ses projets pour l'administration du diocèse, dans la lettre suivante, adressée à M. de Richelieu :

« Maffliers, le 25 juin 1817.

» Monsieur le duc,

» Il n'est pas possible que vous vous soyez persuadé » que j'aie pu oublier les deux hommes, que je regarde » comme les plus capables d'honorer l'épiscopat françois » par leurs vertus et par leurs talents et par la confiance » générale qu'ils inspirent. M. l'abbé Frayssinous, et » M. l'abbé Duval ont été les premiers sur lesquels » j'avois jeté les yeux pour remplir un des siéges de » France, je les avois même portés sur la liste de » nomination que je comptois présenter au roi, tant » que j'ai pu croire que Sa Majesté ne songeoit plus à » moi pour l'archevêché de Paris. Aussitôt que je me » suis vu imposer un fardeau dont je dois ressentir plus » qu'aucun autre la pesanteur, vu surtout mon âge et » mes infirmités, je me suis senti le désir et la nécessité

» de donner à ce diocèse, dès mon entrée, une preuve
» de l'importance que je mettois à l'administration de
» ce siége, en m'entourant des ecclésiastiques les plus
» dignes de l'estime du clergé, les plus capables de
» m'aider à le bien gouverner. J'avois donc résolu de
» conserver, pendant quelque tems, auprès de moi,
» messieurs Frayssinous et Duval ; je les aurois admis
» dans mon conseil ; je leur donnois des pouvoirs de
» grands-vicaires, et je les aurois chargés, l'un, de
» surveiller tout ce qui regarde l'instruction chrétienne
» dans le diocèse, l'autre, de tout ce qui regarde les
» communautés religieuses et les bonnes œuvres qui
» forment une partie bien intéressante.

» Cependant mon intention n'étoit pas de les laisser
» ainsi simplement chargés, sans honneur, de fonctions
» pénibles ; comme les nominations aux évêchés laissent
» vacantes des places à la Cour, je me proposois de
» demander au roi pour eux des charges d'aumôniers
» à la Cour ; l'un et l'autre se trouveroient ainsi placés
» d'une manière honorable et avantageuse, plus utile
» à l'Eglise, et je puis ajouter avec certitude, d'une
» manière plus favorable à leur goût, leurs habitudes
» et leur genre de talent ; M. Frayssinous désirant
» suivre encore pendant quelque tems ses conférences
» qui font un bien infini, ce qui seroit incompatible
» avec les devoirs de l'épiscopat, et M. Duval étant
» d'une santé qui ne lui permettroit pas d'en supporter
» les travaux.

» Le roi, en récompensant ainsi ces deux estimables » ecclésiastiques, trouveroit un moyen de les conserver » à Paris et à la Cour, où ils peuvent rendre les ser- » vices les plus essentiels à la religion et à l'Etat. Rien » n'empêcheroit, au reste, qu'après la première orga- » nisation terminée et bien établie, on leur proposât » de remplir des siéges, s'ils veulent les accepter. Dans » tous les cas, il ne faudroit pas les éloigner comme » à Nismes ou Perpignan, mais les placer à Meaux, » Versailles ou aux environs ; peut-être même des » évêchés *in partibus* leur conviendroient mieux.

» Voilà, monsieur le duc, mon plan sur ces mes- » sieurs, je leur en ai déjà communiqué une partie, » et je suis assuré de leur dévouement pour moi. » J'espère que ce plan sera agréable au roi, je vous » prie de lui en parler en lui remettant la lettre ci- » jointe, où je le lui explique. J'avois le dessein de lui » demander son consentement à cet égard, lorsque nos » affaires auroient été assez avancées pour me laisser » entrevoir l'espérance d'exécuter ce dessein. Je vous » serai obligé aussi, monsieur le duc, de parler à Sa » Majesté de M. l'abbé Desjardins, curé des Missions » étrangères, homme de beaucoup de mérite, et que je » désirois lui proposer pour remplir un siége, mais j'ai » cru devoir encore le conserver quelque tems pour » l'administration du diocèse de Paris. »

Le chapeau de cardinal fut en même temps demandé pour le nouvel archevéque de Paris, et l'ambassadeur de France à Rome écrivait, à l'égard de cette négociation, au ministre des affaires étrangères :

« Rome, 17 juillet 1817.

» .... J'ai présenté à Sa Sainteté la lettre du roi » pour la nomination de M. l'ancien archevêque de » Reims à la promotion des Couronnes. Quant aux » deux autres lettres de Sa Majesté, elles sont restées » entre mes mains, le cardinal secrétaire d'Etat m'ayant » représenté que, sur la demande du roi, le pape allait » envoyer le chapeau à MM. de la Luzerne et de » Bausset; mais que Sa Majesté n'ayant, comme roi » de France, qu'une seule nomination à faire, le Saint-» Père ne pouvoit recevoir officiellement que celle de » M. l'ancien archevêque de Reims, déjà désigné depuis » longtemps. Je n'ai pas cru devoir insister sur cet » objet, puisqu'il s'agissoit d'un point de droit et que » d'ailleurs le résultat seroit le même, MM. les anciens » évêques de Langres et d'Alais devant être préconisés » lundi 28 du courant, dans le même consistoire que » M. l'archevêque de Reims. J'aurois désiré que Sa » Sainteté pût tenir ce consistoire dès lundi prochain, » mais il n'y avoit pas le temps nécessaire pour rem-» plir les formalités qui doivent le précéder. (Le pape » ne tient jamais de consistoire que le lundi.) »

Le 28 juillet 1817, le même ambassadeur écrivait :

« Dans le consistoire secret tenu ce matin, Sa

» Sainteté a préconisé cardinaux de la sainte Eglise » Romaine MM. de Talleyrand-Périgord, de la Luzerne » et de Bausset et MM. Lante Cesarei déjà nommés » *in petto,* ainsi que plusieurs évêques dont la note est » ci-jointe. »

Les actes d'administration de M. de Talleyrand ne sont point nombreux dans le diocèse de Paris.

Il rédigea un nouveau bréviaire où il admit les fêtes du Sacré-Cœur et de saint Ignace de Loyola, que M. de Belloy, son prédécesseur, n'avait point adoptées, rétablit les retraites ecclésiastiques par une ordonnance du 18 septembre 1820, présida en personne celle de cette année, et donna une extension plus considérable à l'œuvre des petits séminaires. Il avait même assigné des fonds sur son revenu pour seconder cette noble entreprise, ainsi que pour l'acquisition d'une maison de campagne destinée à ces jeunes aspirants au sacerdoce. La mort l'empêcha d'accomplir une œuvre non moins importante pour le bien de la religion et non moins chère à son cœur, celle de la visite pastorale.

Par une ordonnance du 18 octobre 1819, il divisa le diocèse de Paris en trois archidiaconés portant les noms d'archidiaconé de Notre-Dame, d'archidiaconé de Sainte-Geneviève et d'archidiaconé de Saint-Denis, et assigna le titre de chacun d'eux à un vicaire-général.

Comblé des plus hautes dignités ecclésiastiques de l'ancien régime et des temps nouveaux, cet archevêque de quatre-vingt-cinq ans, qui avait été aumônier de

Louis XV, qui avait sacré Louis XVI, et marié le duc de Berry, eut la consolation de baptiser le duc de Bordeaux, au milieu de l'allégresse de la capitale.

« La religion, Sire, dit-il à Louis XVIII, sous le » portail de Notre-Dame, remet entre vos mains ce » dépôt si précieux, chargé de ses bénédictions et de » ses espérances. Elle le confie à Votre Majesté pour » lui apprendre par ses leçons et ses exemples, ce que » l'Eglise doit se promettre d'un roi très-chrétien. »

Quelques mois plus tard, atteint d'un mal incurable, le prélat dicta son testament, il y parlait ainsi de Mgr de Quélen, qui allait le remplacer :

« Je renouvelle à M. le coadjuteur mes remercîments » de tout ce qu'il a bien voulu faire, du zèle qu'il n'a » cessé de mettre pour m'aider dans le commencement » du bien qu'il était possible de faire, pendant le peu de » temps que j'ai été archevêque de Paris. Je me félicite » tous les jours de l'y avoir pour successeur, bien assuré » d'après ses vertus, son zèle et ses moyens, qu'il y » fera tout le bien qui dépendra de lui. »

Quelques jours avant sa mort, le roi qui envoyait trois fois par jour savoir de ses nouvelles, vint le voir ; son frère était avec lui. Le cardinal voulut baiser la main de Monsieur, depuis, Charles X :

— Je veux bien, dit le prince avec une grande simplicité, cela me portera bonheur.

Le lendemain, il reçut les derniers sacrements, et se sentant près de passer, il se fit apporter sa tabatière où était le portrait du roi, le fixa quelque temps, et le posa sur son cœur.

Quand il apprit sa fin, le roi dit avoir perdu son ami le plus fidèle, et le prince de Chalais, neveu du prélat, fut fait le lendemain chevalier des ordres.

Chargé de prononcer son oraison funèbre, Frayssinous prit pour texte ce passage des Ecritures : « Il mourut dans une heureuse vieillesse, comblé d'années, de biens et de gloire et Salomon son fils régna en sa place. »

« Il n'est plus cet ancien de l'épiscopat français, s'écria ensuite le brillant orateur... il s'est éteint comme un astre qui dans son parcours n'aurait répandu sur la terre que de bénignes et salutaires clartés. »

M. de Quélen était peut-être Salomon, mais à coup sûr le cardinal de Talleyrand n'avait rien du roi David. D'un aspect vénérable, agréable et réservé dans ses discours, l'archevêque de Paris emportait vraiment dans sa tombe les traditions du clergé d'autrefois. Un attachement sans bornes à son roi, l'amour du trône confondu avec l'amour de Dieu, une notion juste de l'ordre et du bien qui lui avait procuré une sagesse précoce, l'exacte observance des devoirs de sa profession, telles étaient les qualités qui distinguaient ce prélat. Elles lui méritèrent, avant 89, le suffrage de tous les gens de bien, elles auraient pu, en 1815, l'entraîner à des fautes regrettables, si la Providence n'avait suscité le jeune Quélen pour l'assister dans son conseil.

En effet, la révolution que la France venait de subir, devait jeter tous les esprits médiocres dans les opinions extrêmes. Tandis qu'un petit nombre, profitant des leçons de l'expérience, cherchaient à s'éclairer eux-mêmes et à discerner l'avenir, la masse se laissait prendre d'un vertige qui la poussait soit en avant, soit en arrière. M. de Talleyrand-Périgord fut de ces derniers. En politique, on en vit qui furent plus royalistes que le roi, en religion, il y en eut qui voulurent être plus orthodoxes que le pape. C'est ainsi que le grand-aumônier pensa se laisser entraîner à une réaction contre certains membres du clergé qui avaient hautement rétracté leurs erreurs constitutionnelles, et auxquels la cour de Rome avait pardonné.

L'archevêque avait peine aussi à séparer les opinions politiques de la foi religieuse. Fils d'un temps où le trône et l'autel se prêtaient un mutuel appui, et marchaient de concert dans la conduite des affaires humaines, il ne s'aperçut pas que l'autel n'était pas du même bois que le trône, et que là où la foi monarchique avait sombré, la foi religieuse était sortie intacte et plus pure encore de ses ruines.

CHAPITRE XVI

HYACINTHE-LOUIS DE QUÉLEN

Quélin et Beaumont. — L'abbé de Quélin sous l'Empire. — Aumônier de Napoléon à Sainte-Hélène. — Le vieil épiscopat et le jeune clergé. — La Mission des Petits Pères. — Quélen à l'Académie. — Le ministère Martignac. — Le sac de l'Archevêché. — Quélen sous la monarchie de juillet. — Conversion du prince de Talleyrand.

1821-1839

I

Le roi fit remarquer à M. de Quélen qu'il montait sur le siége de Paris au même âge que M. de Beaumont. Le nouveau prélat possédait aussi l'ardeur active et comme fiévreuse qui avait animé le prélat du XVIIIe siècle. Comme le célèbre défenseur des jésuites et adversaire de Rousseau, Quélen était taillé pour les grandes places; plus il s'élevait, plus il semblait en quelque sorte prendre possession de lui-même; comme lui, son penchant le portait toujours vers les vaincus.

Tonsuré à douze ans, et sur sa demande, au moment de la constitution civile du clergé, séminariste pendant la persécution religieuse, vicaire-général du grand-aumônier de l'empire, quand ce personnage tombait en disgrâce, il avait été l'élève, l'ami, le soutien de cet énergique abbé Emery, le seul alors dans toute l'Europe qui résista de front à l'empereur.

Au milieu des conflits ecclésiastiques de 1813, une personne qui n'y prenait aucune part attirait à un haut degré l'intérêt; c'était un jeune homme silencieux, à l'air étrange et un peu sauvage, dont on était forcé de deviner les pensées; on se demandait avec anxiété ce qui se passait dans cette âme de M. de Quélen. Napoléon lui proposait de le placer à la tête d'une Eglise nationale et il refusait; il est vrai que plus tard, quand le conquérant sera à Sainte-Hélène, l'évêque de Samosate, déjà coadjuteur de Paris, demandera instamment à être envoyé en qualité d'aumônier, près de celui qu'il a refusé jadis de servir dans toute sa splendeur.

Drapé dans sa soutane noire, l'abbé, grand, blond avec des yeux profonds un peu à l'ombre sous l'arc proéminent de ses sourcils presque noirs, paraissait, quand il se mettait en marche, descendre d'un piédestal. Ses narines délicates et mobiles semblaient fouillées par un ciseau exquis dans un ivoire transparent. La masse de ses cheveux encadrait un front triste et superbe.

Il exhalait comme un parfum moral de délicate

simplicité, qui faisait son charme. L'âme était douce, l'esprit, fin. La vérité lui apparaissait dans sa splendeur tranquille, il se plongeait dans son ombre et dans sa paix. C'était une vraie rose blanche avec un peu d'incarnat doux; il était supérieur par l'absence des vices et des violences comme la colombe blanche par l'absence des couleurs.

L'Ecriture peint l'homme, dit-on; tandis que les *griffonnis* de Retz ou de Maury sont tourmentés et tortueux, la longue anglaise de Quélen est régulière et comme unie.

A sa vie, il ne manqua rien, dans chaque saison l'arbre eut les sucs nourriciers de la terre. La tempête elle-même, lorsqu'il avait jeté toutes ses racines, vint à son heure l'affermir au lieu de l'ébranler. Il avait accepté l'Empire avec plus de résignation que d'enthousiasme, la Restauration lui ouvrit une carrière nouvelle, celle des affaires et des honneurs. On sait le rôle qu'il joua dans les négociations du concordat. Il porta dans les fonctions de vicaire du cardinal de Périgord, de coadjuteur de l'archevêché de Paris, le même calme dans les actes et dans les pensées.

Homme de cour par la grâce de l'esprit et la distinction des manières, il avait trop de fierté bretonne, d'indépendance désintéressée, de susceptibilité d'humeur pour être courtisan. Cette position enviée n'avait pas de quoi l'attacher.

Le ministre de l'intérieur se rendit un jour auprès

de lui, vers 1820, et le pria de lui désigner un prêtre qu'il pût envoyer auprès de Napoléon, en qualité d'aumônier.

— « Je connais quelqu'un qui acceptera cette mission de grand cœur, lui dit le coadjuteur, et qui, je l'espère, sera favorablement accueilli à Sainte-Hélène. Ecrivez pour le proposer, j'obtiendrai l'agrément du roi, car c'est de moi que je vous parle. »

La mort de M. de Talleyrand ne lui permit pas de donner suite à ce projet.

II

Au moment où monseigneur de Quélen prit le gouvernement du diocèse, les circonstances étaient très-particulièrement difficiles. Parmi les évêques, plusieurs appartenaient au vieux monde aristocratique ; personnages de grand ton, mais dont les regards étaient tournés vers le passé qu'ils regrettaient, non vers le présent qu'ils ne comprenaient guère. Il en résultait entre eux et les gens de la société nouvelle une sorte de confusion des langues qui les laissait toujours étrangers les uns aux autres. D'autres, produits de la période révolutionnaire, avaient prêté le serment de 1790 et s'étaient ensuite rétractés, mais ils n'en demeuraient pas moins suspects.

Quelques-uns tendaient à ressusciter une sorte de gallicanisme mitigé qui avait de plus que l'autre le défaut d'être un anachronisme; beaucoup d'ecclésiastiques de la nouvelle école, s'engageaient à la suite de Lamennais dans les voies d'un système violent qui aboutissait à la pure théocratie. La cour romaine se tenait sagement au-dessus de ces exagérations.

Il y avait de sourdes difficultés entre le vieil épiscopat, le jeune clergé et la papauté.

Né en 1778, le nouvel archevêque de Paris appartenait par son âge au monde et au clergé nouveau, par sa famille, il avait place dans les rangs de la noblesse ancienne. Il n'avait pas contre lui vingt-cinq ans d'émigration; placé au centre des événements, il avait pu les apprécier sainement; pourtant il ne s'était compromis ni avec la Révolution ni avec l'Empire, il avait donc, en arrivant à ce poste éminent, l'immense avantage d'être dépourvu de passé; ce qui avait transpiré de sa conduite discrète et judicieuse dans les nominations des évêques, faisait bien augurer de son avenir.

Malheureusement les ennemis de l'Eglise étaient forts de toute la faiblesse de l'ordre politique et de l'ordre social. La protection d'un gouvernement discuté était moins un appui qu'un péril. La guerre à la religion était déclarée, elle était générale, et sans foi et cruelle. L'impiété révolutionnaire se mêlait au gallicanisme d'ancien régime. Béranger, dont Renan a dit qu'on serait tenté de se faire dévot pour n'être pas complice de sa platitude, rimait son *Dieu des Bonnes gens*, le mythe du béotisme d'esprit. Il faisait ainsi passer le peuple du Dieu du catéchisme à un Dieu de grisettes et de buveurs. C'était une première étape, après laquelle toutes les autres devenaient faciles.

Les journaux publiaient de petits articles où les soi-disant méfaits du clergé étaient relevés, commentés, envenimés ; l'écrivain chargé de cette partie était appelé dans l'intimité le « *rédacteur des articles bêtes*. » Selon les libéraux, dit l'auteur du *Parti libéral sous la Restauration*, un curé est un fonctionnaire tenu de délivrer à ses ouailles, sur le mandat de M. le Maire, tous les sacrements qu'ils requerront, les missionnaires sont des vagabonds dangereux qui entreprennent sur le monopole de la prédication, exercé légalement par les curés, sous la surveillance du commissaire de police, et les Frères de la doctrine chrétienne, des professeurs marrons qui usurpent sur le domaine de l'Université. »

L'opposition en politique se confond avec l'impiété en religion ; on voit les restes des jésuites poursuivis encore après soixante ans par les restes des jansénistes, aux cris de joie des restes des soi-disant philosophes. « L'époque actuelle, écrivait une feuille de la gauche, » sera difficile à expliquer pour nos arrière-neveux ; » il n'est plus question que d'évêques, de curés, de » moines, de couvents, de séminaires. On n'entend » plus retentir que les mots de bulles, de mandements, » de confession, d'indulgence et d'excommunication.

» La controverse théologique est à l'ordre du jour. » Aux Chambres, M. Casimir Périer ou M. Portalis dénoncent les *empiétements du clergé* ou les *menaces de théocratie*. Au palais de justice, M. Dupin cite Pithou sur les libertés gallicanes, et les juges visent dans leurs sentences la déclaration du clergé de 1682. Dans la rue, s'il y a un rassemblement tumultueux, quelque agitation populaire, c'est qu'il s'agit de faire tapage à une mission ou d'introduire de force dans une église, le cadavre d'un acteur mort sans confession.

Le premier objet de la sollicitude de M. de Quélen fut en effet pour lui la cause de ses premières tristesses. Ces missions confiées à des prédicateurs de choix, où les peuples se portaient en foule, étaient une véritable croisade organisée en plein Paris contre l'indifférence. Le christianisme revêtait sa vieille armure et partait en guerre pour combattre le bon combat de la foi, comme aux anciens jours. Il y avait dans cette entreprise un côté apostolique qui séduisait le jeune archevêque, et un côté chevaleresque qui plaisait à ses sentiments bretons.

Commencée dans le plus grand calme, la mission des petits Pères faillit s'achever dans le sang. Tandis qu'on procède à l'office divin, des cris aigus se mêlent aux chants des cantiques, des chansons grossières couvrent la voix des prédicateurs, des pièces de feux d'artifice partent avec grand fracas ; la police s'en mêle et veut expulser les perturbateurs, mais elle demeure impuissante ; les coups succèdent aux cris et les prêtres sont traités par l'émeute avec une telle violence, que l'un d'eux, l'abbé du Mesnildot, pense y perdre la vie.

Les explosions de poudre fulminante dans l'intérieur des églises étaient devenues l'un des procédés habituels des agitateurs. L'abbé Bossu, curé de Saint-Eustache, prêtre fort vénérable, avait pris le parti de se faire tirer des pétards dans son appartement, afin de s'accoutumer à ce bruit, et de ne pas tressaillir quand il serait surpris au banc d'œuvre ou à l'autel par quelque détonation de ce genre.

L'archevêque voulut payer de sa personne ; non content d'assister aux exercices de la mission, il monta en chaire à Notre-Dame des Victoires. Il se plaignit, sans amertume, des contradictions et des insultes qu'avaient eu à souffrir les missionnaires et déclara qu'il saurait ainsi qu'eux, se souvenir de l'exemple du Sauveur.

La force armée permit aux missionnaires de se faire entendre, mais Quélen savait désormais à quoi s'en tenir sur le rôle qui lui était réservé, sur les moyens employés par ses adversaires.

Dans tout le cours de la Restauration, le prélat prit peu ou plutôt point de part aux luttes stériles des partis. Pour la politique, il n'avait aucun goût, et traitait, dans le fond de son âme, ces questions humaines de toute la hauteur de son caractère sacré. Membre de la chambre des pairs, il ne prit la parole qu'une seule fois, dans la discussion sur le projet de conversion des rentes.

Il parla contre la loi, et ne combattit la conversion ni du côté politique, ni sous le rapport financier, ni avec le faux-fuyant de l'inopportunité, il le fit du point de vue qui lui appartenait, celui de la pitié pour les faibles qu'il voyait menacés. Il défendit les petits rentiers comme il eût défendu les pauvres :

« En réclamant pour la classe qui souffre, ajouta-t-il ensuite, je suis loin de rester indifférent aux intérêts des autres qui sont plus aisées ; d'autant moins, que s'il y a des malheureux qui sont frappés par la diminution de ce qu'ils possèdent, il en est d'autres qui sont atteints par le retranchement, au moins momentané, que vont subir les riches, d'un superflu qui tournerait au profit de la charité. On nous a dit avec esprit que la réduction des rentes ne ferait fermer ni un théâtre, ni une guinguette : cela est possible ; et il est possible aussi qu'un grand nombre de ceux dont je plaide la cause ne connaissent ni l'un ni l'autre. Ne pourrait-on pas demander, peut-être avec plus d'assurance, si la loi ne ferait pas fermer plus d'une bourse encore ouverte aux pauvres, et si le cinquième des aumônes ne diminuera pas en proportion du cinquième des rentes. »

Ce discours, et celui que l'archevêque de Paris prononça devant l'Académie, quand ce corps l'appela dans son sein, sont les deux excursions les plus connues que se permit Quélen, hors du domaine purement religieux. Encore ce dernier morceau a-t-il pour sujet l'*alliance de la religion avec les lettres, les sciences et les arts.*

« L'Académie française, dit le successeur du prélat, le comte Molé, voulut asseoir dans ses rangs un des derniers dépositaires de ce sentiment des convenances, qui se traduit dans le langage par une simplicité et un naturel dont on s'écarte davantage tous les jours. Son style élégant, animé, le respect de la langue, la constante modération de l'expression, sa pureté, sa franchise, rappelaient une autre époque que la nôtre. »

La haine de toute exagération dans la forme comme dans le fond, était à la vérité un trait distinctif de l'archevêque. C'est ainsi qu'il donnait dans son discours de réception, des éloges mérités à Châteaubriand, bien que l'illustre écrivain ne siégeât pas sur les bancs des amis de la cour.

L'entourage du roi lui en voulut beaucoup de cette petite manifestation ; mais il en recueillit dans la capitale une sorte de popularité. Elle ne durà pas longtemps. L'affaire des Jésuites le rendit odieux aux ennemis de l'Eglise, et le laissa en froid avec le ministère.

Dès les premiers jours de 1828, le cabinet Martignac avait formé une commission chargée de faire un rapport sur les écoles secondaires ecclésiastiques. Deux questions lui étaient soumises : l'une relative aux maisons des Jésuites, dont on poursuivait la fermeture; l'autre, aux petits séminaires, auxquels on voulait imposer des conditions restrictives de la liberté d'enseignement. M. de Quélen fut nommé président de cette commission et eut dès le premier jour, l'influence la plus positive et la plus directe sur une partie de ses membres. Elle se réunit deux fois par semaine, tantôt au Louvre, tantôt à l'archevêché, se mit en relation directe avec les évêques; et la majorité s'étant enfin déclarée pour une opinion conservatrice, grâce à l'habileté avec laquelle M. de Quélen avait dirigé les délibérations, un rapport favorable en tous points à l'existence des Jésuites, dans les diocèses où ils étaient établis, et à la liberté d'enseignement dans les petits séminaires, fut adopté par cinq voix contre quatre et remis au ministre. Malheureusement le ministère n'adopta pas les conclusions de cette commission, et les transactions qu'elle proposait. On fit paraître les ordonnances qui expulsaient les membres de la Compagnie de Jésus, et limitaient le nombre des élèves de petits séminaires.

La veille du jour où parurent ces ordonnances, M. de Quélen s'était rendu auprès de Charles X, pour le supplier de n'y pas donner son adhésion. Quand elles furent publiées, l'archevêque ne se tint pas pour battu : il réunit tous les prélats français, fit rédiger et signer une protestation générale, et si la résistance de l'épiscopat tout entier ne suffit pas à faire rapporter les ordonnances, on les exécuta du moins de manière à en rendre les dispositions moins funestes.

Au mois d'août 1829, Quélen refusa le portefeuille des affaires ecclésiastiques qui lui avait été offert dans le ministère Polignac; nous l'avons dit, il était opposé par nature à toute réaction, à toute mesure violente.

Quelques jours avant la chute de la monarchie, un *Te Deum* solennel fut chanté à Notre-Dame, en présence du roi et des corps constitués, à l'occasion de la prise d'Alger. Le prélat, selon le cérémonial accoutumé, présentant au monarque l'eau bénite et l'encens, termina ainsi son discours :

« Ainsi le Dieu tout-puissant aide au Roi très-chrétien qui réclame son assistance. Sa main est avec vous, Sire, que votre grande âme s'affermisse de plus en plus. Puisse V. M. en recevoir bientôt encore une nouvelle récompense! Puisse-t-elle bientôt venir encore remercier le Seigneur d'autres merveilles non moins douces et non moins éclatantes! »

On a voulu voir dans ces paroles qui ne s'appliquaient qu'aux affaires d'Afrique, la cause du sac de l'archevêché; il paraît difficile, avec la meilleure perfidie du monde, de croire un seul instant qu'elles y puissent être pour quelque chose.

En voyant publier les ordonnances de juillet, l'archevêque ne put s'empêcher de dire :

— Tout cela est bon sur le papier, mais tenons bien nos têtes.

Le lendemain, la révolution était faite, Quélen était à Conflans, tandis qu'une foule avinée se portait sur l'archevêché.

« Monseigneur n'y est pas, » dit l'un des concierges aux factieux ; et comme ils hésitaient, « je vous assure qu'il n'y est pas, » ajouta-t-il.

— N'importe, nous voulons entrer ; il y a des calotins de sa suite, ils payeront pour lui.

— Il n'y a pas un seul ecclésiastique à l'archevêché.

Ils se consultèrent et s'en allèrent, annonçant qu'ils reviendraient le lendemain.

Le lendemain, une troupe nombreuse vint pour chercher dans les caves, les quatre mille fusils et les jésuites qu'on y avait cachés. Le suisse affirme que le palais ne renferme pas plus de fusils que de jésuites.

Ils sont là aux environs de deux mille, qui se précipitent dans les caves, défoncent les tonneaux de vins et se grisent abominablement sous prétexte de chercher des armes et des prêtres. Ce préalable terminé, ils montent au rez-de-chaussée et au premier, vident les caisses dans leurs poches, et les bibliothèques dans la rivière.

Le palais archiépiscopal était, depuis la révolution, richement meublé aux frais de la ville de Paris, par ordre de Napoléon, qui l'avait destiné au Souverain-Pontife, durant son séjour à Paris. Boiseries anciennes, meubles précieux, peintures et dorures, tentures des murailles, marbres des cheminées, lustres, glaces, tableaux, tout fut déchiré, brisé, brûlé et jeté dans la Seine.

L'argenterie, propriété de la ville de Paris, fut volée, l'autel de la chapelle, démoli, et de la cave au grenier, tout fut mis en pièces, jusqu'à la loge du concierge, qui eut à peine la ressource de bivouaquer sur les ruines de son lit.

En quelques heures, on dévasta tout, tout jusqu'au poële, jusqu'à la presse à sceller, jusqu'aux fenêtres. Mais le malheur irréparable de ce sac de l'archevêché, fut la destruction de tous les titres du diocèse, des anciennes archives qui avaient échappé au désastre de la première révolution. En vain des gardes nationaux sont envoyés, ils ne peuvent se rendre maîtres de la situation.

Qu'on se figure une fourmilière d'hommes de tout âge, de toute condition, d'enfants même, de femmes, circulant dans les cours, les appartements, les jardins; pas de coin si retiré, pas de réduit si obscur, qui ne fût fouillé avec soin et dépouillé. A coups de fusil on ouvrait les portes, à coups de hache on enfonçait les armoires.

Une communication existait entre l'archevêché et la salle du trésor de la métropole, on n'y arrivait qu'en traversant l'église. On pénétra ainsi dans la sacristie du chapitre, et on parvint jusqu'au trésor, qui renfermait les objets les plus précieux.

Portraits des évêques et des archevêques, magnifiques ornements sacerdotaux sur lesquels des vies entières d'ouvriers s'étaient consumées, croix processionnelles datant de l'époque romaine, de la période gothique et de la renaissance, lampes d'or et d'argent, candélabres en fer forgé et ciselé, reliques lentement amassées pendant des siècles : tout fut dispersé et de ce qui resta, rien ne fut laissé non-seulement intact, mais même en état de servir. On brisa pour voler, on mit dans ses poches des morceaux de ciboire, les femmes décousaient les franges, les galons des chapes et les broderies des aubes. Ces ornements du culte que l'impiété brutale avait, en 93, traînés dans les rues de Paris, et déposés sur la tribune de la convention, le vol honteux les dérobait quarante ans plus tard, dans le silence.

A l'archevêché, la dévastation continuait : une chaîne avait été établie pour porter jusqu'à la rivière tout ce qui tombait par les fenêtres, et quand les objets arrivaient brisés sur le bord du fleuve, on les y précipitait, ou on les jetait dans un grand feu, autour duquel veillaient des hommes armés, chargés, on ne sait par qui, d'empêcher qu'on retirât des flammes quoi que ce fût, et pour quelque motif que ce fût.

On parvint dans la nuit à leur faire évacuer le palais, désormais inhabitable. Sans compter les vols commis en nature et une somme de 300,000 francs, propriété personnelle de M. de Quélen, qui avait été enlevée à l'archevêché, le produit de la quête pour le paiement de la châsse de saint Vincent de Paul, les fonds de la caisse des prêtres âgés et infirmes, les fonds du grand et du petit séminaire, les fonds du secrétariat et divers dépôts pour des destinations pieuses, furent également dérobés.

On sait que plus tard l'archevêché, dont la reconstruction était commencée, fut définitivement démoli par le peuple, et cela en cinq heures, malgré la bonne volonté de la garde nationale, à qui M. Thiers avait dit de ne pas se commettre avec le peuple.

Parmi les objets de valeur que renfermait le palais, se trouvait un christ en ivoire, chef-d'œuvre de sculpture anatomique, donné par Louis XIV à Mme de la Vallière, lors de sa profession, trouvé en 1791 au couvent des Carmélites, lors de la suppression des monastères, et que Napoléon, en 1809, avait retiré du Garde-Meuble, pour le placer dans la chambre à coucher du pape. Ce christ, frappé de deux coups d'un instrument tranchant fut porté à l'Hôtel-Dieu par deux hommes du peuple, qui venaient de contribuer aux dévastations, et qui, après l'avoir déposé, se mirent à genoux et l'embrassèrent en disant :

— *Mon Dieu! je vous aime.*

La statue de la sainte Vierge, en argent, donnée par Charles X à Notre-Dame, fut jetée par la fenêtre sur le pavé, le piédestal fut brisé, les trente-trois marcs d'argent qui composaient les ornements, furent volés ainsi que les pieds et le socle bruni de la statue. Les porteurs qui déposèrent à l'Hôtel-Dieu cette Vierge ainsi mutilée, dirent en entrant :

— Tenez, voilà notre bonne Mère que nous vous apportons.

Durant ces scènes, M. de Quélen attendait à Conflans les nouvelles des événements. Après avoir anéanti sa maison, les factieux songèrent au pasteur, et il eût été massacré sans doute, si la Providence ne lui avait offert, en la personne d'un homme courageux et charitable, un miraculeux secours.

Le 28 juillet, M. Caillard, médecin de l'archevêque, arrive à Conflans. Il trouve Monseigneur déjeunant avec ses grands-vicaires.

— Un couvert pour M. Caillard, dit le prélat.

— Monseigneur, il ne s'agit pas de déjeuner, mais de vous sauver et sur-le-champ. Voici ce que j'ai entendu à l'Hôtel-Dieu : « On veut vous tuer, on vous cherche, et comme on sait le chemin de Conflans, on y sera peut-être bientôt. »

M. de Quélen ne peut ni croire au danger, ni consentir à se sauver.

— Monseigneur, je vous le répète, déguisez-vous bien vite, et sauvez-vous.

— Et où voulez-vous que j'aille ? Dans les circonstances périlleuses, le pasteur doit rester au milieu de son troupeau.

— Monseigneur, je n'osais vous le dire, mais c'est le

parti le plus digne de vous et le plus sûr. Venez à l'Hôtel-Dieu, je vous cacherai, moi.

Mais M. de Quélen ne voulait pas quitter son grand-vicaire, l'abbé Desjardins. On insista vainement, en lui représentant que celui-ci ne courait aucun danger.

— Tenez, dit M. Caillard au maire de Conflans, c'est inutile, je connais M. l'archevêque, c'est un Breton, nous n'y gagnerons rien; il faut les mettre tous deux dans une voiture, et les faire partir.

M. l'archevêque et M. l'abbé Desjardins quittèrent leurs soutanes pour revêtir des redingotes noires, de forme ecclésiastique; on les fit monter dans une calèche de voyage, sans armoiries, et ils prirent le chemin de Paris par le nouveau pont sur la Seine, et la barrière de la Gare.

Arrivés à la Verrerie, ils furent entourés par une troupe d'hommes armés, qui ouvrirent la portière, et croisèrent la baïonnette sur la poitrine de M. l'archevêque en disant :

— Ce sont des curés, c'est vous qui êtes cause de tout ceci....

— Cause de quoi? On n'est pas cause de ce qu'on ignore. Qu'est-ce qu'il y a? Vous voyez bien que nous arrivons à Paris.

— Vive la charte! criaient-ils tous.

— Eh bien! vive la charte, répéta l'archevêque.

— Il ne crie pas de bon cœur, dit l'un d'eux, il faut le fusiller.

— Vous voyez bien que nous n'avons aucune raison de nous sauver, puisque nous rentrons à Paris. Nous allons à l'Hôtel-Dieu, il y a des blessés à qui nous pourrons être utiles.

— Cela n'est pas vrai.

— Je vous assure que nous allons à l'Hôtel-Dieu.

— Eh bien! allez au diable, si vous voulez, répliqua le même individu en refermant brusquement la portière, brusquerie apparente, qui parut au prélat cacher une intention bienveillante.

La voiture passa.

Il y avait à Paris un jeune homme qui disait :

— J'ai deux pistolets; je veux savoir si un disciple de Jésus meurt avec le même sang-froid qu'un disciple de Saint-Simon. Je lui tirerai un coup de pistolet et je me tuerai avec l'autre.

M. Caillard, auquel le mot fut rapporté, alla trouver l'archevêque, arrivé depuis quelques heures à la Salpêtrière.

— Monseigneur, vous n'êtes pas bien ici, vous serez découvert; venez chez M. Serres, il est très-connu pour ses opinions libérales, on n'ira pas vous chercher chez lui.

M. Serres qui avait eu précédemment quelques rapports avec le prélat, acceptait généreusement cette confiance périlleuse. Les deux amis allèrent donc à la Salpêtrière, entre neuf et dix heures du soir, pour emmener M. l'archevêque et son grand-vicaire. Les prêtres de la maison insistaient beaucoup pour les garder ; quoiqu'il fût nuit, les pauvres remplissaient les cours, et les vieilles femmes étaient rangées en haie sur le passage de Monseigneur, pour recevoir encore une fois sa bénédiction. M. Caillard les renvoyait en vain, elles se cachaient derrière les charmilles, et reparaissaient dès qu'il s'était éloigné.

Le prélat sortit enfin, au bras de M. Serres, dont il avait pris l'habit, et ils se dirigèrent vers la Pitié, où habitait son nouveau protecteur.

Au coin de la rue du Jardin des Plantes, ils rencontrèrent deux hommes qui les regardèrent avec curiosité.

— C'est M. Serres, dit l'un, et ils passèrent leur chemin.

M. l'archevêque resta chez M. Serres trois jours, traité par lui avec tous les égards dus à son caractère, à sa dignité, à sa cruelle position.

Mais on apprit bientôt que son séjour était connu, et l'on résolut de le faire passer chez les religieuses de l'hospice, en perçant une cloison qui sépare leur demeure de celle de M. Serres. Cette opération fut faite la nuit très-secrètement, le trou, rebouché et masqué par une armoire.

Ces bonnes religieuses cachèrent le prélat et son vicaire, dans un souterrain étroit, humide et froid, avec une cruche d'eau et une bouteille de vin ; ils y passèrent une très-mauvaise nuit, mais ce nouvel asile était trop rapproché du premier, et MM. Serres et Caillard cherchaient le moyen de faire évader l'archevêque, quand ils virent arriver M. Geoffroy Saint-Hilaire, parlant tout seul et gesticulant :

— Qu'avez-vous donc, monsieur Geoffroy ? vous paraissez furieux.

— Oui, je suis furieux ; croiriez-vous que je viens d'entendre des gens qui disaient tranquillement : On dit que l'archevêque est caché dans Paris, mais on a tort de le recevoir chez soi ; c'est une tête qu'il faut rouler au peuple, pour empêcher qu'il n'en demande d'autres. Peut-on entendre cela de sang-froid ? Eh bien ! moi, je ne suis pas dévot, je ne connais pas l'archevêque, mais je le cacherais chez moi, s'il se présentait ; oui, je le cacherais.

— J'ai votre affaire ; l'archevêque a passé deux jours chez M. Serres, mais il n'y est plus en sûreté ; voyez, réfléchissez, voulez-vous le prendre chez vous ?

— Je ne m'en dédis pas.

Le soir, au clair de la lune, M. de Quélen traversa le Jardin des Plantes, et se rendit chez M. Geoffroy Saint-Hilaire.

— Tâchez de tenir la chose secrète un jour ou deux, lui dit M. Caillard, pendant ce temps-là, je chercherai un autre asile pour Monseigneur. Dites que c'est un ami malade qui vient à Paris pour se faire soigner, et qu'il est forcé de garder la chambre.

— Mais, ma femme ne sait rien, il faut que je la prévienne; je crois qu'elle ne connaît pas M. l'archevêque.

A peine madame Geoffroy fut-elle entrée, qu'elle s'écria, immobile, et joignant les mains :

— Ah! mon Dieu! Monseigneur l'archevêque de Paris!

Le 2 août, tandis que madame la duchesse d'Orléans visitait à l'Hôtel-Dieu les blessés de juillet, M. Caillard lui glissa un petit billet ainsi conçu :

« Madame la duchesse d'Orléans est suppliée d'accorder une sauvegarde à M. l'archevêque de Paris, dont les jours sont en danger. »

Dès le lendemain des ordres furent donnés pour changer les postes qui avoisinaient le Jardin des Plantes et prendre toutes les mesures propres à répondre de la vie du premier pasteur du diocèse.

La fureur révolutionnaire ne s'apaisa point cependant. Par une coincidence ironique, la commission des récompenses aux « Héros de juillet » avait établi ses bureaux à l'archevêché. On affichait dans les rues des placards tels que celui-ci :

« Peuple, la commission chargée de réparer les désastres causés dans les journées de juillet accorde une indemnité de 200,000 francs à M. l'archevêque de Paris. Le pauvre homme! c'est sans doute pour le dédommager de la perte des poignards et des barils de poudre trouvés dans son palais. »

Or, si les barils de poudre étaient une grotesque invention, l'indemnité, de son côté, était une pure chimère. Quelques mois plus tard, au moment où le calme semblait rétabli, un service célébré à Saint-Germain l'Auxerrois, à l'anniversaire de l'assassinat du duc de Berry, fournit un nouveau prétexte à l'émeute. Un mandat d'arrêt fut même lancé contre M. de Quélen par le préfet de police. On fit une visite domiciliaire au couvent des dames Saint-Michel, rue Saint-Jacques, où s'était retiré l'archevêque, et pendant qu'on y procédait, le comte de Bastard, pair de France, se présenta, disant qu'il venait prévenir l'archevêque du mandat d'amener décerné contre lui, et lui dire de se sauver. On n'osa pas l'arrêter.

III

On a beaucoup reproché à Mgr de Quélen l'attitude qu'il adopta vis-à-vis du gouvernement de Louis-Philippe; on a été jusqu'à dire que la religion a souffert de l'abstention qu'il a pratiquée envers la nouvelle cour. On oublie trop qu'une monarchie dont l'origine était liée au sac de son palais, au nom de laquelle des factieux avaient menacé ses jours, ne pouvait pas sembler bien séduisante à l'archevêque. Les mandats d'amener, les confiscations du terrain de l'archevêché, n'étaient pas faits pour le rallier. De plus, sans parler des opinions personnelles du prélat, de celles de ses amis et de sa famille, M. de Quélen devait tout à la royauté légitime. C'est elle, qui d'un vicaire du cardinal Fesch avait fait un archevêque de Paris, académicien, pair de France; non-seulement il était naturel de ne la pas abandonner dans sa chute, mais il eût été ingrat à Quélen d'oublier ce qu'il en avait reçu. Il avait combattu la Restauration en maintes circonstances, mais il savait bien qu'au fond, ce gouvernement était profondément religieux; l'ordre de choses nouveau apparaissait au contraire soutenu, prôné par les libéraux en politique, les mêmes qui étaient voltairiens en religion.

D'ailleurs Quélen aimait les Bourbons avec une passion infinie, en eux était toute l'espérance de son bonheur humain ; placé, en 1830, entre les impressions navrantes du passé, les sombres préoccupations du futur, il entrevit un avenir de solitude et de renoncement, et l'accepta.

Il usa d'une modération excessive dans le gouvernement du diocèse, et ne permit pas que ses convictions fussent exploitées par aucun parti, même par le sien. Nous n'en voulons pour preuve que la lettre circulaire adressée aux curés de son diocèse à l'occasion de la mort du roi Charles X.

Confidentielle. « On est venu me demander, écrivait-il, on viendra sans doute demander à MM. les curés de permettre dans leurs paroisses des services solennels pour le repos de l'âme du roi défunt. Au moment où j'écrivais cette lettre, j'ai appris qu'ils avaient été appelés chez le ministre des cultes, chacun en particulier, pour être prévenus par lui de la réserve avec laquelle ils devraient accueillir, pendant quelque temps, toute demande de service, même en faveur de leurs paroissiens, afin d'éviter toute surprise.

» Vous comprendrez sans peine, Monsieur le curé, combien la position présente exige de ménagements, de convenance et de délicatesse. La politique, *à laquelle le clergé doit demeurer complétement étranger*, pourrait aussi s'alarmer, et prendre ombrage d'hommages publics rendus sans le concours du gouvernement.

» Ces considérations pourront vous servir à persuader aux personnes qui demanderaient des services solennels pour le roi Charles X, de ne pas persévérer dans leurs instances. J'aime à croire qu'il n'en est pas une seule, qui ne se rende à votre voix, quand vous ferez d'ailleurs connaître que vous n'êtes que l'organe du premier pasteur qui supplie que l'on épargne à son diocèse de nouvelles catastrophes, ou seulement de nouvelles alarmes. »

Si les vicissitudes humaines purent briser le cœur de ce pasteur, elles ne purent l'abaisser. Il n'était pas remis de ses émotions, qu'il écrivait aux religieuses de sa capitale (17 septembre 1830) :

« Ma très-chère sœur, voilà l'hiver; nos pauvres doivent se sentir plus que d'autres de la révolution et cependant la charité ne doit pas ressentir les influences du temps, parce qu'elle vient de l'éternité. Vous ferez le partage comme autrefois, je n'exclus personne, au contraire, je vous recommande de rechercher ceux qui m'ont fait ou voulu du mal, afin de les assister les premiers, s'ils sont dans un besoin plus extrême que les autres, et si vous découvrez quelques grandes misères auxquelles je puisse remédier, faites-le moi connaître, je chercherai le moyen de me venger en faisant du bien. »

Tandis que, rappelant les siècles où le *Mal des ardents* et la *Peste noire* tordaient les entrailles aux habitants de la cité, le choléra de 1832 sévit à Paris, le prélat réclama ses droits de premier *argentier* des malheureux, de premier *hospitalier* des malades. L'avenir, dit Molé, n'oubliera pas cet archevêque de Paris, sortant de la retraite où la violence et la persécution l'avaient forcé de se renfermer, pour solliciter la charité des fidèles.

Les asiles manquaient aux malades et aux mourants; il offre d'abord son château de Conflans que fort heureusement l'émeute n'a pas détruit en entier comme l'archevêché, et les cholériques y reçoivent les soins les plus affectueux. Il offre ensuite le séminaire de Saint-Sulpice, celui du Saint-Esprit, toutes les maisons religieuses, transformées à sa demande en vastes infirmeries.

Lui-même, au mépris de sa vie, s'installe à l'Hôtel-Dieu au milieu des malades et des mourants entassés par la contagion. On le voit transporter des cholériques dans ses bras et si l'un d'eux, qu'il bénissait, lui crie :

— Retirez-vous de moi, je suis un des pillards de l'archevêché !

— Mon frère, répond Quélen, c'est une raison de plus pour moi de me réconcilier avec vous et de vous réconcilier avec Dieu.

Le peuple put alors deviner les trésors que recélait le cœur du saint archevêque et qu'il répandait avec profusion sur ceux-là mêmes qui s'étaient faits depuis deux ans ses bourreaux.

Ceci n'empêchait pas la calomnie de s'attaquer à lui ; des publications innommées contestaient sa légitimité et sa descendance. Paganel, Ortéga, Grégoire, Châtel, tous les mauvais prêtres, tous les scandaleux, lui déclarèrent la guerre. Nous passons le plus illustre, dont la chute fit d'autant plus de bruit, qu'elle était plus lourde et qu'il tombait de plus haut.

M. de la Mennais fit paraître ses *Lettres à l'archevêque de Paris,* et voulut engager une controverse dans laquelle il avait mis par avance tous les torts de son côté. Ironie amère, conseils pleins de fierté, et presque de dédain, persévérance à soutenir des opinions condamnées par l'épiscopat tout entier, voilà à quoi se réduisait un factum dans lequel la mauvaise foi la plus évidente le disputait à une formelle insubordination.

M. de Quélen ne répondit que tard, au moment où les égarements du prêtre le précipitèrent dans l'abîme.

Ortéga, dans un mémoire injurieux qui avait pour

titre : « Infaillibilité de l'archevêque de Paris, inhumanité, despotisme, hypocrisie et injustice de ce prélat, » traitait Quélen d'archevêque *furibond et impitoyable.* « Français et généreux Parisiens, disait-il, voyez au milieu de vous un malheureux Espagnol, un pauvre prêtre proscrit par d'autres prêtres, et réduit aux dernières extrémités de la misère par cet orgueilleux archevêque.

» Il faut rendre justice à un petit nombre de prêtres tolérants qui méritent un grand respect, parmi lesquels des Lacombe et des *Grégoire,* et pourtant on a vu l'archevêque de Paris, s'acharner contre ce respectable vieillard.... Cependant je *m'honore* d'avoir communiqué avec cet excommunié qui me favorisait de sa compagnie avant sa maladie, etc. »

Grégoire, en effet, était gravement malade, et sa mort dans l'excommunication allait passionner l'opinion. Cet évêque constitutionnel de Loir-et-Cher qui s'était si vivement opposé au concordat de 1801, allait rendre compte à Dieu. La conduite de l'autorité ecclésiastique ne pouvait être douteuse : schismatique par le fait de son serment à la constitution civile du clergé, et par son attachement à des principes réprouvés par l'Eglise, M. Grégoire ne pouvait être admis aux sacrements. Comme il était facile de prévoir cependant que ce refus soulèverait une violente opposition, l'archevêque, par une circulaire à son clergé, le fit juge des faits.

M. de Quélen écrivit en même temps à Grégoire une

lettre pleine d'une affectueuse onction ; elle débutait ainsi :

« Au sein de la retraite d'où je voudrais sortir pour aller vous tendre la main, sur le penchant de l'éternel abîme, au pied des autels où je viens d'offrir pour vous le saint Sacrifice, je me sens pressé d'ouvrir mon cœur à un frère, d'autant plus malheureux et plus à plaindre, qu'il ne paraît pas comprendre le danger où il se trouve, et je demande à Dieu de lui laisser voir le désir ardent qui me possède pour son salut.

» Les âmes les plus ferventes de mon diocèse, sont en ce moment en prières, et ne cesseront de fatiguer le Ciel jusqu'à votre dernier soupir, afin d'obtenir pour vous cette grande miséricorde.... Priez donc avec nous, en toute humilité, mon cher frère, et vous verrez se dissiper les nuages, qui jusqu'à cette dernière heure, vous dérobent la vérité. »

Voici maintenant le ton de la réponse de Grégoire :

« M. l'archevêque, me tendre la main quand vous me croyez sur le penchant de l'éternel abîme, est un acte de charité qui mérite toute ma reconnaissance. Depuis la mort de messieurs de Belloy, Maury et Emery, je n'étais plus habitué à recevoir de communications directes de l'archevêché de Paris.... »

Il y avait deux pages sur ce mode narquois. Grégoire mourait quelques jours après.

Ce n'était pas la seule peine au cœur de M. de Quélen ; en face de la secte saint-simonienne qui s'étalait tout à son aise, l'abbé Châtel, se faisait le chef de l'*Eglise catholique française*, réunion aussi impie qu'immorale, et dont les sacriléges ne purent être arrêtés malgré les démarches de l'archevêque, malgré ses supplications au prêtre apostat.

Le temps n'était plus où la voix du prélat était écoutée; on passa outre, quand il protesta contre la cession des terrains de l'archevêché à la ville de Paris.

« Nous demandons, disait-il, qu'il nous soit donné de rentrer en possession paisible du sol sur lequel nos prédécesseurs avaient élevé, à côté de la demeure de Dieu et de celle des malades, l'habitation de l'évêque, du père et du consolateur des pauvres, et qu'il nous soit libre, avec les modifications, les alignements que l'utilité publique, que les convenances même exigent, et que nous ne repoussons pas, de réédifier, au moyen des secours de la charité, s'il n'est pas possible autrement, la nouvelle *maison commune* du clergé et des fidèles de Paris. Battu par la tempête, nous implorons la faculté de construire, sur le rivage témoin de nos infortunes, un toit de refuge auprès des saints autels de notre métropole. Pasteur, puissions-nous y dresser une tente qui couvre du moins les traces d'un ravage dont nous voudrions effacer jusqu'au souvenir! »

Une grande consolation au milieu de tant d'amertumes, était réservée au cœur de l'archevêque de Paris. Son vénérable prédécesseur lui avait tout particulièrement recommandé en mourant la conversion de son neveu le prince de Talleyrand. Les touchantes inventions de la charité de Quélen, ses exhortations et sa correspondance, déterminèrent le célèbre diplomate à réparer par un acte authentique un scandale de plus de quarante années.

Des lettres nombreuses parvenaient à l'hôtel de la rue Saint-Florentin, où des inconnus suppliaient l'ancien ministre de rentrer dans le sein de l'Eglise.

— J'ai des amis parmi les bonnes âmes, disait en souriant M. de Talleyrand. — Cette conversion tenait tellement à cœur à Monseigneur de Paris, qu'il s'écria un jour :

— Je donnerais ma vie pour lui.

— Il a un bien plus bel usage à en faire, répondit le héros du congrès de Vienne, à qui ce mot fut rapporté.

Le pressentiment de sa fin ne laissait pas de préoccuper Talleyrand. Il terminait ainsi un discours à la séance générale de l'Institut :

« Quel spectacle, messieurs, plus capable de porter » dans l'âme le sentiment du bonheur que celui que » nous présentent la religion, les lettres, les sciences » et les arts se prêtant un mutuel appui et se fortifiant » de toute leur puissance ? La religion enflammant le » génie par ses inspirations célestes et en réglant » l'emploi par ses invariables préceptes, donnant les » pensées sublimes et modérant l'enthousiasme; éle- » vant l'âme jusqu'aux plus hautes conceptions et la

» guidant pour l'empêcher de s'égarer dans l'usage des » plus nobles facultés de son intelligence. »

Mais, selon son habitude, la pensée qui préoccupait le plus le prince de Bénévent, était toujours celle dont il parlait le moins. Quelques mois avant sa mort, l'archevêque de Paris lui adressa un modèle de rétractation solennelle de son serment de 1790. C'était toute l'œuvre révolutionnaire condamnée par son plus illustre adhérent.

Le 17 mai 1838, MM. Molé, de Barante, Royer-Collard et le prince de Poix attendaient dans le salon contigu à la chambre du prince.

— Il a toujours été l'homme de la pacification : il ne refusera pas de faire sa paix avec Dieu avant de mourir, disait Royer-Collard.

— Je ne le refuse pas, cria Talleyrand de son lit, je ne le refuse pas ! et il apposa au bas d'une lettre contenant le formel désaveu de sa conduite, sa longue signature : *Charles-Maurice prince de Talleyrand.*

Ce grand retour dont tout l'honneur revenait à M. de Quélen, le combla de joie ; c'était comme le couronnement de son œuvre, et il ne devait pas tarder à suivre hors de ce monde, cette ouaille illustre ramenée par ses soins.

IV

Homme tel que le présent n'en prépare plus pour l'avenir, dit en parlant de Quélen, son successeur a l'académie, ce fut un des anneaux de cette chaîne apostolique, qui commence aux disciples du Christ, un de ces évêques, qui, se donnant la main à travers les âges, continuent la tradition chrétienne. Né à une époque où la mître des évêques devient à Paris une couronne d'épines, et leur crosse, le roseau du prétoire, aucune douleur ne lui a manqué. Il a reçu dans sa personne et dans son saint office, autant d'outrages qu'il en a été fait à tous les martyrs. Il a vu sa demeure détruite, son église souillée, les monuments de son siége épiscopal jetés aux flots de la Seine, et puis il s'est vu lui-même insulté, diffamé, calomnié, son nom a été crié dans les places publiques avec des récits infâmes. Il a su, il a vu, il a entendu tout ce qui a été inventé contre sa bonne renommée de saint et de digne prêtre, c'est un supplice nouveau qui convient aux temps comme le nôtre, où l'on tue autant par le libelle que par le fer.

Il le comprenait bien quand il disait : L'épiscopat c'est l'œuvre, non l'honneur ; le travail, non les délices ; mais il ajoutait : Une marque de grand courage est la douceur, la douceur généreuse, virile et grandement sublime. Il ne l'oublia pas plus dans la première partie de son gouvernement, de 1821 à 1830, que dans la seconde, de 1830 à 1839. Le Quélen de 1820, doué de l'aimable autorité des grandes manières, d'une grâce légèrement féminine, et de cette physionomie doucement animée par l'inspiration, qui se montrait volontiers souriante avant d'être attristée par les déboires de la vie, est le même que le Quélen de 1835, sur qui la violence des temps, non moins que leur malheur, s'est appesantie, et qui ne se peut défendre d'une sorte de mélancolie produite par tant de douloureux souvenirs.

Dans le palais archiépiscopal, comme dans le couvent des dames Saint-Michel, cette voix mélodieuse dont aucun contemporain n'a oublié le timbre enchanteur, demeura la même. En montant le petit escalier de ce couvent, il disait :

— C'est la voie étroite, mais j'espère qu'elle sera pour moi l'échelle de Jacob.

Son caractère tenait plus de la tendresse que de la passion militante, et pourtant il fut plus énergique que résigné, et sut mettre au premier rang de ses devoirs ceux qui demandaient toute son activité, tout son courage. Sa conduite politique, exempte de tout reproche, et où de grands sacrifices forcent à l'admiration, lui fit cependant plus d'ennemis que d'amis. Il souffrit des conséquences de ses qualités mêmes.

Ce fut le dernier prélat d'ancien régime, mais élevé

dans des temps d'orage, il en avait conservé l'émotion. Au contraire, dans le cardinal de Périgord respiraient un calme et une dignité, qui imposaient et attiraient à la fois, et où semblaient se confondre cette haute et pleine confiance qui avait accompagné les débuts de sa vie, et la résignation avec laquelle il avait supporté de longs malheurs.

Pour l'un et l'autre, il est vrai que les dignités de l'Eglise ne seront plus portées de la même manière; on ne verra plus ce mélange imposant d'aménité et de grandeur, de sainteté et de haut savoir-vivre, de simplicité et de charité évangélique avec les habitudes natives d'une illustre origine.

Il fallait la mort admirable de Quélen pour faire taire les haines, mais jamais aussi la mort ne fut si prompte à faire luire la justice, jamais on ne la vit produire un si soudain apaisement.

Cet archevêque de Paris, après dix-huit ans d'épiscopat, après avoir été privé de la maison que Maurice de Sully, son devancier, avait adossée pour ses successeurs à la vieille cathédrale, ne laissa pas de quoi se faire enterrer comme il convient à un prince de l'Eglise de France. Les gens de la commune de Paris qui a hérité des grands biens dont la piété des barons et des rois de France avait doté leur église, n'en acceptèrent point les charges. M. de Quélen, volé, ruiné par l'émeute, n'avait pas demandé l'indemnité dont la loi révolutionnaire, même dans les plus mauvais jours, imposait l'obligation aux communes, qui laissaient porter atteinte à la propriété, et malgré cet abandon, le conseil municipal refusa de faire les frais de ses funérailles.

Quand Mgr de Quélen sentit la mort imminente, sa pensée se recueillit, son âme se retrouva.

— Je vais paraître, dit-il, devant un juge que j'ai toujours aimé et que j'aime encore.

Puis, se tournant vers la sœur qui le soignait :

— Je vous donne beaucoup de peine, ma bonne sœur, mais si j'ai le bonheur de voir saint Vincent de Paul, vous êtes la première personne dont je lui parlerai.

Quelqu'un revenait de Rome, où il avait parlé au pape de l'archevêque de Paris.

— Il est cardinal, avait dit le Saint-Père, mais *in petto* et je ne crois pas pouvoir le déclarer, car ce serait ajouter à ses peines et à ses embarras.

Dans la journée qui précéda sa mort, l'archevêque donna quelques signatures, et demanda des nouvelles de ses pauvres. — Il avait toujours pour donner, parce qu'il donnait toujours. — Il ordonna enfin de transporter son corps à la métropole, dans une chapelle ardente, afin d'être présent à toutes les messes qui seraient dites pour le repos de son âme.

Puis on introduisit ses parents et quelques intimes. Le prélat avait le front non-seulement serein, mais rayonnant; seulement une teinte bistrée, presque argileuse, couvrait ses joues amaigries et s'étendait jusque sur l'émail de ses yeux. Ses mains étaient glacées.

Sa belle-sœur, la vicomtesse de Quélen, lui offrit son manchon, et sa gaîté lui revint en considérant un archevêque en manchon.

— Il faut nous quitter, mon bon René, dit-il à son valet de chambre qui le servait depuis 27 ans.

M. Caillard était là qui fondait en larmes.

— Ne vous désolez pas, mon bon ami, nous nous reverrons.

M. Augé, son grand-vicaire, présenta le crucifix à Monseigneur avec les paroles du rituel :

— Voici l'image du fils de Dieu, mort pour notre salut, le croyez-vous ?

— *Oui*, et avec un sourire de bonheur, *de tout mon cœur*....

Il se tourna ensuite vers son frère :

— Surtout, fais bien en sorte que l'on sache qu'en mourant, je n'emporte aucune amertume contre qui que ce soit, et que je pardonne de tout mon cœur à ceux qui m'ont fait quelque mal.

La mort était là... épuisée par la douleur, cette existence si pleine, si fière, si puissante, allait finir. La tête de Quélen, renversée sur les oreillers, semblait avoir déjà une immobilité funèbre. Ses beaux traits accentués par la souffrance, prenaient le relief rigide de la sculpture. Son œil vivait encore, et priait. Ses amis, ses serviteurs étaient à genoux. La tête du prélat se souleva faiblement, ses yeux jetèrent un dernier éclair, puis se fermèrent brusquement.

Ainsi mourut ce grand archevêque....

CHAPITRE XVII

DENIS-AUGUSTE AFFRE

Le discours d'Amiens. — Les Compétitions. — Mgr Affre et M. Thiers. — La mémoire de Quélen. — Les rapports de l'Eglise et de l'Etat d'après l'archevêque. — Grandeur et danger de son système. — La liberté de l'enseignement. — Le roi et l'archevêque. — *Deposuit potentes de sede.* — Les ouvrages de M. Affre. — Sa mort aux barricades.

1840-1848

I

A peine M. de Quélen avait-il rendu le dernier soupir, que déjà les compétitions se faisaient jour pour le poste d'archevêque de Paris. On songea à l'archevêque de Bordeaux, recommandé par le duc Decazes, un ministre proposa M. Blanquart de Bailleul, un autre, l'archevêque de Cambrai et ensuite l'archevêque de Reims. Le cardinal de la Tour d'Auvergne avait décliné les offres qu'on lui avait faites.

M. Dupanloup proposait Mgr Mathieu et M. Combalot proposait M. Affre. Le faubourg Saint-Germain, en prenant parti pour l'archevêque de Besançon, fit réussir le coadjuteur nommé de Strasbourg.

On avait beaucoup hésité aux Tuileries et la chose d'ailleurs était de conséquence. La cour tenait pardessus tout, en effet, à ne pas avoir un pasteur qui, selon l'exemple de M. de Quélen, ne communiquât avec le gouvernement que pour affaires de service. M. Affre en venant complimenter le roi à l'occasion du 1er janvier — on sait que l'archevêque était mort le 31 décembre — fit faire un pas décisif à sa candidature.

Ceux qui avaient été au courant des négociations poursuivies depuis neuf ans pour faire nommer coadjuteur de Strasbourg, le vicaire-général de Paris, ne furent pas les moins étonnés; rien ne pouvait faire présager un si brusque revirement du cabinet, et nul ne s'attendait à voir M. Affre, dont la nomination à Strasbourg avait été arrachée si péniblement, pourvu d'emblée du premier archevêché du royaume.

Il est vrai que Affre, chargé en 1831 de haranguer le roi Louis-Philippe à la tête du clergé d'Amiens, n'avait pas été tendre pour le gouvernement.

« Le clergé du diocèse, disait dans ce discours le futur archevêque, n'exprimait qu'un seul désir, celui de remplir avec une sainte liberté un ministère qui n'était pas sans influence sur le bonheur du peuple. Faire respecter les mœurs, inspirer la modération, calmer les haines privées, c'était semer sur le sol de la patrie des germes de prospérité. Telle était la mission du clergé et le seul dévouement que la haute équité du prince réclamait de lui. »

Ce langage, que n'avait point oublié le prince, était la cause de la rigueur qu'on avait tenue à l'abbé Affre. Il avait fallu les instances réitérées de ses amis pour lui faire, au bout de neuf ans, obtenir la mître; la démarche spontanée du prélat au jour de l'an de 1840, le réconcilia tout à fait avec la cour.

Il était au surplus vivement recommandé par le comte de Montalembert, qui alla jusqu'à parler des opinions gallicanes de son protégé, comme d'un titre qui devait frapper le ministre.

— Le gallicanisme, dit M. Thiers, c'est un protestantisme bâtard.

Et sur les instances de son interlocuteur :

— Je ne puis nommer un homme que je n'ai jamais vu; amenez-le-moi demain, à onze heures.

M. Thiers fit au prélat un petit discours qui ne lui plut point. Quand celui-ci fut archevêque de Paris, il se brouilla tout à fait avec le ministre, à l'occasion de la translation des restes des victimes de juillet. Quelque temps après, Mgr Affre étant toujours archevêque, et M. Thiers n'étant plus ministre, ils furent placés l'un à côté de l'autre à un dîner chez le préfet de la Seine.

Pas un mot ne fut échangé jusqu'au dessert.

— Mais, M. Thiers, vous me boudez? dit brusquement Affre.

— Comment donc? Monseigneur...

— Vous ne me parlez pas.

— Monseigneur, il y aurait trop à dire.

— Cela pourrait être en effet.... Mais, M. Thiers, c'est vous qui m'avez nommé archevêque.

— Oui, Monseigneur.

— Eh bien! parlez-moi franchement, si c'était à recommencer, me nommeriez-vous?

— Puisqu'il faut vous parler franchement, je vous dirai que non.

— Je vous comprends parfaitement et j'aime votre aveu.

Tout le monde fut surpris de la nomination, et Affre le fut plus que tout le monde.

— On fait parfois bien des rêves, disait-il plus tard, et de beaux rêves. Jamais je n'aurais pu rêver que je deviendrais archevêque de Paris. Un simple prêtre n'est pas ordinairement nommé à un archevêché, comment supposer qu'il pût arriver à celui de Paris? Ajoutez que pendant dix ans, on disait ma petite crosse brisée. Le roi ne me pardonnait pas le discours que je lui avais adressé à Amiens, ni l'ouvrage sur la propriété des biens ecclésiastiques que j'écrivis contre le ministère, et pour la défense de M. de Quélen.

M. Affre eut d'autant plus de mal à se faire accepter dans la société parisienne, qu'il succédait à un prélat plus aimé, plus populaire dans l'aristocratie. Le portrait de Quélen était partout, et on lisait au bas ces vers :

> Oui, du Dieu des chrétiens la grâce t'environne,
> Et te promet, Quélen, l'éternelle couronne,
> Que pour ton front déjà les milices des cieux,
> Tressent aux doux accords de leurs hymnes pieux.

On sentait vibrer dans toutes les oreilles, le récit de la mort du dernier archevêque, fait à Notre-Dame, par le premier orateur chrétien :

« Le moment de la mort était donc arrivé, avait dit le P. de Ravignan ; doux envers tout le monde, le pontife le fut envers la mort elle-même ; il l'a vue s'avancer pas à pas, il l'a contemplée d'un œil serein, d'un cœur tranquille, il a conversé familièrement avec elle.

» Il dit à ses prêtres et à ses amis : J'ai parcouru une mer orageuse; si je puis, comme je l'espère par la grâce de Notre-Seigneur, arriver au port, je serai toujours sur le rivage de l'éternité où vous viendrez tous aborder, pour vous attendre, vous recevoir et vous donner le baiser de paix fraternel et éternel. »

La mémoire de Quélen était universellement vénérée; la mort avait fait taire les ennemis, et l'on ne se souvenait plus que des qualités éminentes de ce saint et noble prélat.

Affre n'était pourtant pas le premier venu ; parent

de M. Clausel de Coussergues et de M. l'évêque d'Hermopolis, il avait refusé en 1826 la place de maître des requêtes au conseil d'Etat, que ce dernier lui avait offerte, il avait dû être également sous la Restauration, chef de cabinet de M. de Montbel ministre de l'instruction publique, et secrétaire général du ministère des cultes; ces deux places avaient été dédaignées par lui. Il n'en était pas moins cordialement légitimiste, à la chute de Charles X, mais la révolution de juillet produisit sur ses opinions un effet tout autre que sur M. de Quélen. Au lieu de se montrer ouvertement hostile, et de se fortifier dans ses sentiments pour la branche aînée, Affre adopta, vis-à-vis de la politique, un système de scepticisme absolu. Comme on le voit par son discours d'Amiens, cité plus haut, il prit le parti de ne demander au gouvernement que la liberté; il revendiqua pour l'Eglise, non la protection, mais le droit commun; non le régime d'exception, mais le régime légal.

Quand il monte sur le siége de Paris, le nouvel archevêque a déjà publié son *Traité de l'administration temporelle des paroisses,* où il développe ces principes, il écrira plus tard son *Rapport de la religion avec l'ordre politique et civil,* où il précisera la ligne de conduite que le spirituel doit tenir, selon lui, à l'égard du temporel. La même pensée l'animera quand, dans un discours officiel, il appellera l'Eglise une *illustre étrangère* aux choses de ce monde; quelque opinion que l'on professe à cet endroit, on ne peut nier que Mgr Affre n'ait inauguré ainsi pour l'Eglise française une attitude nouvelle, un rôle encore inconnu. Il sentit tout le parti que la religion pouvait tirer de l'ordre de choses et du droit moderne ; il se plaça sur le terrain même du code, et retourna contre le siècle les armes forgées contre le clergé. Il y a eu là une véritable intuition de l'Eglise future dans ses rapports avec les gouvernements, sur laquelle nous aurons l'occasion de revenir, et qui donne à son auteur une place singulièrement distinguée.

Ce germe, déposé dans l'œuvre de M. Affre, et qu'il appartient à ses successeurs de féconder, nous pouvons à une distance de trente ans, l'apercevoir et l'apprécier, comme il le mérite ; mais ses contemporains ne le virent pas. Son scepticisme politique passa, aux yeux des légitimistes, pour de l'infidélité, et pour du républicanisme aux yeux des amis de Louis-Philippe. L'archevêque gâtait d'ailleurs sa clairvoyance pratique et sa science profonde des canons ecclésiastiques et du droit civil, par une affectation de principes gallicans. Ce novateur si intelligent ne s'apercevait pas qu'en recueillant ainsi les miettes d'une erreur vieille de deux siècles, il se privait du bénéfice de cette liberté qu'il invoquait ; il ne comprit pas que l'autorité absolue du pape sur l'Eglise, c'est pour l'Eglise l'indépendance absolue de l'Etat.

Ne se souciant ni de l'Eglise de Saint-Denis, ni de

celle de Guillaume d'Auvergne, ni de celle de Harlay, Affre laissait à l'histoire le passé, et les morts à leur tombe ; le rôle prépondérant des évêques, les biens lentement acquis, les droits légitimement reconnus, il abandonnait tout cela, il se plaçait en face du monde moderne, et semblait dire aux puissances du siècle : Vous avez décrété la liberté, donnez-la-nous ; vous avez inscrit l'égalité dans vos lois, nous la réclamons et nous ne réclamons rien de plus.

En agissant ainsi, il gênait bien plus le gouvernement, qu'en lui demandant quoi que ce fût, le pouvoir ayant toujours intérêt à paraître accorder à l'Eglise un régime *protectionnel* et spécial, qu'il veut lui faire payer un prix exorbitant.

Il appliquait dans ses rapports avec l'Etat le système de non-intervention, et lui demandait la réciprocité ; c'était presque le mot de Cavour dans une bouche catholique : *Chiesa libera nel libero stato ;* il repoussait, en un mot, les avances, pour rester libre de refuser les concessions. Cette politique avait son danger, elle isolait l'Eglise, mais elle avait sa grandeur, elle la faisait libre. Affre faisait remonter jusqu'au ciel la notion des principes en honneur, et nouait ainsi les rapports de la religion qui procède de l'éternité, avec les temps dont s'inspire la politique.

Il disait dans son premier mandement : « Dieu seul est la source féconde de la véritable liberté, de la véritable fraternité, lui seul concilie les intérêts en apparence les plus opposés, fonde d'une manière stable l'union des cœurs et fait d'une grande nation, une famille de frères. »

Le salon de l'archevêque de Paris était l'image de ses opinions, les gloires de l'Empire, les célébrités de la Restauration, les ministres en exercice et quelques soutiens de la république future s'y donnaient rendez-vous. Affre allait et venait à travers les groupes; il n'avait ni prestige, ni grandeur, mais il avait une simplicité si vraie, qu'on l'eût pu croire affectée, et qui le faisait passer pour vulgaire et même un peu grosssier.

A la cour, on ne l'appelait que l'*Auvergnat*, et lui-même se vantait de son origine, en regardant les portraits des archevêques de Paris et leurs titres sans nombre :

— Que diraient mes illustres prédécesseurs, s'ils revenaient en ce monde, et qu'ils vissent leur trône occupé par un bourgeois de Rouergue?

Dans un mandement publié en chaire, il écrivait encore :

« Notre nom est sans éclat, et nous pouvons dire comme le premier roi des Hébreux, que notre tribu est une des plus petites en Israël, et que notre père n'est point un des grands de sa tribu. »

Si l'on veut de lui un crayon : son chef était de médiocre grosseur, plein de vigueur et de modestie, sa face *largette* et le nez à proportion, lequel tenait un peu de l'aquilin, la bouche bienséante et d'une belle façon, le menton un peu proéminent mais de bonne grâce, les yeux aucunement ordinaires, très-perçants, bien que peu expressifs. La principale préoccupation du nouveau pasteur, fut d'obtenir pour le clergé la liberté de l'enseignement dont l'Université avait le monopole ; il eut la gloire d'entrer ainsi le premier en campagne.

Affre écrivait à M. de Montalembert : « Je suis pour » la liberté donnée au clergé comme aux autres » citoyens, parce qu'on ne peut lui donner rien d'aussi » précieux. Des avantages pécuniaires exciteraient des » clameurs, les priviléges, des jalousies, la liberté » n'excitera que la reconnaissance. »

Le prélat en voulut parler au roi, mais chaque fois qu'il mettait la conversation sur ce sujet, S. M. en changeait immédiatement :

— Monsieur l'archevêque, vous allez prononcer entre ma femme et moi : combien faut-il de cierges à un mariage? Je soutiens que six cierges suffisent, ma femme prétend qu'on en doit mettre douze.

— Sire, il importe peu que l'on allume six cierges ou douze cierges à un mariage, mais veuillez m'entendre sur la question la plus grave....

Le roi finissait par s'emporter :

— Tenez, je ne veux pas de votre liberté d'enseignement, je n'aime pas les colléges ecclésiastiques ; on y enseigne trop aux enfants le verset du Magnificat : *Deposuit potentes de sede.*

C'étaient les premiers dissentiments....

Au 1er janvier de l'année suivante, on fit sentir à M. Affre que le roi verrait avec plaisir l'archevêque de Paris lui adresser un discours. M. de Quélen, depuis 1830, n'avait jamais paru aux Tuileries; le nouveau prélat, sur l'avis qui lui en vint de Rome, alla faire son compliment de bonne année.

En 1842, il termina ainsi son adresse :

« Travailler plus librement à former le cœur et l'esprit de la jeunesse est un autre vœu que j'exprimai au roi, lorsque j'eus l'honneur de lui adresser la parole pour la première fois; qu'il me soit permis de le déposer de nouveau à ses pieds, avec tous ceux que je forme pour le bonheur de Votre Majesté. »

Le lendemain, le ministre des cultes insinua à l'archevêque que ses réclamations avaient paru inopportunes au milieu d'une fête.

— Lorsque je les ai présentées dans l'intimité, elles n'ont produit aucun effet. Je ne puis consentir non plus à me rendre à la cour pour y dire des banalités.

Le fait est que le prélat était, de sa nature, peu obséquieux et Louis-Philippe ne laissa pas d'en être irrité.

— Qu'ai-je fait? disait-il, où ai-je été prendre ce M. Affre. C'est une pierre brute des montagnes; je la briserais, si je n'en craignais les éclats.

Quand on rapporta le mot à l'archevêque :

— Une pierre, j'y consens; mais une pierre brute, ce n'est pas exact.

La mort de Mgr le duc d'Orléans rapprocha de nouveau le roi et l'archevêque, mais de nouvelles circonstances ne tardèrent pas à exciter le mécontentement de la cour. Il y eut entre le prince et le prélat des scènes extraordinaires.

Le père Lacordaire revenait de Rome :

— Est-il vrai, Monsieur l'archevêque, que vous voulez faire prêcher le père Lacordaire, un dominicain ? c'est contraire aux lois.

M. Affre veut défendre ses droits....

— Mais vous n'y songez pas, vous aurez une émeute, je ne pourrai pas vous défendre, la garde nationale ne donnera pas. Vous avez donc oublié le sac de l'archevêché ? une fois le peuple déchaîné, qu'arrivera-t-il ?

— Sire, s'il existe un danger réel, le ministre m'adressera une ordonnance et défendra la réunion de Notre-Dame.

Le père Lacordaire prêcha et il n'arriva rien.

Au 1er mai 1846, l'archevêque disait dans son compliment officiel que l'Eglise, *illustre étrangère en ce monde, ne réclamait pas la protection des souverains, elle ne demandait que la libertéqui est accordée à tous*...

La cour jugea le discours insolent, et M. Affre qui passait la soirée aux Carmes, dit à un de ses prêtres :

— Mon cher ami, je suis en guerre avec quatre grandes puissances.

— Comment, Monseigneur, seriez-vous en guerre avec les quatre grandes puissances de l'Europe ?

— Oui, mon cher ami, et d'abord avec la Russie et avec la Prusse pour avoir fait une visite au prince Czartoriski, avec l'Angleterre parce que j'ai fait prier pour la conversion des Anglais : lord Drougham s'en est plaint à la Chambre des lords. Enfin, je suis en guerre avec Louis-Philippe. Mais je ne m'inquiète pas de ces quatre puissances, je n'ai pas besoin d'elles, je n'ai besoin que de bons prêtres pour accomplir ma mission.

Et après un moment de réflexion :

— Ces gens ne voient dans la religion qu'une machine gouvernementale...

Au baptême du comte de Paris, Mgr Affre, recevant le roi sur le parvis Notre-Dame, prononça le discours suivant :

« Sire,

» Jésus-Christ, par le premier de ses sacrements, impose le même caractère au descendant des rois et au fils du citoyen le plus obscur, après leur avoir révélé par sa doctrine, les droits et les devoirs qui leur sont communs ; il prépare par sa grâce celui qui est né dans la condition le plus humble, à la chérir comme la plus heureuse ; il prépare le prince à remplir avec bonté et justice, ses hautes mais difficiles destinées. Cette double disposition est le lien le plus durable entre les peuples et les rois, elle est le gage le plus sûr de leur mutuelle sécurité. »

L'année suivante, le jubilé, accordé par Grégoire XVI à l'Eglise d'Espagne, au sujet duquel Affre publia une lettre pastorale, ranima les querelles. Le gouvernement crut voir dans cette lettre, une contravention au premier des articles organiques du Concordat. Affre, fort de son droit, le soutint et adressa au ministre des cultes la lettre suivante :

« 22 mars 1842.

» Monsieur le Ministre,

» Lorsque, ne prenant conseil que des inspirations de ma conscience, j'ai publié une lettre pastorale sur l'*Unité de l'Eglise,* je ne me suis point dissimulé les exigences de la loi du 18 germinal an X, dont je crois inutile d'examiner ici les applications et les conséquences diverses. Il me suffit de vous faire remarquer que ma lettre pastorale n'en contredit aucune.

» Il est évident que je n'ai ni publié, ni imprimé aucun acte émané du Saint-Siége. Ce que l'on pourrait m'opposer de plus spécieux, c'est que ces mots : *En vertu des pouvoirs que Sa Sainteté le pape Grégoire XVI a daigné vous transmettre,* supposent l'exécution d'un rescrit quelconque.

» Cette supposition, quoique assez naturelle, manque de vérité. Je n'ai reçu aucune espèce de rescrit émané du Saint-Siége. Seulement j'ai su d'une manière certaine que les pouvoirs accordés par l'allocution de Grégoire XVI aux évêques des Etats pontificaux, l'étaient aussi aux autres évêques de la chrétienté.

Cette simple réponse, dans laquelle je ne mets pas la plus légère réticence, résout toutes les objections que l'on pourrait me faire sur la lettre de la loi. J'ai encore moins contredit l'esprit de cette même loi. Le législateur a voulu empêcher la publication des bulles ou brefs qui seraient contraires à la charte constitutionnelle, aux lois du royaume, aux libertés et franchises de l'Eglise gallicane et aux droits de la couronne. La doctrine contenue dans ma lettre pastorale n'est qu'une condamnation de l'Eglise nationale et constitutionnelle. Or, ce que je condamne est clairement condamné par le Concordat, par les articles organiques, par la charte constitutionnelle et par tous les actes législatifs qui ont développé ou appliqué les dispositions de ces trois lois.

» Après une explication aussi claire, je n'ai pas besoin d'ajouter que les termes très-absolus du premier article de la loi de l'an X, sont notablement modifiés par le décret du 28 février 1810, qui n'exige pas l'autorisation du gouvernement pour plusieurs espèces de rescrits d'un intérêt purement spirituel.

» Convaincu que je ne contredisais aucune loi, je n'ai pu résister au désir de professer une doctrine aussi utile aux gouvernements et à la société en général, qu'essentielle dans l'Eglise.

» Agréez, Monsieur le Ministre, etc.

» DENIS, archevêque de Paris. »

La tranquille liberté de son langage, excitait aux Tuileries le mécontentement le plus caractérisé. On alla jusqu'à supprimer au *Moniteur* un de ses discours du 1er janvier. De ce moment, l'archevêque résolut de ne plus prononcer aucune harangue :

— Le roi nous laissera la liberté du silence.

La cour avait le projet de solliciter l'exemption de Saint-Denis, qui serait gouverné par un primicier. Ce primicier, évêque, cardinal, grand-aumônier et peut-être ministre de l'instruction publique, aurait exercé une influence immense.

On aurait donné cette charge à Affre, mais on voulait qu'il l'exerçât au profit de l'Etat.

— Vous serez à la tête de l'épiscopat, vous conduirez ce grand corps.

— Monsieur, répondait l'archevêque au négociateur, je ne serai pas à la tête de l'épiscopat, et pour bien des raisons. D'abord, le pape ne pourrait le permettre, ensuite les évêques de France ne le permettraient pas non plus, et ils auraient raison, puis le roi comprendrait bientôt qu'il y perdrait plus qu'il n'y gagnerait, enfin l'archevêque de Paris ne le veut pas, et ne peut pas le vouloir.

Cette affaire, à laquelle le roi attachait beaucoup d'importance, parut s'arranger un moment, mais pour surgir de nouveau plus épineuse et embarrassante.

Louis-Philippe mettait la main sur l'épaule de l'archevêque de Paris :

— Nous arrangerons tout cela avec un chapeau de cardinal.

— Sire, sans chapeau et avec chapeau, il sera toujours impossible de régler cette affaire.

S. M. ne cessait d'ailleurs de montrer les plus grands égards à Mgr Affre.

Un jour qu'il était allé au château de Neuilly, il passa d'abord à la chapelle; la concierge, fidèle à la consigne qu'elle avait reçue, ne crut pas devoir lui ouvrir la porte. Le prélat monta au salon. Au milieu de l'entretien, le roi s'interrompt tout à coup :

— Mais, monsieur l'archevêque, vous avez visité ma chapelle?

— Sire, la consigne a été trop bien gardée, on a refusé d'ouvrir.

— Comment, comment! monsieur l'archevêque.

Et, en un instant, il court à une sonnette, tire et brise le cordon, il s'enflamme, court à l'autre sonnette, tire et brise encore le cordon, il court à la porte, appelle et crie : des huissiers arrivent.

— Faites venir monsieur de F....

Celui-ci vient à la hâte....

— Monsieur, lui cria le roi, allez à la porte de la chapelle, allez attendre monsieur l'archevêque.

Pourtant, l'exemption du chapitre de Saint-Denis, compliquée des insistances du prélat, au sujet de la liberté de l'enseignement, aigrit tout à fait les rapports de Louis-Philippe avec M. Affre.

Le roi s'irrita de cette longue opposition, et supposa que le prélat soufflait la discorde dans l'épiscopat. Il manda le pontife, et ses paroles furent graves et sévères.

— Avec vos mémoires et vos journaux, vous portez le trouble partout, dit le roi; je sais aussi qu'il y a peu de temps vous avez tenu un concile à Saint-Germain.

— Sire, nous n'avons point tenu de concile, mes suffragants sont venus me voir, et nous avons traité de différents points de discipline ecclésiastique.

— Vous avez tenu un concile, je le savais bien; vous n'en aviez pas le droit, monsieur l'archevêque.

— Sire, nous en avions le droit; toujours l'Eglise a eu le droit d'assembler ses évêques pour régler ce qui pouvait être utile à leurs diocèses.

— Ce sont là vos prétentions!... mais je m'y opposerai.... L'on m'a dit aussi que vous aviez envoyé un ambassadeur au pape; je sais que vous lui demandiez la permission de faire gras le samedi, et en cela je vous approuve.

— Sire, nous avons envoyé en effet un ecclésiastique présenter quelques demandes au souverain-pontife, cela même est dans le droit de tous les fidèles et à plus forte raison des évêques.

— Et que lui avez-vous demandé encore? je veux le savoir.

— Si c'était mon secret, je pourrais le confier au roi, mais c'est aussi le secret de mes suffragants, et Votre Majesté trouvera bon que je le garde.

Ceci irrita le roi, qui prenant le bras de Mgr Affre :

— Monsieur l'archevêque, prenez garde, on brisera votre mitre sur votre tête.

Affre salua et sortit. Ce fut la dernière entrevue intime du roi et du prélat; Affre s'abstenait depuis quelques années de prononcer des discours au jour de l'an; le roi lui en fit demander un.

— Sire, je paraîtrai, mais je ne ferai point de compliments, ceux que j'ai adressés à Votre Majesté lui ont déplu.

— Eh bien! venez, monsieur l'archevêque, venez, mais je vous blâmerai devant tout le clergé.

— Sire, comme il n'est pas convenable que le roi blâme un archevêque devant son clergé, je m'abstiendrai de venir.

Le soir, le garde-des-sceaux fut envoyé à l'archevêché pour négocier la paix. L'archevêque se contenterait de souhaiter la bonne année et le roi serait satisfait. Le conseil fut suivi, mais un sténographe introduit dans la salle du trône, recueillit les paroles du pontife et le lendemain elles parurent dans le *Moniteur* sous le titre de : *Discours de l'archevêque* de Paris au roi.

— Quand je fais des discours, dit Affre, ils ne les impriment pas ; quand je n'en fais pas, ils les impriment.

Dans ses rapports avec les hommes d'Etat, le prélat eut l'insigne honneur de ne satisfaire jamais pleinement les partis, tant il resta dans la vérité. Il en fut de même de ses ouvrages.

II

Les loisirs de sa vie pontificale étaient en effet activement employés ; l'étude approfondie de la législation civile dans ses rapports avec les droits et les intérêts ecclésiastiques occupait tout son temps ; il chercha, en fait et en droit, la source de la propriété des biens ecclésiastiques, et suivit leur histoire depuis l'établissement du christianisme jusqu'à la révolution de 1789.

Affre n'ignorait rien de ce qu'on peut appeler le contentieux en matière religieuse, les appels comme d'abus n'avaient aucun secret pour lui. Dans sa jeunesse, il avait disserté sur la question dans de nombreux articles publiés par la *France chrétienne, l'Ami de la religion, les Tablettes du clergé*. Archevêque, il s'en occupa encore dans le *Traité de l'appel comme d'abus*. A propos du manuel de M. Dupin, il écrivait :

« Vous voulez protéger les canons, ce sont sans doute les canons de l'Eglise. Mais la constitution de cette Eglise, qui est bien autre chose qu'un canon, vous dit clairement qu'à l'Eglise seule appartient de les interpréter, et de vous les enseigner.

« Le souverain a pu être protecteur, quand l'Etat

était exclusivement catholique, et que les canons étaient des lois de l'Etat, mais aujourd'hui, à qui ferez-vous observer les canons? aux citoyens catholiques? ils peuvent vous répondre que, libres de renoncer au catholicisme tout entier, ils ne peuvent être contraints de pratiquer quelques règles de discipline. Est-ce aux prêtres, aux évêques que vous prétendez imposer les canons? Vous voulez donc vous rendre juge des juges ecclésiastiques, sur les matières mêmes qui les concernent? Vous voulez protéger les canons? mais les connaissez-vous? Où sont parmi vous les clercs qui siégeaient dans les parlements? »

Quand on le complimentait dans sa maison de campagne de Saint-Germain, sur le succès de ses écrits, il disait avec une certaine fierté :

— Je n'ai pourtant pas fait de rhétorique.

Ses lettres pastorales sont encore supérieures par le style à ses autres œuvres.

La collection des mandements de M. Affre est un des plus beaux monuments de son épiscopat. On y remarque les caractères de ces grands ouvrages qui illustrèrent le XVIIe siècle; l'exactitude et l'étendue de la science, une dialectique forte et pressante, l'élévation des pensées et cette éloquence d'une beauté sévère, que notre époque avait répudiée.

On n'admire point la même précision et fermeté dans ses autres écrits où sa facilité a laissé du vague dans l'expression.

III

Ce fut au milieu des travaux littéraires de toute sorte, que M. Affre voit tomber la monarchie de juillet et s'établir la république de 1848. L'archevêque, issu de la bourgeoisie, avait eu trop de démêlés avec le roi qui en était le chef, pour le regretter beaucoup; il était d'ailleurs, nous l'avons dit, d'une parfaite indifférence sur la matière politique; il avait vu assez d'hommes d'Etat pour se dégoûter à jamais des théories gouvernementales.

On lui demanda de bénir l'arbre de la liberté, qu'on plantait sur la place du parvis Notre-Dame, il ne s'en défendit point, mais en présidant cette petite cérémonie, il adressa aux assistants ces paroles, où son caractère est tout entier :

« Mes amis, c'est par les fruits qu'on juge de la bonté d'un arbre; si cet arbre que nous allons bénir donne d'excellents fruits, nous dirons que c'est un excellent arbre, s'il en donne de mauvais, nous le condamnerons comme mauvais. Les bons fruits sont l'ordre, le respect de la propriété, la soumission aux lois. Les mauvais fruits sont les désordres, l'oisiveté, l'insurrection et l'anarchie. Promettez-moi donc, mes amis, que cet arbre ne portera que de bons fruits. »

Quelque temps après, c'était le tour de la fête de la

Liberté : l'autorité civile aurait désiré que le clergé la sanctionnât de sa présence. Elle fit pressentir M. Affre sur ce sujet; l'archevêque, de Saint-Germain qu'il ne quittait guère, vint à Paris, et s'en fut trouver le maire, M. Marrast, à l'hôtel de ville.

— Je n'ai connu qu'aujourd'hui, Monsieur, lui dit-il, le programme de votre fête, je vous préviens que le clergé n'y paraîtra pas ; je vous avertis aussi que toute ordonnance que vous porterez relativement au clergé et qui n'aura pas été consentie par moi, sera nulle, qu'elle soit bonne, qu'elle soit mauvaise; je maintiendrai toujours les droits de l'autorité ecclésiastique. J'ajoute que le clergé ne participera pas à votre fête, parce qu'il est contraire aux convenances que le clergé soit mêlé dans une même cérémonie avec de jeunes filles de l'Opéra. Je pourrais dire en outre, qu'on trouvera très-ridicule cette promenade de bœufs aux cornes dorées; je n'examine pas si l'on aura tort ou raison, j'affirme un fait, et je ne veux pas donner un ridicule à mon clergé; enfin, nous ferons pour la république plus que nous n'avons fait pour la monarchie. Nous avons déjà commencé en prenant part aux élections, et même si cela peut vous faire plaisir, je vous dirai que je vous ai donné ma voix, mais nous ne ferons pas pour la république, tout ce que nous pourrions faire, parce qu'il ne convient pas d'aller jusqu'aux limites de ce qui est possible; nous pourrions être poussés au delà. Nous resterons bien en deçà des bornes, afin de n'être jamais exposés à manquer à nos devoirs.

L'archevêque fut profondément affligé de l'insurrection de juin, et conçut de suite ce projet héroïque qui devait l'immortaliser dans le siècle. Il se souvint de cette phrase providentielle par laquelle débutait son premier mandement dans le diocèse, en 1840 : *Nous ne venons ni gouverner, ni troubler la cité, mais offrir une victime.*

Le *Moniteur* publiait le 26 la note suivante :

« Monseigneur l'archevêque de Paris, accompagné de ses grands-vicaires, s'est spontanément rendu auprès de M. le général Cavaignac, chef du pouvoir exécutif, à l'hôtel de la présidence. Il a offert d'aller porter lui-même des paroles de paix aux insurgés, et de mettre au service de la république, son dévoûment et celui de son clergé. Le général l'a accueilli avec toute la considération que méritait une offre aussi généreuse, et aussi vraiment chrétienne. »

— Comment ferez-vous, Monseigneur ? lui dit à table un de ses vicaires, vous serez donc obligé d'aller à toutes les barricades ?

— Nous irons d'abord à la Bastille qui est le point le plus important et ensuite, si Dieu le veut, nous irons ailleurs.

Le lendemain, pendant le repas, il paraissait inquiet...

— Nous avons beaucoup à faire, hâtons-nous...

A la porte de son hôtel, l'archevêque rencontra son

valet de chambre, Pierre Sellier, qui se disposait à l'accompagner.

— Vous resterez, nous n'avons pas besoin de vous.

— Monseigneur, je vous ai suivi partout, vous me permettrez de vous suivre encore aujourd'hui.

Le prélat traversa le pont, le quai, prit la rue Saint-Paul, et arriva devant l'Arsenal. Le général Bertrand y était, qui commandait le 24e léger ; il lui expose son projet, et le prie de faire suspendre le feu en lui montrant la proclamation du général Cavaignac, et du président Sénard dont il était porteur.

On le conjure de s'en retourner.

— Ma vie est peu de chose, je n'en dois pas tenir compte dans ces circonstances.

Le général part pour faire cesser le combat avec deux gardes nationaux, revêtus de blouses, qui devaient avancer jusqu'à la grande barricade, et préparer les voies à l'archevêque.

On entendit les tambours battre, les clairons sonner ; le feu cesse, les parlementaires traversent la place en courant.

Mgr Affre s'était dirigé vers la colonne de juillet, M. Théodore Albert, un garde national déguisé en ouvrier, marchait devant lui, portant une branche d'arbre, symbole de paix.

Au pied de la colonne, on s'arrête, il fallait attendre le retour des parlementaires, mais le prélat avait le vertige du dévouement...

— Marchons, crie-t-il...

— Monseigneur, attendez quelques instants.

Son valet de chambre le retenait par sa soutane.

— Allons! en avant!... reprend le pontife, et il court à travers la place.

L'entrée de la grande rue Saint-Antoine était fermée par une énorme barricade appuyée à droite sur une boutique de marchand de vin qui a deux issues, l'une sur la rue, l'autre sur la place.

La vue de l'archevêque frappe de stupeur ces hommes noirs de poudre, les yeux enflammés, le front ruisselant de sueur.

C'étaient dans l'air des cris confus, attendris ou terribles.

Béni par les uns, insulté par les autres, Monseigneur veut se faire entendre.

— Mes amis, mes amis...

Un coup de fusil part.

— Aux armes! aux armes! derrière les barricades! nous sommes trahis...

Une affreuse décharge tombe sur la garde mobile, qui se retire en répondant.... L'archevêque, frappé d'une balle, fléchit sur ses jambes, et s'affaisse sur le trottoir.

— Mon ami, je suis blessé, dit-il à Albert...

Sa figure était restée d'un calme parfait, mais un cri d'horreur s'était élevé parmi les insurgés, ils jettent leurs fusils, s'élancent de leur barricade et relèvent le pontife en poussant des cris.

Vingt bras le portent dans la première maison restée ouverte. La demeure était vide de meubles et d'habitants... il était huit heures du soir, le jour tombait... et les balles sifflaient à l'entour.

Une d'elles vint frapper le valet de l'archevêque.

— Je suis blessé, dit-il....

Pâle et immobile, Monseigneur relève la tête.

— Comment, Pierre, vous êtes blessé?...

— Oui, Monseigneur,

— Pierre! laissez-moi, ne me portez pas...

Un insurgé saisit Albert par le milieu du corps, et montrant l'archevêque :

— Le brigand qui l'a tué, voyez-vous, je l'aurais fusillé si on m'avait laissé faire.

On se procure un matelas, un drap, un oreiller, un brancard de fusils est improvisé, et, par des issues secrètes, le prélat est conduit de maison en maison, à l'hospice des Quinze-Vingts.

— Ce n'est pas nous, disaient les gens du peuple, ce sont les mobiles, nous vous vengerons.

— Non, non, mes amis, ne me vengez pas, il y a assez de sang répandu, je désire que le mien soit le dernier versé.

On criait dans l'hôpital :

— Monseigneur est blessé...

Le curé de Saint-Antoine accourt :

— Mes amis, ce n'est pas à l'ambulance, c'est chez moi que l'archevêque de Paris doit être déposé.

— Monsieur le curé, dit Affre en arrivant au presbytère, je suis gravement blessé.

Et aux insurgés qui se retiraient :

— Mes amis, on vous trompe, déposez les armes... dites-le de ma part à vos camarades.

Puis apercevant ses grands-vicaires :

— Le bon pasteur donne sa vie pour ses brebis, leur dit-il ; puis il ajouta : Vous avez un devoir d'ami fidèle à remplir, vous devez m'avertir de ma position ; ma blessure est-elle grave?

— Oui, Monseigneur, très-grave, mais nous ne sommes pas sans espoir et nous prierons tant pour vous!

— Il est plus probable que j'en mourrai, n'est-ce pas?

— Oui, Monseigneur, humainement, il est plus probable que vous en mourrez.

Il leva les yeux au ciel :

— Mon Dieu, je vous offre ma vie, acceptez-la en expiation de mes péchés et pour arrêter l'effusion du sang qui coule. Ma vie est bien peu de chose, mais prenez-la. Je mourrais content, si je pouvais espérer la fin de cette horrible guerre civile, si mon sacrifice terminait tant de malheurs.

Il invoquait les saints et surtout saint Denis, le patron de son église, qui avait le premier versé son sang pour elle.

La nuit qui suivit fut accompagnée de souffrances cruelles :

— *Parce, Domine, parce populo tuo,* disait-il.

L'examen de la blessure et de la balle apprit qu'elle venait des rangs des insurgés.

Les plus illustres médecins et chirurgiens de la capitale avaient inutilement été appelés; tout espoir était perdu. L'agonie commença le lendemain vers midi ; depuis ce moment jusqu'à l'heure de sa mort, les prières de la recommandation de l'âme furent récitées à travers les sanglots d'une nombreuse assistance de prêtres, de gardes nationaux, d'hommes de toutes les conditions.

Le lendemain de la mort du prélat, l'assemblée nationale adopta à l'unanimité le décret suivant :

« L'Assemblée nationale regarde comme un devoir de proclamer les sentiments de religieuse reconnaissance et de profonde douleur que tous les cœurs ont éprouvés pour le dévouement et la mort saintement héroïque de Mgr l'archevêque de Paris. »

IV

Cette mort de martyr volontaire, couronnait une vie de moine du moyen âge.

La liste des ouvrages de M. Affre est immense. Sans parler de l'*Histoire de la tolérance religieuse*, qui demeurait manuscrite, l'archevêque laissait plus de vingt volumes : *Traité sur les établissements ecclésiastiques et religieux, Essai historique sur l'ancien clergé de France, Mémoire en faveur de la liberté religieuse et de l'enseignement, Introduction philosophique à l'étude du christianisme*, etc., etc.

Il continua la grande œuvre des conférences de Notre-Dame, qui fit revivre avec Lacordaire et Ravignan les beaux jours de l'éloquence chrétienne. Il fonda une faculté de théologie, où présidait le savant abbé Glaire, et dont les cours étaient confiés à M. Dupanloup, et à M. Maret. Il dressa, dans une lettre demeurée célèbre, un plan complet d'études ecclésiastiques ; il institua pour l'examen des livres une commission de censure, à qui il confiait le dépôt de la doctrine chrétienne, et le soin de veiller sur son enseignement.

Cet épiscopat, qu'illustraient Ravignan par la parole et Dupanloup par la plume, la sœur Rosalie le sanctifiait par la charité, les frères de Saint-Vincent par le dévouement :

— Bons frères de la doctrine chrétienne, élargissez encore vos bras, s'il est possible, leur criait Affre.

La parole de l'archevêque était simple, franche, dénuée de détours et d'artifices ; il y régnait un naturel, un abandon, une confiance qui séduisaient. Plus d'une personne a subi cette influence, c'était un mélange de naïveté gauloise, et de rudesse chevaleresque, plus de bonté que d'élégance, plus de douceur que de grâce ; il fut vrai jusqu'à s'en repentir.

— On me coupera plutôt dix fois la tête, que de me faire rétrograder d'une ligne dans l'accomplissement de mes devoirs, disait-il à Marrast.

Il répondait au ministre de Louis-Philippe qui se plaignait de ce que les religieuses du Sacré-Cœur ne chantaient pas le *Domine salvum* :

— Je suis convaincu que Napoléon, au milieu des illusions de sa puissance, n'a jamais songé à faire chanter des religieuses malgré elles.

Il était de l'ancienne marque, de l'ancienne simplicité; la simplicité, en effet, était le caractère souverain de son existence, il la poussa jusqu'à l'héroïsme ; il faisait naïvement les plus sublimes choses du monde.

Il disait de lui-même : Le métal est bon, mais s'il est peu ductile, il est aussi très-sûr.

Cet homme, qui parlait avec confiance et tranquillité des destinées de la patrie, a su donner sa vie pour elle; cette magnanimité n'est au-dessous d'aucune des grandeurs de l'histoire, sa vie humble, ses travaux modestes, se trouvèrent entourés ainsi de la plus brillante auréole.

CHAPITRE XVIII

ÉPILOGUE.

Les derniers archevêques[1].

MARIE-DOMINIQUE-AUGUSTE SIBOUR

1848-1857

« J'aurais préféré mes paisibles montagnes à la ville de la joie et du plaisir, dit Mgr Sibour quand il fut nommé archevêque de Paris, mais la Providence veut que je les quitte pour la ville de la souffrance et de la dévastation. »

Ce Paris où l'intelligence est si rayonnante et l'imbécillité si profonde, où la richesse a des enchantements toujours nouveaux et l'indigence, des angoisses éternellement inconnues, où la vertu et le crime se cou-

(1) Nous nous sommes attachés dans cet épilogue au seul récit des faits, pensant que les personnages dont il s'agit sont trop rapprochés de nous pour être apprécier sagement et avec impartialité.

doient plus qu'en tout autre lieu de la terre : voilà une étrange cité épiscopale. Mais au lendemain de l'insurrection de juin, la situation du pasteur de la capitale apparaissait sous un jour plus sombre encore et dans des conditions plus inquiétantes que jamais. On n'ignorait pas qu'il fallait un certain courage pour s'asseoir sur ce trône de Notre-Dame, et le Père de Ravignan exprima les secrets sentiments de tous, quand au début de ses conférences de l'année, il harangua le prélat en ces termes :

« Vous êtes le troisième archevêque devant qui j'annonce la parole de Dieu du haut de cette chaire. Vos deux derniers prédécesseurs ont été tous deux frappés de la foudre. L'un avait vu son palais renversé de fond en comble par les mains de la multitude et, après avoir répondu à cet acte de fureur par dix années de bienfaits, il est mort sans avoir obtenu de la justice des hommes la réparation qui lui était due. L'autre s'est offert lui-même en holocauste, il est tombé en désarmant la guerre civile.... Dieu vous a choisi, Monseigneur, pour succéder à ces deux hommes, et pour continuer l'histoire du siége de Saint-Denis, il vous a jugé digne de tenir une place où ne pouvaient plus s'asseoir que la charité qui fait le martyr et que la grandeur d'âme qui fait le citoyen. Je vous souhaite des jours plus heureux que n'ont été les leurs, une gloire moins agitée, une fin moins précoce. Non pas que je doutasse de votre cœur, si Dieu vous appelait à les égaler dans le péril et dans l'honneur des tribulations, mais parce qu'il n'appartient qu'à Dieu, de souhaiter aux hommes et de leur envoyer des malheurs aussi grands que leurs vertus.

Il fallait, en l'état des choses, un prélat réformateur et pénétré de l'esprit des temps nouveaux, capable d'élan au milieu du peuple. Sous ce rapport, M. Sibour répondait au programme que le gouvernement s'était tracé.

Dans sa jeunesse, il avait activement collaboré à l'*Avenir*. Il avait été l'ami de cet homme, dont M. Poujoulat a dit, que toutes les flammes sorties de 1830 brûlaient dans cette âme singulièrement préparée aux embrasements, au fond de laquelle les moindres mèches devaient allumer des incendies; de ce journaliste qui se donnait une mission prodigieuse, croyait entendre les gémissements des peuples, l'appelant à leur secours, pensait être le libérateur des nations, et envoyait ses articles comme des boulets à tous ceux qui tentaient d'arrêter les progrès de la révolution, qui mettait en pièces tous les sceptres, creusait des fosses pour tous les rois, et ressuscitait de chaque côté en Europe les nationalités.

Mais l'abbé Sibour, de concert avec Gerbet et Montalembert, s'était séparé de Lamennais avant sa chute; il ne se laissa pas séduire par l'influence théocratique de ce brillant génie, pas plus qu'il ne subit l'ascendant de l'évêque de Nîmes, dont il avait été le vicaire, et auquel souvent il entendait dire :

— J'ai deux maîtresses : l'Eglise gallicane et la famille des Bourbons, je compte les garder jusqu'au tombeau.

En politique, M. Sibour était de l'école de M. Affre, imbu d'une profonde indifférence. Ceci lui méritait en 1849 l'aversion des familiers du prince président, qui l'accusaient hautement de « versatilité d'esprit, d'inconstance de caractère et d'ambition dévorante[1]. »

A Nîmes, le salon de l'abbé Sibour était le rendez-vous des hommes jeunes de tous les partis, de toutes les carrières. On voyait à la rue Madeleine, des députés, des professeurs, des financiers, des avocats, des journalistes : Germer-Durand, Curnier, du Lac, Roux-Ferrant et l'abbé d'Alzon. On y écoutait les vers de Reboul, dont l'amitié pour le prélat ne s'est pas démentie jusqu'à sa mort.

En religion, l'abbé était plutôt pasteur qu'administrateur. On le vit bien quand il fut nommé à Digne, qui depuis cent cinquante ans n'avait point vu d'évêque; on le vit encore à Paris, quand il voulut aller visiter l'endroit où Mgr Affre était mort.

On lui faisait observer, en cette occasion, que sa voiture n'était pas arrivée :

— Nous irons à pied, reprend-il, c'est ainsi que mon prédécesseur est allé à la mort.

(1) Voir aux Pièces justificatives.

C'était une nouveauté dans Paris que cet archevêque, cheminant dans les rues avec le manteau long, la ceinture flottante, le chapeau à glands d'or.

— Où va-t-il? se demande-t-on.

Le prélat annonce lui-même où il va, le peuple lui fait cortége, tous demandent sa bénédiction et font bénir des objets de piété. L'effet de cette visite fut considérable et les journaux furent unanimes à constater l'enthousiasme qui l'avait accueilli, dans ce faubourg Saint-Antoine dont le nom seul rappelle toutes les agitations de notre passé politique.

Il renouvelait souvent ces visites en grand costume, chez ceux qu'on appelait jadis *nos seigneurs les pauvres*, sur les échelles du faubourg Saint-Marceau, et recueillit les hommages et les vénérations du peuple.

Mgr Sibour aimait ces manifestations religieuses, mais on aurait tort de croire qu'elles lui fissent négliger ses autres devoirs.

A Digne, il avait publié, dans un moment difficile, ses *Institutions diocésaines,* et comme on le louait de son énergie :

— Je proteste, répondait-il, qu'il n'y a aucun mérite à avoir ce courage-là, quand on est évêque, et qu'on s'appuie sur le droit et sur la parole du pape.

A Paris, il travailla sans relâche dans les dernières années de son épiscopat, au rétablissement de la liturgie romaine justement désiré par le pape, et qu'il devait être donné à l'un de ses successeurs de mener à bonne fin[1].

Mais, nous l'avons dit, l'archevêque était avant tout pasteur ; s'il se montrait un moment sévère, il en demandait aussitôt pardon. Aussi humble que doux, jamais il n'a connu l'orgueil, « cette volupté de l'intelligence » qui avait perdu le confident de ses jeunes années.

« Nous l'avons vu depuis qu'il était archevêque de Paris, écrivait Mgr Guibert, évêque de Viviers[2], entrer dans l'étroite cellule qu'il avait habitée au séminaire, et là, se recueillir pieusement, comme pour se renouveler dans la ferveur de son noviciat ecclésiastique.

« Quand il fut nommé à Paris, il nous dit : En des temps ordinaires, j'aurais décliné une dignité si élevée, mais dans le moment présent, qu'est-ce que le siége de Paris, sinon un calvaire? Je regarderais comme une faiblesse de refuser d'y monter en portant ma croix. »

Charitable, par goût et selon les traditions de son siége, M. Sibour, deux jours avant sa mort, remettait à son vicaire un billet de 1000 francs en lui disant :

— Voici les étrennes de nos pauvres.

Long et diffus dans ses sermons, où il avait peine à sortir de l'ornière académique, le prélat trouvait

(1) Voir pour la liturgie, le chapitre spécialement consacré à cette question. *Pièces justificatives.*

(2) Actuellement archevêque de Paris.

toujours la note vraie, quand il touchait la corde de la charité.

Il s'écriait dans un de ses derniers mandements :

« Lorsque les possesseurs de la fortune sauront que Dieu n'a donné le succès à leur industrie, ou ne les a fait hériter de la richesse de leurs pères, que pour les établir la providence des pauvres, que les richesses ne sont ainsi déposées transitoirement dans leurs mains, qu'afin qu'ils se procurent le bonheur et la gloire de les verser dans le sein de l'indigent, ils regarderont leurs trésors comme le patrimoine de tous ceux qui souffrent, et les distribueront, non selon les calculs impitoyables et les insatiables caractères de la cupidité, mais selon les règles de la charité généreuse et fraternelle. »

Depuis sa nomination à Paris, M. Sibour avait acheté Belle-Eau à Saint-Paul-Trois-Châteaux ; il y vivait dans un repos occupé. Les automnes de Belle-Eau ne s'écoulaient pas sans profit pour le diocèse de Paris. C'est là que l'archevêque rédigea ces ordonnances par lesquelles il rétablissait l'officialité dans son ancienne forme, restaurait les chapitres et leur rendait leur autorité.

On trouva dans les papiers du prélat ces mots : « *Notes* pour servir à mes mémoires que je rédigerai plus tard si Dieu m'accorde quelques loisirs, comme je l'espère. »

Ces notes aussi avaient été rédigées à Belle-Eau.

Grâce aux instances réitérées du prélat, un décret du 22 janvier 1856 augmenta le nombre des paroisses de la capitale, et établit une circonscription nouvelle plus en harmone avec les besoins religieux des populations.

Sur la rive droite, le décret impérial érigea en paroisse l'église de l'Assomption, et créa deux nouvelles succursales ; l'une, sous le vocable de Saint-Eloi, à l'extrémité du faubourg Saint-Antoine ; l'autre, sous le vocable de Saint-Martin, dans le quartier du Château-d'Eau. Sur la rive gauche, une paroisse nouvelle fut érigée sous le vocable de Saint-Marcel, dans le quartier de la Salpétrière, et rappelle une ancienne paroisse du même nom, qui existait autrefois dans cette partie de Paris. En outre, Sainte-Clotilde, dont la construction devait être bientôt terminée, remplaçait Sainte-Valère ; et aux chapelles des Missions-Etrangères et de Notre-Dame-de-l'Abbaye-aux-Bois, on substitua deux églises nouvelles, mieux situées ; l'une, sous le vocable de Saint-François-Xavier, pour le quartier avoisinant la rue de Babylone ; et l'autre, sous l'invocation de Notre-Dame-des-Champs, pour le quartier de Montparnasse. Par une ordonnance du 5 février de cette année, il donna une attribution départementale aux trois archidiaconés de Notre-Dame, de Saint-Denis et de Sainte-Geneviève, en joignant à chacun d'eux un tiers des cantons de la banlieue, afin que le clergé des paroisses rurales ne parût plus faire un corps séparé de celui de la ville dans les réceptions officielles. Il rétablit aussi l'usage fort ancien des visites archidiaconales.

Au sujet de la proclamation du dogme de l'Immaculée Conception, le 8 décembre 1855, il convient de rappeler que Mgr Sibour étant évêque de Digne, avait demandé l'autorisation d'ajouter aux litanies de la sainte Vierge l'invocation : *Virgo sine labe concepta, ora pro nobis.*

A son retour de la ville Eternelle, l'archevêque de Paris dans un mandement solennel, s'adressa aux fidèles de son diocèse et leur dit :

« Nous répétons, nos très-chers frères, en vous l'apportant, la voix des temps anciens : Rome a parlé, la cause est finie. »

Lui-même s'était uni de cœur au souverain-pontife.

— N'oubliez pas, disait-il à son domestique, que lorsque je mourrai, je désire porter cette mitre que j'avais au jour du triomphe de Marie.

Enfin, à ceux qui reprocheraient à Mgr Sibour de ne s'être pas montré favorable à la proclamation du dogme de l'Immaculée Conception, on peut répondre que le prélat a été précisément assassiné par un misérable qui se posait en adversaire de ce dogme.

La bienveillance universelle de M. Sibour, sa mansuétude extrême aurait dû le défendre contre le poignard de Verger. Sous une physionomie un peu vulgaire, relevée seulement par l'œil plein de vie sous l'orbite, le prélat cachait le meilleur cœur qu'on puisse voir. Son assassin l'avait éprouvé lui-même plus d'une fois, et avait été recommandé par Mgr Sibour à l'évêque de Meaux, dont il tenait la cure de Séris.

Dans ce village, qui fut l'avant-dernière étape de son existence mauvaise, Verger prit fait et cause pour un empoisonneur et prêcha contre le dogme de l'Immaculée Conception. Interdit, et chargé du poids de son obscurité devenu insupportable, le prêtre indigne se demande si, pour en sortir, il tuera le pape ou l'archevêque. Dans son orgueil, il donnait à son meurtre sacrilége le prétexte de venger la religion des excès de dévotion à la sainte Vierge.

— *Pas de déesse!* s'écria-t-il en frappant Sibour.

En disant : *Pas de déesse!* cet homme avait répété après quatorze siècles le mot de Nestorius, mais il n'était pas même un hérétique, et ses *notes* n'ont laissé voir aucun vestige de croyance. Sous des dehors qui paraissaient doux, il cachait une nature audacieuse et plate, violente et basse, une froide et sauvage puissance de dissimulation et de cruauté.

Le jour où il commit son crime, Verger avait passé de longues heures dans l'église de Saint-Etienne du Mont; sa première pensée avait été de frapper l'archevêque sur son trône pontifical. N'ayant pu obtenir de pénétrer dans le chœur, il songea au banc d'œuvre, se posta à l'une des portes, et eut le sang-froid de se trouver face à face avec sa victime, pendant toute la durée du sermon. En entrant, l'archevêque avait passé de manière à toucher Verger, celui-ci l'attendait à la sortie; ses calculs furent déjoués. Mgr Sibour sortit du banc d'œuvre par la porte opposée; ce fut alors que l'assassin alla l'attendre au bas de la nef.

La procession s'avançait lentement, M. de Bories, curé de la paroisse, précédait le prélat, et invitait les fidèles à s'agenouiller. Un homme, vêtu d'une redingote noire, se tenait debout sous les grandes orgues; sur un signe du curé, il s'agenouilla.

L'archevêque se retourne vers la gauche pour donner la bénédiction aux enfants, cet homme se lève subitement, saisit Mgr par la main droite, le force à se retourner vers lui, et lui plonge son couteau dans le cœur.

Le prélat fit quelques pas en arrière en s'écriant :

— Le malheureux m'a tué! et s'affaissa sur lui-même.

Le mouvement de l'assassin avait été si prompt, qu'il fut impossible de prévenir la perpétration du crime. Aussi M. le curé de Bories, n'ayant pas vu porter le coup et croyant qu'une indisposition subite de l'archevêque était la cause du tumulte qui venait de s'élever, s'empressait-il de calmer les assistants lorsqu'en se retournant vers le prélat, il le vit étendu sur les dalles.

L'archevêque fut immédiatement transporté à la sacristie, mais tous les soins furent inutiles, l'arme avait pénétré jusqu'au cœur, la mort avait été instantanée.

Le couteau était une lame large et mince, se recourbant vers le milieu, devenant tranchante des deux côtés, et se terminant par une pointe acérée, qui eût percé une cotte de mailles.

La victime restée avec son rochet, ses gants et son anneau pastoral, fut portée dans sa voiture qui prit le chemin de la rue de Grenelle. Un des deux domestiques qui accompagnaient le corps, était Pierre Sellier, le même qui avait suivi Mgr Affre sur les barricades.

Le deuil fut universel à Paris.

L'empereur était attendu le soir au théâtre de la Gaîté. En apprenant cet événement, il fit annoncer qu'il ne se rendrait point au spectacle. La foule qui se pressait dans la salle, fut ainsi informée de l'assassinat.

Deux jours après, on vendait dans les rues le récit en vers de ce déplorable événement qui passionnait la capitale :

Il est venu le jour du crime,
Verger, méditant son dessein,
Marque la place où la victime
Recevra le fer dans son sein.
Bientôt s'avance le cortége,
La foule est tombée à genoux,
C'est l'instant qu'un bras sacrilège
A choisi pour porter ses coups.

Tous les journaux étaient remplis d'articles sur ce triste sujet; un des plus curieux était l'*Univers israélite,* qui s'exprimait ainsi :

« Organe du judaïsme français, nous prenons notre

part de vif regret et de profonde douleur du malheur irréparable qui vient de frapper nos concitoyens catholiques et leur Eglise.... Le Dieu des israélites et des chrétiens aura donc accueilli avec grâce l'âme de ce noble grand-prêtre, dont la fin cruelle fait verser autant de larmes que sa vie sainte et charitable en a séché dans l'humanité souffrante. »

« Nul n'a été plus pasteur que Mgr Sibour, disait Mgr Dupanloup, nul n'a travaillé avec plus de persévérance et d'énergie à la fondation de ces nouvelles paroisses de Paris sans lesquelles les deux tiers de l'immense population de cette grande cité sont condamnés à vivre et à mourir sans temple et sans autel. J'aime à penser que la patronne de Paris, dont il était venu honorer le tombeau à l'heure où il devait lui-même tomber dans la mort, lui avait préparé la couronne réservée aux pasteurs apostoliques et aux martyrs. »

Le lendemain, on lisait sur les murs de Saint-Etienne du Mont l'avis suivant :

« Mgr l'archevêque de Paris ayant été frappé de mort par une main criminelle, dans l'église de Saint-Etienne du Mont, hier à 5 heures du soir, l'église demeurera interdite jusqu'à la cérémonie de l'expiation qui sera ultérieurement annoncée. »

Dans toutes les églises et chapelles du diocèse, aucune grand'messe ne fut chantée, mais à la place, une messe basse, à l'issue de laquelle le clergé psalmodia les psaumes de la pénitence.

La cérémonie de la réconciliation de Saint-Etienne du Mont, fut célébrée selon le rite prescrit par le pontifical romain, et la sonnerie de Saint-Etienne ne se fit entendre qu'au moment où, l'office terminé, on para les autels pour la célébration de la messe.

« Paris, Paris, s'écriait un organe catholique, faut-il donc, dans cette longue et interminable suite de nos calamités, que l'antique siége de tes pontifes ne cesse point d'être inondé non pas seulement de leurs sueurs, mais de leurs larmes et de leur sang répandu! »

Après le martyr de la charité, le martyr de la justice!

FRANÇOIS III NICOLAS MORLOT

1857-1862

Fils d'un pâtissier et d'une petite bourgeoise, Nicolas Morlot qui débuta dans le monde comme précepteur des enfants du marquis de Saint-Seine, et dans la carrière ecclésiastique comme vicaire de paroisse à Dijon, mourut archevêque de Paris, sénateur, membre du conseil privé, cardinal, primicier de Saint-Denis ; il eut cette fortune singulière d'être revêtu des plus hautes dignités laïques et religieuses, en un siècle où le temporel semble destiné à vivre en guerre perpétuelle avec le spirituel; il eut la sagesse d'occuper toutes ces places de manière à les grandir encore; il eut la gloire de n'y parvenir que contre son gré, sans les avoir sollicitées jamais, et après s'être longtemps défendu de les accepter.

Chanoine de Dijon, évêque d'Orléans, archevêque de Tours et de Paris, Mgr Morlot porta partout un esprit pratique, net, délicat, plein de mesure. Dans sa ville natale, on le choisissait pour arbitre de toutes les contestations qui s'élevaient; plus de mille personnes s'adressaient à lui pour la direction de leur conscience, il était ce qu'il est demeuré pendant toute sa vie, une sorte de lien entre l'Eglise et la société.

C'était l'homme de paix et de conciliation par excellence.

On raconte que, peu de temps après son arrivée à Tours et dans sa première visite pastorale, le prélat se trouvant à Chambourg, voulut voir M. Lavau, ancien prêtre constitutionnel qui, cédant enfin aux inspirations de la grâce et aux instances de quelques ecclésiastiques, avait tout récemment rétracté son adhésion au schisme. En apercevant l'archevêque, ce vieillard s'écria avec une vive émotion :

— Daignez, Monseigneur, daignez recevoir la brebis égarée. Elle est rentrée au bercail. Accordez-lui votre bénédiction. Mgr Morlot ouvrit les bras au vieux prêtre repentant et une partie de la population de Chambourg, qui assistait à cette touchante entrevue, recueillit alors pieusement et la bénédiction du prélat, et ses paroles d'édification.

Durant l'inondation de 1856, qui affligea principalement son diocèse, dans la journée du 2 juin si fertile à Tours en tristes et douloureux souvenirs, au milieu de ce spectacle de désolation, que présentaient les campagnes qui bordent la Loire et le Cher, tous deux débordés, à l'aspect de ces récoltes, de ces maisons submergées, de ces populations consternées fuyant devant les eaux, et obligées d'abandonner au fléau et leurs habitations et les champs que leur travail avait fécondés, Son Eminence, une pioche à la main, suivie du clergé et d'une masse considérable de peuple entraîné par le sublime exemple de son premier pasteur, vint aussitôt par sa présence, par ses paroles et par son exemple, encourager les travailleurs accourus pour essayer d'opposer une digue à la fureur des ondes. Vivement ému à la pensée des afflictions immenses que créent de pareilles catastrophes, le vénérable prélat s'empressa d'adresser une chaleureuse circulaire à ses diocésains; il vint à Paris, sollicita et obtint des secours abondants pour son troupeau.

Nommé à Paris contre son gré, il prit solennellement possession de son nouveau siége, après avoir publié un mandement admirable d'onction, de simplicité, de charité et de tendresse pastorale. Le dimanche précédent, il avait prêté entre les mains de l'empereur le serment d'usage, et cette cérémonie s'était terminée par une circonstance qui avait vivement impressionné toutes les personnes présentes. Napoléon se mit à genoux devant le cardinal, lui demanda comme à son premier pasteur sa première bénédiction, et le fit conduire ensuite dans les appartements de l'impératrice et du prince impérial, pour qu'il les bénît également.

Dans son nouveau diocèse, les œuvres du patronage

des apprentis, de la doctrine chrétienne, fondée sous son pontificat dans la paroisse Saint-Sulpice, les sociétés de secours mutuels et de Saint-François-Xavier, les Saintes-Familles, ne réclamèrent jamais en vain l'appui et les exhortations du cardinal Morlot. Grâce à ses habitudes de travail, à cette vie presque monastique qu'il avait su garder au milieu des exigences des affaires, il suffisait à tout, et à Paris comme à Tours et à Orléans, il faisait lui-même une partie notable de sa correspondance, recevait dans ses audiences régulières tous ceux qui s'adressaient à lui et écoutait avec un calme inaltérable, avec une affabilité qui ne se démentit jamais, toutes les plaintes, toutes les réclamations.

Il était extrêmement affable, dit M. Fisquet dans la *France pontificale* : De toutes les personnes qui l'approchaient, aucune ne s'éloignait sans emporter, l'humble et le pauvre, une espérance sympathique, le puissant, un délicat conseil. Envers ses subordonnés, il se montrait toujours paternel. En toutes choses, il cherchait à faire prévaloir l'élément de conciliation. Lorsqu'il n'y parvenait pas et qu'il était obligé de frapper, on aurait dit volontiers que la main qui faisait la blessure, apportait en même temps le baume pour la guérir. Il a réalisé ce beau portrait tracé par Mgr Dupanloup : « Ce que je cherche d'abord, ce n'est pas ce qui sépare, c'est ce qui rapproche ; ce n'est pas la querelle, c'est l'accord. *Je ne puis haïr* », disait-il.

Une indisposition qui semblait n'être que passagère,

ne permit pas au vénérable cardinal d'assister à l'église Métropolitaine aux offices de Noël, 1862. Malheureusement, la maladie prit tout à coup des caractères plus graves. Soutenu sous les bras, il voulut assister à la messe de minuit dans la chapelle de l'archevêché, et il trouva encore la force de se mettre à genoux pour recevoir la sainte communion. Le vendredi, à cinq heures, à la suite d'une longue et douloureuse nuit, il demanda avec instance le sacrement de l'Extrême-Onction que lui administra M. l'abbé Buquet, vicaire-général.

Le jour même qu'il reçut la visite de l'empereur, il reçut aussi celle du nonce du pape. Mgr Chigi, avant de se retirer, voulut baiser les mains dù prélat.

— Non, répondit avec humilité le cardinal, c'est plutôt à moi de baiser vos pieds et vos mains, puisque vous représentez le vicaire de Jésus-Christ.

Dans la nuit du samedi au dimanche, alors qu'il lui restait à peine un souffle de vie, il reçut à minuit, sur son désir ardemment exprimé, la sainte communion, afin, disait-il, de célébrer l'anniversaire de sa naissance, — il avait soixante-sept ans et un jour, — et hâter l'heureuse délivrance de son âme. Lorsque, le dimanche soir, le docteur Rayer lui dit qu'il reviendrait le voir le lendemain, à neuf heures : « Demain, reprit » Son Eminence avec un ineffable sourire, demain, » *in pace in idipsum dormiam et requiescam.* » Au dernier moment, une de ses Sœurs de Bon-Secours qui l'assistaient, lui ayant annoncé qu'on allait dire la messe à son intention dans la chapelle de leur communauté, il en parut doucement touché ; il fit le signe de la croix, prononça distinctement son *Confiteor*, et cinq minutes après, il rendait son âme à Dieu. C'était le lundi 29 décembre 1862. Cette sœur et le docteur Vignolo reçurent son dernier soupir. La bénédiction de l'auguste Pie IX était venue consoler Son Eminence et augmenter encore, s'il était possible, la résignation admirable, le courage singulier et la foi ardente avec lesquels il soutint sa longue et douloureuse agonie.

GEORGES DARBOY

1863-1871

« Si j'étais vous, disait Mgr Darboy à Lehmann, quand il faisait son portrait, je laisserais là mon détestable modèle et je ferais un homme superbe, aussi beau et aussi majestueux que Mgr de Quélen, et l'on dirait dans quelques centaines d'années, en voyant ce personnage : Il ne faut pas s'étonner que celui-là ait fait son chemin, un si bel homme! ou bien je ferais une espèce de singe et la réflexion du spectateur serait bien plus flatteuse encore pour l'original : Il faut croire que celui-là avait bien de l'esprit et bien du talent pour être devenu archevêque de Paris, sénateur, etc., il était si laid. »

La vérité est que Mgr Darboy n'était ni beau, ni laid. Le front large, les yeux vifs et parlants donnaient du relief au haut de la tête, mais le menton était lourd, le nez fort, les lèvres épaisses. Si le portrait eut au salon le succès que l'on sait, c'est que l'artiste excellait à peindre l'âme, et qu'on voyait l'esprit vivre et le cœur battre sous la toile.

Mgr Morlot ne possédait que 50,000 francs de dettes contractées pour les besoins du diocèse ; il les légua à Mgr Darboy. Mgr Sibour avait laissé par testament son anneau pastoral à l'abbé Darboy comme pour le fiancer à l'Eglise de Paris. Enfin l'ancien vicaire-général avait été le confident, l'ami de Mgr Affre ; il avait vécu avec lui dans cette solitude de Saint-Germain qu'affectionnait le saint martyr de 1848.

Un matin que Lamartine était venu, en 1847, ils se promenaient, Mgr Affre, l'abbé Darboy, et lui sur la grande terrasse de Saint-Germain, en attendant le déjeuner. On causait, mais surtout on contemplait. Il y eut un moment de complet silence entre les trois promeneurs. Tout à coup Lamartine, et sans que rien de ce que l'on avait dit expliquât ce qu'il s'apprêtait à dire :

— Monseigneur, voici le moment où l'homme de France qui parle le mieux sera roi, croyez-vous que je sois nommé président de la république ?

Depuis cette époque, l'abbé Darboy avait été nommé prélat romain, protonotaire apostolique et enfin évêque de Nancy ; le décret qui l'appelait au siége de Paris, le surprit dans la vieille capitale de la Lorraine.

— Archevêque de Paris, dit la mère du prélat, c'est bien beau, mais les archevêques de Paris ne durent guère.

Dans le monde religieux, nul ne se dissimulait qu'il fallait un véritable dévouement à l'Eglise pour accepter un poste si redoutable.

Les journaux irréligieux accueillirent pourtant la nomination avec faveur ; les organes du gouvernement retentirent de ses louanges.

Nous avons retrouvé une petite biographie, publiée au moment de la nomination de Mgr Darboy à l'archevêché de Paris :

« Fin et avisé dans les choses courantes, disait l'auteur, M. Darboy est volontiers naïf et crédule dans les choses idéales, mélange psychologique qui est moins rare qu'on ne croit. Ecrivain et orateur, sinon distingué, du moins suffisant, il a été professeur de philosophie (ce dont on ne se douterait guère à lire ses livres), mais il a les goûts d'un professeur de rhétorique. Il aimera peu les idéologues et les métaphysiciens, mais il sera doux et modéré pour les romanciers.

» On peut s'attendre à beaucoup d'habileté, et à une certaine activité tempérée et souple dans le gouvernement ecclésiastique du nouvel archevêque. Quant à sa ligne précise, il est difficile de rien préjuger. MMgrs Sibour et Morlot n'ont été ni l'un ni l'autre ce qu'on craignait ici, ce qu'on espérait là. Il n'y a pas de corps où la fonction agisse plus que dans le clergé sur le caractère des individus.

» Le lendemain du jour où il est nommé, l'archevêque de Paris se réveille tout autre qu'il ne s'est endormi la veille. »

Quant au nouvel archevêque, il voyait tous les périls de la situation qui lui était faite, entre l'omnipotence du souverain, l'impiété des masses, les exigences de la diplomatie. Cinq ans auparavant, M. Darboy écrivait dans la préface de sa traduction de l'*Imitation* :

« Vivre est devenu le grand et presque l'unique » souci de la génération présente, et il semble qu'elle » n'ait pas de temps à donner aux lectures sérieuses » et recueillies. Les inquiétudes du présent, *les menaces* » *d'un prochain avenir* absorbent toute attention. Beau- » coup d'hommes estiment que pour eux il ne s'agit » pas de lire ou de réfléchir, mais qu'il s'agit d'être ou » de n'être pas ; ils suffisent à peine aux intérêts de » la terre et ils se croient dispensés par là de songer » à ceux de l'éternité.

» Mais, il faut le dire à ces esprits infirmes et trou- » blés : la paix et la prospérité matérielle des Etats » sont liées intimement à la pureté et à la paix des » consciences ; le désordre ne se produit dans les faits » qu'après s'être produit dans les idées. Lorsqu'il » accorde trop aux sens et trop peu à l'âme, qu'il » trompe son intelligence par le doute et l'erreur, qu'il » égare et pervertit ses affections, l'homme brise l'équi- » libre qui doit exister entre toutes ses forces, *et il est* » *le premier à souffrir de ce renversement*.... Ses » nobles aspirations ramenées vers la terre se changent

» en convoitises ardentes. N'ayant plus pour objet de » ses désirs que des choses partageables, il s'y attache » et les poursuit avec une âpreté égoïste qui provoque » les résistances et la réaction d'autrui, et bientôt » amène les dissensions et les querelles particulières, » *puis les discordes publiques et les guerres.* Plus il a » de rivaux dans les choses du ciel, plus il se réjouit, » mais plus il en a dans les choses de la terre, plus il » est défiant, plus il lutte avec une ardeur souvent » périlleuse, *quelquefois criminelle et terrible.*

» A quoi bon se le dissimuler ? En l'absence de la foi, » la véritable notion des droits et des devoirs s'altère » graduellement dans la conscience des individus. Or, » où Dieu n'a plus que des droits oubliés et trahis, » l'homme n'a plus que des devoirs imaginaires; » quand l'homme n'a plus que des devoirs imaginaires, » le monde tombe en proie à une foule d'ambitions » jalouses, et alors *il ne faut plus qu'un peu de temps » pour que la société, déchirée en factions, devienne de » la poussière qui se détrempera dans du sang.* »

Et plus loin :

« .... Si vous dites à l'homme de ne croire à rien, il » ne faut pas lui demander de respecter quelque chose, » car la croyance est la source du respect. Si vous » instruisez l'homme à mépriser les lois de Dieu, il ne » faut pas attendre qu'il obéisse aux vôtres, car dès » qu'il n'y a plus d'autorité dans le ciel, il est absurde » d'en vouloir mettre sur la terre. »

La traduction de l'*Imitation de Jésus-Christ* n'est pas le seul ouvrage de Mgr Darboy : les *Œuvres de saint Denis l'Aréopagite,* dont la traduction est précédée d'une introduction, où l'auteur s'attache à démontrer l'authenticité des écrits attribués à saint Denis, demeure son titre le plus sérieux aux yeux de la science historique.

L'abbé Darboy apporta dans la discussion toute l'ardeur de conviction dont il était animé.

— Il croit ça dur comme fer, disait M. Vacherot.

— Un prêtre et un littérateur, ce n'est pas tout un, objectait M. Darboy à ceux de ses amis qui le poussaient à entreprendre ce travail. Nous excellons aux homélies, mais les homélies ne sont bonnes qu'à l'Eglise.

Le succès des *Œuvres de saint Denis,* prouva à l'auteur qu'il se jugeait trop modestement lui-même.

Sous l'épiscopat de Mgr Sibour, les attaques passionnées de l'abbé Combalot contre l'archevêque de Paris fournirent à l'ancien aumônier du collége Henri IV, l'occasion de déployer un vigoureux talent de polémiste.

On rappela à ce propos la lutte épistolaire de Christophe de Beaumont avec Jean-Jacques Rousseau, qui avait divisé les esprits au siècle précédent ; mais la position de Rousseau vis-à-vis de l'archevêque de Paris n'était pas la même que celle de l'illustre prédicateur envers le prélat du XIXe siècle.

Rousseau n'ayant aucun devoir, avait par conséquent quelques excuses; Rousseau était incroyant, et pour lui l'archevêque de Paris n'était qu'un homme comme un autre, Rousseau discutait en homme du libre examen, ses arguments étaient faux mais sa situation était franche. De plus, il rencontrait à côté de la question de principe la question personnelle qui est toujours la plus sensible au cœur des philosophes. Cela ne justifie pas l'irrévérence de Rousseau, mais cela l'explique.

Il n'en était pas de même de l'abbé Combalot. Darboy, chargé par l'archevêque de Paris de répondre en son nom, sut mettre l'opinion publique de son côté, sans blesser son adversaire.

Il écrivait à l'abbé Combalot :

« Au lieu de nous apprendre ce qui doit être, et de le proclamer, vous faites la critique de ce qui fut. Depuis soixante ans, dites-vous, les gouvernements révolutionnaires n'ont guère connu d'autre politique que celle de l'orgueil, de l'égoïsme, de l'intérêt, de la licence et de la révolte.... Assurément cette politique ne peut être la vôtre et vous êtes d'un parti qui n'est point arrivé aux affaires depuis soixante ans. Je présume en outre que le XVIIIe siècle ne vous semble pas avoir pratiqué beaucoup la politique de l'humilité du dévouement, du respect pour la morale et pour la religion; vous avez plus d'une fois exprimé de vives antipathies contre la politique envahissante du monarque qui inspira les 4 articles de 1682. Richelieu ne saurait vous plaire par les tendances et les actes de sa politique; celle de Henri IV n'est pas sans reproche; vous n'approuverez point celle des derniers Valois; pour quelle politique êtes-vous donc, monsieur l'abbé? »

Mgr Darboy s'était formé à l'école de ces auteurs des premiers siècles qui avaient eu à défendre le christianisme naissant contre les attaques du paganisme et de la philosophie. Il emprunta dans ce commerce intime leur méthode d'argumentation, leur procédé de polémique.

II

La troisième station du chemin de fer, quand on va de Langres à Vesoul, se nomme Charmoy-Fayl-Billot. Ce n'est qu'une station de train omnibus. On monte une demi-heure pour atteindre Charmoy, et des dernières maisons de Charmoy aux premières maisons de Fayl-Billot, il y a exactement trois kilomètres ; les bornes le disent. C'est une vaste plaine à blé, aussi riche que monotone. Quant à Fayl-Billot, c'est un *trou*, dans toute l'acception du terme.

Fayl-Billot était la patrie de Mgr Darboy.

— Je suis *Haut-Marnais,* disait l'archevêque ; si j'étais né avant 89, je serais né Bourguignon, car Fayl-Billot était en Bourgogne; mais je suis né à une époque où il n'y avait plus de provinces, et les traditions bourguignonnes dans notre région sont complétement oblitérées.

En 1865, deux ans après son installation à Paris, Mgr Darboy fit un voyage à Fayl-Billot; il y fut reçu avec les plus grands honneurs. Tous ses compatriotes, tous les compagnons de son enfance vinrent le complimenter à la mairie.

Le vieux prêtre qui lui avait appris les éléments de la grammaire latine, arriva à son tour.

— *Excellence, Eminence, Votre Révérence,* il cherchait quelque formule plus respectueuse encore, quand l'archevêque se lève de son fauteuil, y fait asseoir le vieux prêtre et s'asseoit lui-même sur une chaise en lui prenant les mains.

— Ah! l'abbé, l'abbé, dit le vieillard à Mgr Darboy, tu seras donc toujours le même.

Autant il était simple avec les petits, autant le prélat se montrait magnifique avec les puissants du jour. Mgr de Quélen, après la destruction de l'ancien palais des archevêques, s'était retiré dans la solitude du couvent Saint-Michel et n'en était guère sorti pendant neuf ans. Le palais archiépiscopal qu'on assigna à M. Affre était une très-modeste maison de l'Ile-Saint-Louis. Mgr Sibour, après avoir habité quelque temps cette maison, fut mis en possession du magnifique hôtel occupé par l'ambassade d'Autriche depuis nombre d'annés.

Là, Mgr Darboy donnait tous les ans quelques dîners de cinquante couverts; il considérait ces dîners comme une obligation d'état, car, en sa qualité de gastralgique, il avait horreur du fumet des viandes.

Dans l'administration du diocèse, frappé des tendances de nos contemporains à chercher dans l'étude des monuments orientaux le dernier mot du problème religieux et à le chercher par l'Allemagne, le pays des études trop souvent nébuleuses et sans conclusion, mais toujours fortes, Mgr Darboy jugea qu'il était bon de prendre là aussi, puisque Dieu les y a mis, les éléments de l'apologétique catholique et de la défense de la foi contre un rationalisme envahissant. Il décida donc que de jeunes prêtres de son diocèse, les plus distingués par le talent et l'éducation littéraire, seraient envoyés chaque année régulièrement en Allemagne, pour y former un noyau de savants hébraïsants, de doctes orientalistes, aptes à devenir à la Sorbonne des professeurs de premier mérite. Ils s'initieraient en outre à la philosophie agitée qu'on suscite contre l'Eglise avec une obstination que rien jusqu'ici n'a découragée, et ils seraient par là mieux placés pour la combattre par elle-même. L'université de Tubingue reçut le premier ecclésiastique choisi pour cette honorable mission. Darboy lui-même travailla sans relâche jusqu'à sa mort. Il possédait dans son cabinet, où il vivait beaucoup, des manuscrits très-volumineux. Lorsqu'on lui parlait de leur publication, le prélat répondait en souriant :

— On verra ce qu'on devra faire après ma mort.

III

Mgr Darboy, de retour à Paris, après le concile, en 1871, trouva la capitale à la veille de l'insurrection. La commune ne l'empêcha pas de demeurer à Paris. La dernière fois qu'il présida le conseil de l'archevêché, il prit congé de ses vicaires, en ces termes :

— Messieurs, à la semaine prochaine, si nous y sommes, et s'il plaît à Dieu.

Quelques jours après, l'archevêque était arrêté et détenu à Mazas. Le souverain-pontife ordonna lui-même à son ambassadeur en France, de tenter toutes les démarches nécessaires pour délivrer Mgr Darboy. Le nonce apostolique, Mgr Chigi, en conféra avec lord Lyons qui reconnut malheureusement son impuissance.

M. Washburne, le seul ministre étranger présent à Paris, demanda une audience à Cluseret, délégué à la guerre, et obtint la permission de voir l'archevêque à Mazas.

Il trouva Mgr Darboy en proie à la tristesse, amaigri, la barbe longue, les vêtements en désordre, nourri de pain noir et de brouet ; le prélat pourtant ne se plaignait point, c'était le même homme qui disait quelques années auparavant :

— La vie est pour moi une surface plane, elle n'a ni haut, ni bas.

Le ministre des Etats-Unis transmit au cabinet de Washington le résultat de sa mission, et rendant compte de son entrevue avec l'archevêque de Paris, se déclara très-honoré d'avoir pu être agréable au Pape.

Dans sa prison, Mgr Darboy travaillait encore sur des ouvrages de théologie; quelques jours avant leur assassinat, les saints ôtages furent transférés de Mazas à la Roquette. Ce fut une scène lugubre.

Les voitures stationnèrent une heure dans la cour de Mazas. Au dehors la foule était immense et impatiente.

De la porte on entendait crier :

— Arrêtez, arrêtez, à quoi bon aller plus loin! A bas les calotins! Qu'on les coupe en morceaux ici! N'allez pas plus loin! A bas! A bas!

L'archevêque de Paris monta dans une tapissière; il était assis le long des planches posées de champ qui forment les côtés de ce véhicule; silencieux, il souriait faiblement aux saillies de l'abbé Deguerry.

Le trajet s'effectua lentement, au milieu des insultes d'une foule avinée, sous la protection d'une escorte qui se joignait à la foule :

— A mort! à mort!

A la Roquette, les geôliers témoignèrent aux vénérables prisonniers le plus d'égards possibles. Rangés au bas de l'escalier, on fit l'appel, puis on monta au premier étage; on arriva à la première cellule du corridor, dont la porte était entr'ouverte. Monseigneur entra et on la referma.

Chaque cellule contenait une paillasse et une couverture, ni table, ni banc, aucun meuble; le corridor et les cellules étaient dans l'obscurité. Le lendemain, l'archevêque put communier, grâce au stratagème d'une dame qui, en apportant de la nourriture à certains otages, était parvenue à introduire dans la prison une pyxide pleine d'hosties consacrées.

Le 24 mai, un officier fédéré partit de la mairie du 11e arrondissement, boulevard Voltaire, où siégeait la Commune, pour la Roquette, avec l'ordre de fusiller 68 otages, en représailles des officiers de la barricade Caumartin.

— Citoyen, lui dit le greffier, il y a ici une erreur d'écriture, on ne tue pas 68 personnes pour venger 2 ou 3 victimes : c'est six ou huit qu'il faut lire. Retournez donc faire rectifier cette erreur.

Le messager retourna et rapporta l'ordre de fusiller six ôtages pris parmi les prêtres.

— Cette fois, nous allons les coucher, dit Ferré.

Les fédérés entrèrent dans le corridor où donnaient les cellules, le détachement comptait des soldats de toutes armes et particulièrement des *Vengeurs de la commune*.

— Citoyen Darboy, cria-t-on en ouvrant la cellule de Monseigneur.

— Présent, répondit l'archevêque.

Les ôtages sortirent et se mirent en marche. L'archevêque de Paris donnait le bras à M. Bonjean.

M. Deguerry donnait le sien au P. Ducoudray, les Pères Clerc et Allard venaient ensuite. En tête marchait Romain, brigadier de la prison, les mains dans ses poches; en queue un capitaine fédéré, traînant son bancal.

Dans le trajet, on fut obligé de s'arrêter, on n'avait pas les clefs du chemin de ronde; on força les serrures et les verrous; il vint un moment où deux personnes ne purent passer de front. M. Bonjean s'écarta et s'adressant à l'archevêque:

— La religion d'abord, la justice ensuite, lui dit-il.

Les ôtages étaient très-calmes.

— La France, dit le vénérable curé de la Madeleine, a besoin d'expiation, et il n'y a pas d'expiation qui vaille sans effusion de sang.

Les prisonniers étaient déjà rangés contre le mur. Un *communard* parla de liberté.

— Ne profanez pas ce mot de liberté, dit l'archevêque de Paris, il nous appartient à nous qui mourons pour la foi et pour la liberté.

Des soldats injuriaient en termes ignobles les saints martyrs :

— Vous êtes ici, dit un officier, pour fusiller ces gens-là et non pour les eng....

L'archevêque de Paris se tourna en ce moment vers ses compagnons et leur donna sa bénédiction puis il s'avança vers ses assassins et leur adressa quelques paroles de pardon. Deux de ces hommes s'approchèrent du prélat et devant leurs camarades s'agenouillèrent pour lui demander sa bénédiction.

Quelques secondes après, le successeur de saint Denis tombait, percé de plusieurs balles, il vivait encore ; un homme de taille moyenne, d'une physionomie dure et froide, nommé Virig, s'approcha de lui et l'acheva.

L'archevêque avait au doigt l'anneau de Mgr Sibour, et la croix de Mgr Affre sur la poitrine. Comme à ces saints prélats, Dieu lui avait fait don de la mort.

Le soir de ce jour, Ferré rentra à la commune et avant de se mettre à table, fit rédiger et signa la pièce suivante :

« Comité de sûreté générale.

» Aujourd'hui 24 mai à 8 heures du soir, les nommés Darboy (Georges), Bonjean (L. Bernard), Ducoudray (Léon), Allard (Michel), Clerc (Alexis) et Deguerry (Gaspard) ont été exécutés à la prison de la grande Roquette. »

La Providence a donné ainsi à l'archevêque Georges Darboy l'insigne honneur et la magnifique fortune de mourir la main étendue pour bénir et pour pardonner.

PIÈCES JUSTIFICATIVES.

I

LA LITURGIE PARISIENNE

Le principal argument des défenseurs de la liturgie parisienne dans la première partie de ce siècle était celui-ci : « Il est constant, disaient-ils, que la liturgie française est trop différente de la romaine pour qu'on puisse croire qu'elle en soit issue; on a au contraire tout lieu de la juger d'origine orientale, tant parce qu'elle présente d'abord en elle-même beaucoup d'analogie avec les rites des églises d'Orient, que parce que nos premiers apôtres nous vinrent d'Asie. »

L'étude consciencieuse des faits détruira aisément cette objection. Il est hors de doute que durant tout le moyen âge, et durant la période antérieure, il n'a existé dans tout le monde latin qu'une seule et même liturgie; et, que ce qu'on est convenu d'appeler la liturgie parisienne, adoptée dans presque toute la France vers la fin du XVIIIe siècle, ne saurait remonter au delà des premiers archevêques de Paris.

Il s'éleva à Rome sous Charlemagne, une dispute entre les chantres romains et les chantres français de la chapelle de l'empereur. Nos compatriotes prétendaient que leur chant était plus beau que celui de Rome, les Italiens soutenaient au contraire qu'ils suivaient exactement le chant de saint Grégoire et que les Français qui venaient de l'adopter, l'avaient déjà corrompu; la querelle s'échauffa. Des raisons on en vint aux injures : les Italiens traitaient les Français d'hommes grossiers qui ne savaient pas mieux vivre que chanter. Nos chantres perdaient patience, quand l'autorité de l'empereur s'entremit à propos pour empêcher qu'on en vînt aux mains.

— Quel est le plus pur de la source ou du ruisseau qui en coule? dit-il à ses chantres.

— La source.

— Eh bien! retournez à la source, car il est évident que vous avez corrompu le chant ecclésiastique.

Jusqu'au XVIIe siècle, on ne remarque dans la liturgie suivie à Paris, que l'introduction de quelques hymnes ou offices détachés, composés par ordre des évêques et qui prenaient place dans le Missel. La publication du premier *Missel* parisien fut faite en 1615 sous l'inspiration du CARDINAL HENRI DE GONDY, le dernier évêque de Paris; elle fut suivie de la publication d'un *Bréviaire* à l'usage du diocèse en 1617.

Ces deux ouvrages ne contiennent aucune différence notable avec les missels et bréviaires adoptés à Rome.

HARLAY fit publier, vers 1670, une nouvelle édition du Rituel, du Missel et du Bréviaire de Paris ; on y remarquait d'assez sérieuses innovations.

Ce fut aussi sous l'épiscopat de Harlay que Joseph de Voisin publia son *Missel romain* traduit en langue vulgaire (4 vol. in-12 — 1660). Le souverain-pontife proscrivit cet ouvrage, « comme une entreprise insensée, contraire aux lois ainsi qu'à l'usage de l'Eglise, et uniquement propre à occasionner la profanation des sacrés mystères. »

LE CARDINAL DE NOAILLES donna une nouvelle édition des livres liturgiques publiés par son prédécesseur, à l'usage du diocèse de Paris, tels que *Bréviaire, Missel, Processionnal ;* il y ajouta un *Rituel,* un *Cérémonial,* un *Martyrologe* et un livre de *Canons.* Ces derniers livres, empreints de l'esprit qui animait l'archevêque, dérogeaient formellement aux rites et aux usages de l'Eglise universelle. Ils tendaient à former ce qu'on appela dans la suite la liturgie parisienne.

M. DE VINTIMILLE, le successeur de M. de Noailles sur le siége de Paris, consomma son œuvre liturgique. Il fit composer un *Bréviaire parisien,* par Viger, Mesenguy et Coffin : Mesenguy, acolyte, célèbre par ses écrits contre la bulle *Unigenitus,* en faveur de l'appel ; Coffin, simple laïque, également janséniste renforcé, à qui le curé de Saint-Etienne du Mont, refusa les sacrements à l'article de la mort ; Viger, oratorien, qui refusait d'admettre la bulle adoptée par l'Eglise catholique, la qualifiait de *Règlement provisoire de police,* et en écartait le caractère de règle de foi.

Ils sont ces trois hommes qui furent chargés de composer pour l'Eglise de Paris, la plupart des hymnes qu'elle chantait encore il y a dix ans au lieu des hymnes de l'Eglise romaine.

Leur œuvre fut ce qu'elle devait être et sa publication fit un tel scandale, qu'après beaucoup d'incertitudes et de délibérations, M. de Vintimille et son conseil prirent le parti de placer des cartons aux endroits qui choquaient le plus les catholiques[1]. On commença donc une nouvelle édition (1736), mais les changements furent peu nombreux et n'atteignirent pas le fond du nouveau Bréviaire.

Les partisans de l'hérésie janséniste ne s'effrayèrent pas de la réprobation dont leur Bréviaire était frappé, ils firent composer par Mesenguy un nouveau Missel, en harmonie avec le nouveau Bréviaire. M. de Vintimille, cédant par faiblesse à leurs obsessions, le promulgua en 1738. Conçu dans le même esprit que le Bréviaire, le *Missel* de Mesenguy fut pourtant moins répréhensible ; on peut se faire idée toutefois de l'orthodoxie de ses auteurs en considérant que Mesenguy se fit assister dans la composition de sa liturgie nouvelle

(1) Fisquet. — La France pontificale.

par le docteur Boursier, alors expulsé de la Sorbonne, et mort sans avoir rétracté son appel de la bulle. Malgré toutes les réclamations qui se firent jour, M. de Vintimille parvint à imposer sa liturgie à tout son diocèse. Ce fut par le fait l'imposer à la moitié de la France, car trente ans après l'apparition du Missel et du Bréviaire (1738), la liturgie romaine avait disparu des trois quarts de nos cathédrales et sur ce nombre, cinquante avaient adopté l'œuvre des trois jansénistes.

M. de Vintimille avait également édité un *Processionnal* en 1740. Sous l'épiscopat de CHRISTOPHE DE BEAUMONT, l'assemblée du clergé de 1765 ayant invité les évêques à favoriser la dévotion au Sacré-Cœur de Jésus, l'archevêque de Paris publia en 1767, un *Office* détaché de cette fête, pour les paroisses qui étaient dans l'usage de la célébrer.

Le même prélat chargea MM. Joubert et Simon, de Saint-Sulpice, de corriger les fautes qui se trouvaient dans le Bréviaire du diocèse et d'y faire quelques changements.

On vit donc paraître, en 1777, une nouvelle édition du Missel, à la tête de laquelle on laissa le Mandement de M. de Vintimille, du 19 mars 1738 : elle fut bientôt suivie d'une nouvelle édition du Bréviaire, en 1778. Parmi les changements se trouvait une messe du Sacré-Cœur, dont la rédaction excita quelques plaintes. Sur les réclamations du chapitre métropolitain, il se tint à l'archevêché, une assemblée des députés du chapitre et de MM. Joubert et Simon, et l'archevêque chargea ces derniers de composer un nouvel office du Sacré-Cœur, ce qui fut fait. Les deux éditeurs avaient vérifié de plus avec soin toutes les parties du Missel et du Bréviaire, et s'étaient efforcés d'y mettre plus de liaison et d'ensemble. Ils avaient rétabli des collectes consacrées par les anciens sacramentaires, et avaient fait des retranchements et des additions qui leur paraissaient réclamés par le goût où la piété. On trouve le compte-rendu de ces changements dans un mémoire publié par extrait dans les *Nouvelles ecclésiastiques*, feuilles des 20 août, 29 octobre et 5 novembre 1784.

M. DE JUIGNÉ fit ajouter au Bréviaire qui ne contenait qu'un office pour tous les justes en général, un commun des prêtres qu'on s'étonnait de n'y pas trouver. Il y fit également insérer huit hymnes nouvelles, trois pour le commun des prêtres, deux pour le patron de chaque église, trois pour l'office de Sainte-Clotilde.

Le SCHISME CONSTITUTIONNEL amena dans les offices l'introduction de la langue vulgaire. Le concile schismatique de 1797 ordonna la rédaction d'un *Rituel* français dont les paroles sacramentelles seulement devaient être en latin ; il chargea de ce travail M. Ponsignon.

Le rétablissement du culte fut accompagné du retour de l'ancienne liturgie parisienne de M. de Vintimille. Par ordonnance de 1812, LE CARDINAL MAURY se borna à faire dans l'ordre du service divin quelques changements relatifs au chant des Passions pendant la semaine-sainte, du *Dies Iræ*, aux messes des morts et de la Préface aux messes du dimanche. Par ordonnance de 1822, M. DE QUÉLEN ordonna qu'on fît usage, dans toutes les églises du diocèse, dans les monastères, dans les colléges et dans les communautés, du nouveau Bréviaire, rédigé et mis au jour par son autorité, et qu'il fût le seul dont eussent à se servir tous les membres du clergé du diocèse de Paris tenus à récitation du saint office, avec défense expresse à tous libraires, imprimeurs et autres, de réimprimer l'ancien Bréviaire. Ce fut le Bréviaire en vigueur jusqu'à 1870.

On voit, par ce qui précède, combien est récente la liturgie parisienne et quels en sont les auteurs, et quel esprit a présidé à sa formation. Un écrivain contemporain s'est trompé en écrivant que la liturgie parisienne était « *vénérable par son antiquité,* toute pleine de l'Ecriture et des Pères, d'un si pieux et si bel ensemble, d'une si élégante latinité, et recommandée par le souvenir de martyrs qui furent nos ancêtres dans la foi. »

Pie IX, depuis son avénement au pontificat, ne cessa d'insister près des archevêques de Paris pour que la capitale de la France revînt à la liturgie romaine, abandonnée au siècle dernier, et renonçât à l'œuvre janséniste qui avait cours dans le diocèse. MGR SIBOUR se préoccupa vivement de cet objet ; la plupart des suffragants de Paris adoptèrent dès cette époque le rite romain qui rencontrait à Paris même de sérieuses résistances. Sa Sainteté écrivait, en 1855, à Mgr. Sibour :

« Quant à l'usage de la liturgie romaine, dont vous » nous avez parlé, Vénérable Frère, sans déguiser » aucune des difficultés que présente son rétablissement » dans vos Eglises, il est assurément d'une haute importance ; car c'est le lien qui rattache et unit le plus » étroitement les autres Eglises à ce centre de la religion. Il est donc assez évident que nous avons le plus » grand désir de nous rattacher par ce lien plus étroit » le clergé de la capitale de la France, de cette cité si » populeuse, sur laquelle à la vérité planent quelquefois des nuages, mais qui les voit par bonheur se » dissiper presque aussitôt aux rayons de lumière que » répandent les œuvres de piété et de charité croissant » de jour en jour, et se multipliant pour l'édification » de tous, grâce au zèle, aux travaux et à l'activité du » clergé de Paris. »

De son côté, l'archevêque de Paris s'adressait à son clergé dans ces termes :

« Il est si doux, en effet, dit Mgr Sibour, quand on est de la même Eglise, de la même famille, quand on reconnaît partout des frères, sous tous les climats, dans tous les pays où l'on se rencontre, de pouvoir répéter, comme en une langue universelle, les formules de la prière qui, dites en commun, empruntent à l'universalité même une si grande puissance ! il est si doux de s'agenouiller aux mêmes autels, de compter les jours par les mêmes fêtes, par les mêmes impressions pieuses! C'est là une des plus grandes consolations du catholicisme; et elle n'est complète que par l'unité liturgique, alors que l'âme s'exalte aux mêmes accents, qu'on entend les mêmes harmonies, qu'on assiste aux mêmes cérémonies saintes; en un mot, que les cœurs, autant que cela est possible, vibrent à l'unisson. »

Le rétablissement de la liturgie romaine était dès cette époque résolue en principe à Paris. Mgr Sibour nomma le 10 juin 1856, pour élaborer ce travail, une commission diocésaine, divisée en trois sous-commissions[1].

Il était réservé à l'épiscopat du CARDINAL GUIBERT de terminer cette œuvre, destinée à unir plus

(1) L'une pour le propre du diocèse, l'autre pour les cérémonies, la troisième pour le chant. Les membres de la première étaient : MM. Buquet, archidiacre de Notre-Dame ; Surat, archidiacre de Sainte-Geneviève, Darboy, archidiacre de Saint-Denis ; Tresvaux, chanoine, vicaire-général ; Le Courtier, archiprêtre ; Demerson, chanoine ; de Place, chanoine ; Hamon, curé de Saint-Sulpice ; Hiron, chanoine honoraire, vice-official. La deuxième était composée de : MM. Eglée, chanoine, vicaire-général ; Ravinet, chanoine, vicaire-général ; Lequeux, chanoine, vicaire général ; Boiteux, maître des cérémonies à Saint-Sulpice ; Salvayre, prêtre de la Mission ; Gaudreau, curé de Saint-Eustache ; Chennailles, curé de Saint-Gervais. Les membres de la troisième sous-commission étaient : MM. Dedoue, chanoine, vicaire-général ; Mourdin, chanoine ; Deguerry, curé de la Madeleine ; Laurentie, curé de Saint-Nicolas-des-Champs ; Coquand, curé de Saint-Eugène ; Alix, docteur en théologie, vicaire à Saint-Thomas d'Aquin ; Lefrançois, prêtre du diocèse de Rouen ; Reber, membre de l'Académie des Beaux-Arts ; d'Ortigue, Delsarte, Gounod, Danjou, Félix Clément, compositeurs de musique.

profondément la France au Saint-Siége, Rome à Paris. L'adoption de la liturgie romaine, — fait aujourd'hui consommé dans le diocèse, — n'y a rencontré aucune des résistances que l'on craignait ; elle a, au contraire, été entourée de l'approbation générale.

II

LES TÉNÈBRES A LONGCHAMPS ET A SAINT-MAUR-LES-FOSSÉS AU XVIIIe SIÈCLE.

« En l'année 1733, l'abbaye de Longchamps qui est près de Boulogne-sur-Seine, était remplie d'un grand nombre de pensionnaires dont on soignait merveilleusement l'éducation, et auxquelles on faisait apprendre particulièrement la musique.... La famille d'Orléans avait toujours eu l'habitude de passer la quinzaine de Pâques à Saint-Cloud et il paraît que la musique de Longchamps l'attirait aux offices de cette abbaye pendant la semaine-sainte : on en parla si bien que la mode en prit à Versailles et de là s'étendit jusqu'à Paris. C'est à dater de ce temps-là qu'on a fait de cette course à Longchamps un but de promenade et que les personnes de la cour et de la ville s'y sont rendues pour l'office des ténèbres en grand équipage. Les dames du palais de service y arrivaient de Versailles en grand habit, les officiers de garde, en uniforme, et les femmes de finance, avec tous les diamants de leurs écrins. Cette affluence avait fini par dégénérer en cohue scandaleuse. L'équipage de la comtesse de Flavacour ayant éprouvé je ne sais quel accident, la marquise de la Tournelle, sa sœur, en écrivit à M. de Beaumont, lequel ordonna de fermer dorénavant l'église de l'abbaye pendant toutes les heures où l'on y chanterait l'office. On continua de venir se promener sur la route et dans l'avenue qui mène à Longchamps, mais cette promenade n'avait plus d'autre objet que de regarder ou de se montrer.

. . . .

» La société parisienne, avant que les ténèbres de Longchamps fussent devenues à la mode, se rendait pendant la semaine-sainte à l'abbaye de Saint-Maur-les-Fossés, non loin de Vincennes. C'était, dans les temps gothiques et par un privilége du roi Robert-le-Pieux, la seule église monastique du diocèse de Paris où les laïcs eussent la permission d'entrer pendant les offices, et c'est de là qu'étaient provenus l'habitude et l'usage d'une grande affluence de peuple dans ladite église de Saint-Maur à certaines fêtes solennelles.

» Les officiers de toutes les justices des terres qui dépendaient de l'abbaye étaient obligés d'y paraître et d'y représenter à la suite du baillif seigneurial. Tous les habitants du village de Saint-Maur se mettaient sous les armes et, après l'appel de tous les justiciers et de tous les notables habitants, ce cortége assemblé s'en allait tambour battant, mèche allumée, faire la procession dans l'église collégiale. Ce spectacle y faisait affluer tous les artisans de Paris, ce qui n'empêchait pas les grandes dames de continuer à s'y rendre pendant la semaine-sainte, attendu que c'était un usage établi pour tout ce qui pouvait monter dans un carrosse à couronne. C'était un arrangement dévotieux qui remontait jusqu'à la belle-fille de Hugues-Capet, la reine Berthe, et tout le monde y tenait à grand renfort de coutume séculaire et de tradition.

» Cependant, vers l'année 1730, on s'était mis à faire des décharges avec des armes à feu dans l'intérieur de l'église et voilà qui ne manqua pas d'y attirer plus de populace et par conséquent plus d'indévotion, de sorte que les bons religieux de Saint-Maur s'avisèrent d'exposer au milieu du chœur toutes les reliques de leur sacristie à dessein de contenir le peuple en respect. Cette innocente imagination ne fit qu'augmenter le tumulte ; elle attira tous les malades du quartier Saint-Antoine et du côté de Charenton qui voulurent absolument passer la nuit dans l'église afin de s'y trouver à la première messe du samedi-saint, et je sais bien qu'en l'année 1732, (la dernière fois que j'y suis allée) il me sembla me trouver au sabbat de Ménilmontant. On n'entendait que des cris et des hurlements de ces malades que cinq ou six hommes promenaient étendus sur les bras autour de l'église. Les malades criaient de toutes leurs forces : *Saint Maur, saint Maur!* —

Obtenez-moi guérison, s'il vous plaît. — Les porteurs faisaient plus grand bruit encore en criant : *Place aux malades — du vent — du vent. — Gare le rouge.* Et les femmes s'empressaient de cacher tout ce qu'elles pouvaient avoir de rouge, et des hommes charitables agitaient leurs chapeaux pour éventer les malades : enfin c'était un vacarme si prodigieux dans une église qu'on n'entendait point du tout l'office du chœur et qu'il se formait quatre ou cinq parties de chant qui discorpaient tout à la fois dans les quatre coins de l'église. Vous sentez bien qu'il se trouvait là des marchands d'images et de petites bougies, sans parler des fontainiers d'eau de réglisse et des estropiés qui mendiaient. Ce qu'il en résulta, c'est que M. l'archevêque de Paris, (Ch. de Beaumont) signifia par ordonnance épiscopale à toutes les grandes dames et tous les faubourgeois de cette ville, qu'ils eussent à chanter leur office de ténèbres ailleurs qu'à Saint-Maur-les-Fossés, attendu que les portes y seraient dorénavant closes et gardées par un piquet de gardes françaises. »

(Souvenirs de la marquise de Créquy, par le comte de Courchamps.)

III

CHRIST. DE BEAUMONT

1752

DE LA JURIDICTION DE L'ARCHEVÊQUE DE PARIS DANS LES COLONIES.

Versailles, le 15 mars 175.

A M. le Garde des sceaux.

Détail de ce qui s'est passé dans la négociation du cardinal de Tencin en 1740, pour obtenir en faveur de l'archevêque de Paris la juridiction spirituelle sur les îles de France et de Bourbon.

« Monseigneur,

» En conséquence de la lettre dont vous m'avez honoré le 10 de ce mois, j'ai fait faire la recherche au sujet des droits de M. l'archevêque de Paris pour le spirituel dans les îles soumises à la nomination du roi. Il est certain que la cour de Rome ne lui en accorde aucun et que M. de Vintimille n'y avait fait des actes de juridiction qu'en conséquence d'une commission apostolique. C'est apparemment pour cette raison qu'aux îles de Saint-Domingue, de la Martinique et de la Guadeloupe, les supérieurs d'ordres sont vicaires apostoliques et exercent la juridiction spirituelle.

- Au mois de juillet 1740, la compagnie des Indes présenta un mémoire par lequel elle proposa trois moyens pour lever les scrupules de M. l'archevêque auquel elle s'était adressée et qui ne jugeait pas que sa juridiction s'étendît sur les îles de France et de Bourbon. Ces moyens étaient que le pape donnât un indult au roi pour nommer un vicaire apostolique, ou bien à M. l'archevêque pour régir le spirituel, ou que Sa Sainteté établît un supérieur général de la mission, avec attribution des pouvoirs nécessaires pour régir le spirituel comme étant son délégué.

- On adressa ce mémoire à Rome à M. le cardinal de Tencin le 12 juillet 1740, en lui conseillant de s'attacher au second moyen, le premier n'étant point praticable et le troisième, sujet à divers inconvénients.

- Le cardinal de Tencin se conforma aux ordres qu'il avait reçus, proposa le second moyen et, malgré l'opposition de plusieurs membres du sacré collége, obtint un indult pour dix ans adressé à M. l'archevêque. Il représenta qu'on devait nous savoir gré de recourir dans cette occasion au Saint-Siége, l'histoire ecclésiastique fournissant une infinité d'exemples en vertu desquels nous aurions pu nous croire dispensés de cette déférence, qu'*anciennement lorsqu'un évêque envoyait des missionnaires dans des pays infidèles, ces pays par cela seul étaient acquis à son diocèse; que même le cardinal Ximenès ayant envoyé des missionnaires à Ceuta et à Oran, ces deux villes avaient toujours été soumises à la juridiction de l'archevêque de Tolède; il ajouta que d'ailleurs tous les droits du Saint-Siége seraient conservés, puisque M. l'archevêque n'agirait que comme délégué du pape.*

» M. le cardinal de Tencin envoya le bref du pape le 14 octobre, accompagné d'une instruction adressée à M. l'archevêque. Le 5 novembre suivant, le ministre, en lui faisant des compliments sur le succès de la négociation, lui observa que dans l'instruction jointe au bref, il y avait bien des choses qui n'étaient pas susceptibles d'une exécution littérale, telles que la relation avec la Congrégation de la Propagande et le serment de l'acceptation de la Constitution, les nouvelles signatures n'étant point permises en France, que cependant il ne serait pas difficile à M. l'archevêque de Paris de trouver des expédients sur ces deux points pour satisfaire Sa Sainteté.

» Tel est, Monseigneur, le détail de tout ce qui s'est passé dans cette affaire. Lorsque vous aurez pris le parti que vous jugerez convenable au sujet du mémoire de M. l'archevêque, que vous avez bien voulu me communiquer, j'écrirai en conformité au Sr de la Pouèse, chargé des affaires du roi à la cour de Rome pendant l'absence de M. le duc de Nivernois, mais je crois devoir vous observer que le bref de commissaire apostolique que M. l'archevêque paraît désirer pour lui et ses successeurs à perpétuité, pourrait peut-être rencontrer de grandes difficultés de la part de Sa Sainteté, puisque M. le cardinal de Tencin eut tant de peine à en obtenir un pour dix ans.

» J'ai l'honneur d'être.... »

IV

CHRIST. DE BEAUMONT

Affaire des Jésuites. — Documents diplomatiques.

1764

Lettre du ministre à l'ambassadeur.

Versailles, le 31 janvier 1764.

« .... Vous ne devez rien changer, Monsieur, à la conduite que vos prédécesseurs ont tenue à l'égard des Jésuites, à moins que dans la suite le roi ne juge à propos de vous donner de nouveaux ordres à ce sujet.... »

De l'ambassadeur à Rome au ministre des affaires étrangères.

Rome, le 18 janvier 1764. — N° 6.

« .... Il est arrivé ici plusieurs exemplaires du mandement de Mgr l'archevêque de Paris. Il a pour titre :

Instruction pastorale sur les atteintes données à l'Eglise par le jugement des tribunaux séculiers dans l'affaire des Jésuites. Cet écrit paraît imprimé à Paris, quoiqu'on m'ait assuré qu'il l'a été à Avignon. C'est un in-4° de 107 pages sur 2 colonnes. Il est daté de Conflans, je n'ai pu parvenir à m'en procurer un exemplaire, que je vous aurais envoyé. Ils sont rares et on a de la peine à en avoir, je n'ai pu que le lire très-rapidement. » *(Rapport du 25 janvier 1764.)* — N° 7.

De l'ambassadeur au secrétaire d'Etat des affaires étrangères.

« .... Cette Eminence[1] m'a parlé ensuite avec vivacité de la défense faite aux courriers de Rome à Paris de passer par Avignon... je lui ai répliqué que je n'avais aucune connaissance de ce fait, mais que, supposé qu'il existât, le ministère aurait sûrement eu ses raisons pour en user ainsi; que l'impression du mandement de M. l'archevêque de Paris[2] faite à Avignon avait peut-être attiré ces ordres. Il m'a répondu que ce mandement était venu ici de France tout imprimé et qu'il ne savait pas qu'il l'eût été à Avignon. Mais à quoi bon, lui ai-je dit, Monseigneur, ce mandement dans la circonstance présente? il ne peut produire que du trouble sans qu'il

(1) Le secrétaire d'Etat de Sa Sainteté.

(2) En faveur des Jésuites.

en résulte aucun avantage ni pour la religion, ni même pour l'Ordre qu'il défend. Je ne vous parle pas, a-t-il repris, du mandement de M. l'archevêque de Paris. Il s'est tû ensuite.... »

« Cette réponse sèche et laconique, m'a fait faire beaucoup de réflexions; il m'a paru singulier que cette Eminence se soit arrêtée tout à coup contre son ordinaire; il m'est impossible de juger quel peut être le motif de ce silence, et je ne puis l'attribuer qu'au parti pris de sa part de ne point entrer en matière vis-à-vis de moi sur cet article. »

La dépêche du 31 janvier, du ministre à l'ambassadeur, commence ainsi :

« Nous savons enfin, Monsieur, quel est l'objet de la correspondance mystérieuse que le pape entretient avec quelques évêques de France et je vous confierai même que nous avons une copie du bref que Sa Sainteté a adressé à l'un de ces prélats.

» Il paraît que ce n'est guère qu'une réponse dans laquelle il n'est point question de l'archevêque de Paris, mais par laquelle le Saint-Père *exagère* les entreprises des tribunaux séculiers du royaume contre la juridiction ecclésiastique, et exhorte les évêques à ne se pas tenir dans l'assoupissement *et à réveiller leur zèle tout entier*. Sa Sainteté parle ensuite des Jésuites, sans cependant les nommer, et après les avoir représentés comme les défenseurs les plus ardents de la puissance de l'Eglise et de l'autorité apostolique, déplore dans les termes les plus forts leur destruction en France.

» Il est vrai que, par ce bref, le souverain-pontife ne prescrit et ne conseille même aucune démarche particulière à faire de la part des évêques du royaume, et paraît ne les exhorter qu'à l'union, à la patience, à la piété et à la confiance dans l'esprit de religion dont le roi est animé, mais les expressions d'*assoupissement* duquel il faut sortir, et de *zèle entier* qu'il faut *réveiller,* semblent contredire les conseils de prudence et de modération.... »

. . . .

Dans sa dépêche du 7 février 1764, le duc de Praslin annonçait ainsi à notre ambassadeur le traitement fait à l'*Instruction* de M. de Beaumont :

« L'instruction pastorale de M. l'archevêque de Paris sur les arrêts du parlement contre l'institut des jésuites, a été condamnée au feu par le parlement de Paris, et le roi a jugé à propos d'exiler ce prélat à quarante lieues de sa capitale, *pour le soustraire* à la procédure ultérieure que cette cour paraissait déterminée à suivre contre la personne même de cet archevêque. »

Le pape ressentit vivement l'exil infligé à l'énergique prélat et s'en ouvrit même à notre ambassadeur. Le marquis d'Aubeterre raconte en ces termes la conversation qu'il eut avec le Saint-Père.

(*Rapport du 8 février 1764.*) — N° 9.

« .... Le Saint-Père a passé ensuite à l'exil de M. l'archevêque de Paris dont on avait reçu la nouvelle par la poste d'avant-hier; il en a paru extrêmement touché, et il m'a fait les plaintes les plus sensibles à cet égard. J'ai répondu que je n'en avais reçu aucune nouvelle par la cour, que j'avais ouï dire effectivement qu'il y avait ici des lettres particulières qui annonçaient l'exil de M. l'archevêque de Paris, que je n'étais pas en état de lui rien répondre à cet égard, puisque je n'étais pas instruit de cet événement, que tout ce que je pouvais lui dire à ce sujet, c'est que sûrement le roi n'avait pas pris un pareil parti sans des raisons bien essentielles. Le Saint-Père est entré ensuite dans la discussion de la conduite de M. l'archevêque de Paris, de son mandement et des entreprises des parlements sur l'authorité ecclésiastique. Je l'ai laissé parler tant qu'il a voulu, après qu'il a eu cessé, j'ai répliqué : ma cour ne m'ayant instruit de rien, je ne pouvais rien dire que comme particulier; qu'en cette qualité, je ne pouvais m'empêcher de représenter à Sa Sainteté qu'avec tout le respect dont j'étais pénétré pour les vertus éminentes de M. l'archevêque de Paris, je ne pouvais m'empêcher de penser que son mandement était hors de propos, qu'il ne manquait pas d'évêques en France, zélés et attentifs pour le maintien de la religion, et que cependant il était le seul qui eût fait un mandement dans les circonstances actuelles.

— *C'est que les autres n'en ont pas eu le courage*, a repris le Saint-Père avec beaucoup de vivacité....

J'avais vu, auparavant d'être admis à l'audience

du pape, le cardinal neveu, par l'appartement duquel il faut passer pour arriver à l'escalier secret par lequel j'ai été introduit. Ma conversation avec lui n'a pas été bien longue. Elle a roulé sur ses plaintes au sujet de M. l'archevêque de Paris et sur beaucoup de silence de ma part.... »

Le secrétaire d'Etat des affaires étrangères loua fort la conduite de l'ambassadeur en cette circonstance, il insistait sans cesse dans ses dépêches pour que l'on ne défendît pas M. de Beaumont.

Le 6 mars 1764 (N° 13), il écrivait :

« Vous êtes actuellement informé du motif qui a occasionné l'exil de M. l'archevêque de Paris ; il est certain que l'instruction pastorale qu'il a publiée en dernier lieu, a extrêmement aigri les esprits, et nous sommes dans des circonstances qui exigent de la part des évêques du royaume la plus grande circonspection dans les démarches qu'ils font. Mais il est encore plus essentiel pour le bien de la religion, que la cour de Rome, bien loin d'exciter un zèle peu éclairé et imprudent, donne à tous nos prélats l'exemple d'une sage modération. Il faut savoir se prêter aux conjonctures, et en voulant les forcer, on risque d'opérer un effet absolument contraire au but qu'on se propose. »

(Rapport du 18 avril 1764.) — N° 19.

Du marquis d'Aubeterre, ambassadeur, au duc de Praslin.

« J'ignorais absolument le bref que le pape a écrit à M. l'archevêque de Paris. Ces sortes d'expéditions se font ici très-secrètement et ne passent que par une seule main. De plus, M. le cardinal Torrigiani a si fort épouvanté les subalternes par la dureté de son caractère, qu'il est impossible aujourd'hui de pouvoir se procurer aucun moyen secret. Si je trouve occasion de parler de ce bref à M. le cardinal Torrigiani (secrétaire d'Etat), je n'y manquerai pas, mais ce sera bien inutilement. Quoi que je puisse dire, je n'empêcherai jamais ces petites manœuvres sourdes. Tout ce que j'ai pu faire jusqu'ici, c'est de retenir les grandes, et je n'ai garde de répondre de pouvoir toujours y réussir. »

« On a pris de la part du ministère du roy les mesures efficaces pour supprimer autant qu'il serait possible tous les exemplaires du libelle anonyme intitulé : *Réflexions sur le bref.* On pourra *peut-être même* déterminer le parlement à sévir de son côté contre cet ouvrage. » Dépêche du 23 juillet 1764. — N° 34.

« Le pape m'a demandé s'il n'y avait point d'espérance de retour pour M. l'archevêque de Paris; j'ai répondu qu'il n'était question que d'attendre les circonstances; dès qu'elles seraient arrivées, Sa Sainteté pouvait s'en rapporter au zèle du roy qui ne désirait pas moins vivement qu'elle de mettre fin à l'exil de M. l'archevêque de Paris et de le faire revenir dans son siége. » *(Rapport de l'ambassadeur, juillet 1764.*[1])

Dépêche du 15 octobre. — N° 46.

« Le roi informé que M. l'archevêque de Paris était malade et que l'air de la Trappe ne convenait point à l'état de sa santé, lui a permis de revenir à Conflans où il est arrivé depuis plusieurs jours. »

(1) Toutes ces dépêches extraites des Archives des Affaires Etrangères sont inédites.

V

CARDINAL DE BELLOY

1802

I

NOUVELLE SUBDIVISION ECCLÉSIASTIQUE — 1800

L'archevêché de Paris avait, *avant 1789*, quatre suffragants : Les évêchés de

Chartres,
Meaux,
Orléans,
Blois.

De *1801 à 1817*, il eut pour suffragants : les évêchés de

Versailles,
Meaux,
Amiens,
Arras,
Cambray.

Soissons,
Troyes,
Orléans.

Depuis 1817, il eut pour suffragants les évêchés de

Meaux, Orléans, Versailles } subsistant dans la période précédente.
Chartres, Blois } rétablis par le Concordat de 1817.

Le premier projet de l'abbé Bernier ne comprenait que cinquante évêchés.

L'ancienne province ecclésiastique de Paris n'avait plus que trois diocèses :

Paris,
Meaux,
Orléans.

Versailles, créé par la république, était supprimé ; on supprimait également les anciens siéges de *Beauvais, Chartres et Blois*.

Dans ce projet :

Paris avait pour circonscription la Seine et Seine-et-Oise. . . . . Soit 76 cantons.
Meaux. Seine-et-Marne et Oise . . » 113 »
Orléans. Loiret et Eure-et-Loir . . » 99 »

Le deuxième état de l'abbé Bernier, chargé de ce travail par le premier consul, comprenait dix métropoles subdivisées en cinquante évêchés.

Dans cette division, datée du 1er germinal an IX.

Paris était la quatrième métropole et se composait de six évêchés, savoir :

Evêchés	Circonscription	Population	
Paris.	Seine, Seine-et-Oise, Seine-et-Marne.	1,467,285	habitants
Orléans.	Loiret, Loir-et-Cher, Eure-et-Loir.	753,766	"
Troyes.	Aube et Yonne.	543,530	"
Langres.	Haute-Marne et Côte d'Or.	562,435	"
Autun.	Saône-et-Loire et Nièvre.	679,785	"
Soissons.	Aisne et Oise.	763,806	"

Le troisième Etat du 30 thermidor an IX, se composait de dix métropoles, savoir : *Paris, Malines, Besançon, Lyon, Aix, Toulouse, Bordeaux, Bourges, Tours, Rouen.*

La métropole de Paris, dont la population totale était de 5,134,977 habitants, se subdivisait en six évêchés dont la juridiction s'étendait sur douze départements.

Évêchés	Départements	Évêchés	Départements
Paris.	Seine.	Amiens.	Somme.
	Seine-et-Marne.		Oise.
	Seine-et-Oise.	Soissons.	Aisne.
	Eure-et-Loir.	Arras.	Pas-de-Calais.
Troyes.	Aube.	Cambrai.	Nord.
	Marne.		
	Yonne.		

Quelques jours après, Bernier proposait un autre Etat, toujours avec dix métropoles qui étaient celles de *Paris, Rouen, Bruxelles, Strasbourg, Rennes, Tours, Bordeaux, Toulouse, Marseille, Lyon.*

Malines était ainsi remplacé par Bruxelles, Aix, par Marseille. Mais Bourges n'était pas remplacé par Rennes, ni Besançon par Strasbourg.

Dans cette quatrième division, la métropole de Paris ne comprenait plus que dix départements et cinq évêchés, savoir :

Paris.	Seine. Seine-et-Oise.	Troyes.	Aube. Haute-Marne.
Châlons.	Marne. Seine-et-Marne.	Auxerre.	Yonne. Nièvre.
Orléans.	Loiret. Eure-et-Loir.		

Paris perdait à ce changement la Somme, l'Oise, l'Aisne, le Pas-de-Calais et le Nord.

Il acquérait le Loiret, l'Eure-et-Loir, la Haute-Marne et la Nièvre.

II

Pour occuper le siége de Paris, l'abbé Bernier proposait :

MM. de Dampierre, vicaire-général.
Emery, vicaire-général, supérieur de S.-Sulpice.
De Malharet, vicaire-général, archidiacre.
De Montesquiou, ex-agent général du clergé.
Duclaux, vicaire-général, supérieur d'Issy.
Maynaud de Pancemont, curé de Saint-Sulpice.
De Lespinasse, vicaire-général.

La dernière liste des ecclésiastiques méritants et bien pensants porte pour la métropole de Paris:

L'archevêque de Paris se soumettra à ce qui sera statué.

L'évêque d'Orléans a délaissé son siége.

J'ignore l'opinion de celui de Meaux.

Les ecclésiastiques proposés pour le siége étaient :

MM. de Roquelaure, évêque de Senlis, résident et soumis.

De Dampierre, vicaire-général de Paris.

Emery, supérieur-général de Saint-Sulpice.

Du Fouget-Duclaux, supérieur d'Issy.

De Malharet, archidiacre, vicaire-général de Paris.

De Lespinasse, archidiacre, vicaire-général de Paris.

Bourlet de Vauxcelles, vicaire-général de Noyon.

De Cabrières, vicaire-général de Noyon.

Seguin, chanoine, vicaire-général de Senlis.

Bertoux, vicaire-général de Senlis.

Galard, vicaire-général de Senlis.

De Turpin, chanoine de Lyon, vicaire-général de Beauvais.

Le Juge de Brassac, aîné, vicaire-général de Chartres.

Le Juge de Brassac, le jeune, vicaire-général de Chartres.

Duplessis, archidiacre, vic.-gén. de Chartres.

Blerin, vicaire-général d'Orléans.

Mevant, ancien supérieur de l'Oratoire à Paris.

Pancemont et *Montesquiou* ne figurent plus dans la liste, qui contient pourtant dix noms de plus que la première ; on lisait en note :

Les ecclésiastiques trop nombreux dans cette métropole, pourront être désignés avec facilité pour d'autres siéges.

V

CARDINAL MAURY

1817

Lettre du chargé d'affaires de France au ministre des Affaires Etrangères. (Inédite).

« Rome, 10 mai 1817.

».... M. le cardinal Maury est ce matin beaucoup plus mal; s'obstinant à refuser le conseil des médecins, repoussant un neveu et une nièce qui demandent à se réconcilier avec lui, réduit par défiance et par avarice à un seul valet et livré plus que jamais à tous les inconvénients de son fâcheux caractère.

» On vient de faire demander pour lui l'exposition du Saint-Sacrement et les prières d'usage, à l'Eglise de la Trinité du Mont dont il est toujours resté cardinal-titulaire ; ce qui lui donne incontestablement, d'après la discipline romaine, un droit curial d'honneur et de protection sur cette église.

« *Je me suis assuré qu'il n'était pas possible d'éviter cette cérémonie religieuse, mais qu'elle se ferait sans apparat*, vu le dénûment où est encore la sacristie et le peu de prêtres attachés à l'église ; que d'ailleurs il paraîtrait odieux de refuser dans une église nationale des prières à l'agonie d'un Français quelconque.

« Mais la difficulté qui se présente est celle de l'enterrement. L'usage et le droit rigoureux des Cardinaux est d'être inhumé dans l'église dont ils portent le titre, à moins qu'ils n'expriment une autre volonté dans leur testament.

« M. le cardinal Consalvi, à qui je viens d'exposer cet embarras, a facilement senti *quelle inconvenance il y aurait dans une église royale à des obsèques magnifiques et peut-être à un monument durable, élevé en l'honneur d'un homme qui a si notoirement encouru la disgrâce de la maison régnante.*

« Son Eminence a bien voulu convenir avec moi que, le cas arrivant, je lui représenterais l'impossibilité de recevoir décemment le sacré collége, et le Saint-Père lui-même, au milieu des réparations qui se continuent à la Trinité du Mont, et dans une église dont la restauration n'est pas terminée. Il est entendu que ces motifs engageront le pape à désigner un autre local pour les funérailles et l'enterrement de M. le cardinal Maury.

« J'ai l'honneur...

« *Signé* (JORDAN). »

VII

CARDINAL DE TALLEYRAND-PÉRIGORD

1817

Talleyrand-Périgord, au ministre des Affaires étrangères.

(Extrait).

« A l'arrivée de votre courrier de ce matin, je continue, monsieur le Duc, cette lettre suspendue par l'annonce d'un nouveau courrier ; j'ai placé, pour le siége de Nisme, M. l'abbé de Chaffoi, que M. l'évêque d'Alais a connu, et qui le croit tel que moi propre, par son caractère, à concilier tous lespartis.

» J'espère, monsieur le Duc, pouvoir vous faire remettre deux listes de nominations dont M. l'évêque d'Alais vous parle plus en détail. J'avais déjà présenté au roi, l'année dernière, les inconvénients d'une nomination partielle : je les crois toujours absolument les mêmes. La crainte seule d'un danger prochain pour la vie du pape peut seule déterminer à deman-

» der au prochain consistoire, l'institution canonique » pour ceux qui seront nommés aux quinze évêchés » actuellement vacants : dans tous les cas, je vous » serais obligé de faire signer pour moi au roi les deux » listes. Ainsi tout sera arrêté de la part de Sa Majesté : » il ne restera plus que l'exécution de la part de la » cour de Rome. Je donnerais alors connaissance par- » ticulière à ceux qui auraient été nommés, afin qu'ils » fassent, de leur côté, les diligences accoutumées pour » leur information.

» Agréez, je vous prie, monsieur le Duc, l'hommage » de mon inviolable attachement et de ma haute con- » sidération.

» (*Signé*) ALEX.-ANG. ARCH. DUC DE REIMS.

» Je vous prie de vouloir bien remettre au roi la » lettre ci-jointe : c'est la réponse à celle que vous » m'avez envoyée de sa part.

» L'abbé Frayssinous et l'abbé Duval viennent de » me faire dire par l'abbé de Quélen, qui vous a remis » les nouvelles lettres des évêques, qu'ils persistaient » dans la détermination qu'ils m'avaient témoignée de » ne pas accepter d'évêchés.

» Maffliers, le 27 juin 1817. »

Talleyrand-Périgord au ministre des affaires étrangères.

(Extrait).

« .... Quant à M. l'évêque d'Orthosia, vous vous » rappelez sans doute, monsieur le Duc, que l'année » dernière, lorsque j'étois à la campagne, vous voulûtes » bien m'écrire pour me le recommander. Je m'étois » trouvé heureux, en ayant égard à votre recommandation, de pouvoir en même temps vous tirer d'embarras au sujet de l'auditoriat de la Rote; j'avais » lieu de croire que la cour de Rome saisiroit avec » empressement cette occasion de terminer à l'amiable » un différend, mais il paroit *que sa vive et constante* » *rancune,* comme vous l'appelez fort bien, l'emportera » encore cette fois.

» Je proposerai un autre sujet pour le siége de Perpignan qui ne peut en aucune manière convenir à » M. l'abbé Duval, et qu'il n'accepteroit certainement » pas. Je présenterai aussi un autre sujet pour Nismes, » et je ferai mon possible pour qu'il convienne à ce » diocèse si important ; à moins que Sa Majesté ne » veuille me donner des ordres contraires...

» Il ne me reste plus qu'à vous prier d'agréer, etc.

» *Signé :* L'ARCHEVÊQUE DUC DE REIMS.

» Vous avez dû voir, monsieur le Duc, par la lettre » que j'ai eu l'honneur de vous écrire hier, combien ma » main tremblait. »

II

Extrait du tableau général de l'Eglise de France selon les bases de la nouvelle bulle d'érection, comprenant les évêques du Concordat de 1801 conservés dans leurs siéges, les translations et les nouvelles nominations.

NOMS DES ARCHEVÊCHÉS ET DES ÉVÊCHÉS		NOMS DES ARCHEVÊQUES ET DES ÉVÊQUES
Métropole de Paris.		Talleyrand-Périgord (Alexandre-Angélique), ancien archevêque de Reims, grand-aumônier, pair de France. De Quélen (Hyacinthe-Louis), vicaire-général de la grande Aumônerie de France, évêque suffragant *in partibus.*
Suffragants.	Chartres.	De Latil, évêque d'Amyclée, 1er aumônier de Monsieur.
	Meaux.	Siége rempli.
	Orléans.	De Varicourt, frère du garde du corps, tué à Versailles.
	Blois.	De Bombelles, 1er aumônier de madame la duchesse de Berry.
	Versailles.	Siége rempli.

Extrait du tableau des métropoles et cathédrales, avec les noms des saints Patrons titulaires sous lesquels l'église principale de chacune d'elles est dédiée, et avec les noms des départements ou arrondissements qui sont compris dans les limites de chaque diocèse.

MÉTROPOLES ET CATHÉDRALES	SAINTS PATRONS	LIMITES DES DIOCÈSES
Métropole de Paris.	L'Assomption de la B. V. Marie.	1 La Seine.
Suffragants. Chartres.	Notre-Dame.	1 Eure-et-Loir.
Meaux.	Saint Etienne, premier martyr.	1 Seine-et-Marn.
Orléans.	La sainte Croix.	1 Loiret.
Blois.	Saint Louis, roi de France.	1 Loir-et-Cher.
Versailles.	Saint Louis, roi de France.	1 Seine-et-Oise.

Elenchus ecclesiarum metropolitarum et cathedralium cum nominibus sanctorum titularium Patronum sub quorum invocatione in unaquaque ecclesia metropolitana et cathedrali templum majus erit appellandum ; itemque nomina provinciarum seu regionum quarum extensionem et circuitum unaquæque diocesis pro suo territorio ejusque limitibus habebit.

	METROPOLITANÆ ET CATHEDRALES	INVOCATIONES SANCTORUM TITULARIUM PATRONORUM	LIMITES DIOCŒSIUM
	Metropolitana Parisiensis.	B. Mariæ V. in cœlum assumptæ.	1 provincia seu regio Sequanæ.
Suffragana.	Carnutensis.	Beatæ Mariæ Virginis.	1 Eburæ et Liderici.
Suffragana.	Meldensis.	Sancti Stephani P. martyri.	1 Sequanæ et Matronæ.
Suffragana.	Aurelianensis.	Sanctissimæ Crucis.	1 amnis Lidericini.
Suffragana.	Blesensis.	Sancti Ludovici Franciæ regis.	1 Liderici et Cari.
Suffragana.	Versaliensis.	Sancti Ludovici Franciæ regis.	1 Sequanæ et Œsiæ.

VIII

SIBOUR

1850

(*Extrait des papiers trouvés aux Tuileries* en 1870.)

NOTE SUR MGR SIBOUR, ARCHEVÊQUE DE PARIS.

« On croit généralement aujourd'hui qu'entre le » prince Louis-Napoléon et Mgr l'archevêque de Paris, » il règne la plus parfaite entente, ce que déplorent » tous les hommes sincèrement attachés aux véritables » intérêts et du prince et de l'Eglise.

» Ils se disent que Mgr de Paris doit être bien connu » à l'Elysée comme ne jouissant de l'estime d'aucun » parti, tour à tour ardent légitimiste, orléaniste, » cavaignaciste, socialiste, etc., et ils savent que cette » versatilité d'esprit, cette fièvre d'ambition qui le » dévore, tient à l'inconstance même de son caractère.

» Personne ne prendra jamais Mgr de Paris pour un » homme sérieux; il n'y a pas un prêtre dans son » diocèse, pas un sacristain qui voulût prendre la » responsabilité des faits et surtout des paroles de son » archevêque qui sont en réalité incroyables. Ce serait » en vérité à ne pas y croire, si l'on ne savait malheu- » reusement ses nombreuses défaillances mentales.

. . . .

» Suivant lui et ses confidents, les honneurs qu'on » lui fait lui sont imposés par l'Elysée, et en lui prêtant » ample matière à rire, il donne à entendre qu'on a » besoin de lui. Il n'en est heureusement rien; mais » qu'en faisant de l'opposition dans toute la mesure de » son pouvoir, il veuille en même temps passer pour » l'ami et le conseiller du prince Louis-Napoléon, cela » est trop fort....

» Ces aberrations de la vie publique, Mgr Sibour » les porte dans son administration diocésaine. Le bon » Mgr Affre, témoin de ce qu'il y a d'injuste dans la » répartition du travail dans les paroisses de Paris, » avait rendu une ordonnance qui rétablissait l'équité » dans ce qu'elle a de plus élémentaire, et Mgr Sibour, » à peine assis sur la chaire de son glorieux prédé- » cesseur, laisse tomber en désuétude l'œuvre répara- » trice, et tandis qu'il s'occupe de Venise et des ouvriers » en chaises du faubourg Saint-Antoine, il laisse » sciemment enlever à ses prêtres une partie de ce qui » leur est strictement nécessaire pour subsister.... »

La note conclue ainsi :

« C'est pourquoi cette administration a détruit dans l'âme des subordonnés le respect de l'autorité épiscopale. On s'accoutume à ne plus voir dans Mgr Sibour l'archevêque vénéré de Paris, mais seulement l'homme aux représentations pitoyablement théâtrales. En effet le prélat pleure quand il veut, il rit de même, s'émeut de même et possède en outre le tragique secret de répandre son cœur à flots sans les tarir jamais. »

(Suit la signature d'un sénateur.)

IX

DARBOY

1870

CONCILE DE 1870.

« .... J'ai dit, de manière à ce que Votre Majesté en fût instruite, les motifs qui m'ont engagé à ne pas l'occuper beaucoup du concile. J'ai craint d'inspirer peut-être à votre gouvernement des mesures qu'il ne voudrait pas pousser jusqu'au bout, car le difficile ici n'est pas de prévoir et de parler, mais bien de sanctionner efficacement les communications faites à la cour de Rome.

« Toutefois j'aurai l'honneur de vous soumettre prochainement un exposé de la situation, dès que nous aurons la formule définitive sous laquelle on veut nous faire délibérer, car ce qu'on nous a remis n'est encore qu'un avant-projet.

« La minorité reste compacte, sauf les pertes que

lui font éprouver la maladie et l'éloignement de plusieurs et la mort de quelques autres. Elle fera de son mieux dans la lutte et elle ne désespère pas encore de la victoire.

» Je vous prie d'agréer l'hommage, etc.

- *Lettre de Mgr Darboy à l'empereur.*

- Rome, 2 mai 1870. -

LISTE DES OUVRAGES

QUI ONT SERVI A COMPOSER L'HISTOIRE DES ÉVÊQUES ET DES ARCHEVÊQUES DE PARIS.

Acta sanctorum, de Bollandus. (Saint Denis, saint Germain, saint Marcel, saint Landri, saint Céraune).

Aguesseau (d'). — Mémoires.

Anecdotes ou Mémoires secrets sur la constitution *Unigenitus*, 1730-1733. 3 vol. in-12.

Antoine (Jean Dogobert). — Table alphabétique de l'état des archevêchés, évêchés, abbayes et prieurés de nomination et collation royales, etc. Paris. Boudet, 1745, in-8.

Archives du ministère des affaires étrangères. — (Correspondance de Rome). *Manuscrit*, (année 1670 à 1685), (année 1764), (année 1801 et 1802), (année 1817).

Baluze. — Capitulaires.

Basnage. — Etat de l'Eglise gallicane sous le règne de Louis XIV. 1719.

Barbier. — Chroniques de la régence et du règne de Louis XV. 8 vol.

Barruel (abbé). — Collection ecclésiastique ou recueil complet des ouvrages faits depuis l'ouverture des Etats généraux relativement au clergé. Crapart, 1791-93. 14 vol. in-8.

Bausset (Cardinal). — Notice historique sur A. de Talleyrand, cardinal de Périgord.

Bazy. — Histoire de la société chrétienne, 1 vol.

Beaumont (Christophe de). — Œuvres.

Beaunier (dom). — Recueil historique, chronologique et topographique des archevêchés, évêchés, etc. Paris. Mesnier, 1726. 2 vol. in-4.

Belloy (de). — Lettre pastorale de l'archevêque de Paris. 1802.

Benevent (jes. de). — Harangue funèbre consacrée à l'heureuse mémoire de l'illustre cardinal de Gondi. Paris 1616, in-8.

Berthault. — Archevêché et environs de Paris. 1765.

Biographie anecdotique de Mgr Affre, 1848, in-8.

Blanchard. — Les révolutions du cardinal Maury.

Bonnardot. — Etudes sur les anciens plans de Paris, in-4, 1851. Deflorenne.

Boulogne (Abbé de). — Annales catholiques.

Bousquet (J.). — Histoire du clergé de France depuis

l'introduction du christianisme. Pillet. 1847-1851, 4 vol. in-8.

Breul (J. du). — Théâtre des antiquités de Paris. Paris. 1612, in-4.

Buchot. — Etude sur le génie du cardinal de Retz.

Calendrier historique et chronologique de l'Eglise de Paris. 1747, in-8.

Cartulaires du chapitre de Notre-Dame de Paris (dits : *Pastoraux*). *Manuscrits*. (Compris dans la collection de l'histoire de France).

Cartulaire de la Sorbonne.

Cartulaires de l'évêché de Paris. — *Manuscrits* du XIIIe et XIVe siècle.

Cassagnes (Abbé). — Oraison funèbre de Hardouin de Péréfixe, (au nom de l'Académie).

Charpentier. — Description de l'église métropolitaine de Paris, (avec l'histoire des évêques et des archevêques et les portraits), *rare*.

Chalibert (Le S[r] de). — Généralité de Paris. In-12. 1710.

Chenu (Johanne). — Archiepiscoporum et episcoporum gallia chronologia historia, Parisiis, Buon. 1621. In-4.

Chopin (René). — Oraison pour le clergé de France, plaidant publiquement au parlement, touchant les rachapts féodaux prétendus sur les terres ecclésiastiques. 1580.

Chroniques (Grandes) de l'abbaye de Saint-Denis.

Collection des procès-verbaux du clergé. (Manuscrit.) Bibliothèque du ministère de l'intérieur.

Concordat et recueil des bulles et brefs de N. S.-P. le pape Pie VII, le Normant, an X, 1802.

Cruice (Abbé). — Vie de Denis-Auguste Affre, Périsse. 1849, in-8°.

Curnier. — Le cardinal de Retz et son temps. 2 vol.

Denis (Jean-Baptiste), ci-devant secrétaire de M. l'évêque de Meaux. — Mémoires-anecdotes de la cour et du clergé de France avec l'histoire du différend du cardinal de Noailles. Londres, 1712, in-12.

Discours funèbre sur le trépas de Mgr l'illustrissime cardinal de Retz, ci-devant évêque de Paris. 1622, in-8°.

Divers actes, lettres et relations des religieuses de Port-Royal du Saint-Sacrement touchant la persécution, etc. 1723-1724, onze parties en 1 vol. in-4°.

Dorsanne (Journal de M. l'abbé), contenant ce qui s'est passé à Rome et en France dans l'affaire de la constitution *Unigenitus*. 1753, 2 vol. in-4°.

Duareno (Francisco auctore). — De sacris ecclesiis ministeriis ac beneficiis libri VIII in quibus quidquid ad plenam juris pontificii, etc. Bourges, 1564.

Dubois. — Maximes du droit canonique en France. 1681, 2 vol. in-12.

Duchêne. — Les écrivains de France.

Eloge satirique de François de Harlay, archevêque de Paris. In-4°, s. l. n. d. Pièce.

Esprit, pensées et maximes de l'abbé Maury. 1791.

Etat des églises et chapelles à faire fermer. 1791.

Exauvillez (d'). —Vie de Mgr Denis-Auguste Affre. 1849, in-18.

Exauvillez (d'). — Vie de M. de Quélen. 1840, in-8°, 2 vol.

Ferlet. — Oraison funèbre de Mgr Christophe de Beaumont. 1784, in-8°.

Fleury (Abbé), prieur d'Argenteuil. — Discours sur les libertés de l'Eglise gallicane. 1765, in-12.

Fontenay-Mareuil. — Mémoires.

Frayssinous (Abbé). — Oraison funèbre de M. le cardinal de Talleyrand-Périgord.

Fromentières (J.-L. de). — Oraison funèbre de Mgr de Péréfixe de Beaumont.

Gaillard (Père). — Oraison funèbre de François de Harlay.

Gallia christiana. 16 vol. in-fol. Tom. VII, 1764.

Gaudin. — Oraison funèbre de Péréfixe de Beaumont.

Gobel (Lettre à M.). Pièce.

Gobel (Correspondance secrète de M.) 1791. Pièce.

Gobel (Réfutation de la première lettre de M.) 1791.

Godefroid. — Le Cérémonial de France. In-4. 1619.

Guettée (abbé). — Histoire de l'Eglise de France, composée sur les documents originaux et authentiques. Masson, 1847-1856. 12 vol. in-8.

Guillebert de Metz. — Description de Paris au XIVe siècle.

Hardouin de Péréfixe, (Ordonnance de Mgr l'illustrissime et révérendissime) archevêque de Paris, pour la signature du formulaire de foi. 23 septembre 1653.

Henrion (baron). — Vie de Mgr de Quélen.

Histoire abrégée de la constitution civile du clergé de France. Paris. Gaume, 1828, in-8.

Histoire abrégée du jansénisme, et remarques sur l'ordonnance de M. l'archevêque de Paris. (Attribué à Fouillou et à J. Louail), 1697.

Histoire de l'Eglise Gallicane, par les Pères Longueval, Fontenay, Brumoy de la Compagnie de Jésus, 1732-1847, 19 vol. in-4. Paris, Montalant.

Histoires de Paris, de Corrozet, de du Bruel, de Malingre, des PP. Dom Lobineau et Felibien (1620), de Saint-Victor, de Dulaure, etc.

Histoire du « Cas de Conscience » signé par quarante docteurs de Sorbonne. Nancy, Nicolaï, 1705-1711, 8 vol. in-12.

Histoire du clergé de France depuis la convocation des Etats-Généraux, jusqu'au rétablissement du Culte. Paris, Garnier, an XI 1803, 3 vol. in-12.

Histoire du livre des *Réflexions Morales* sur le Nouveau Testament. Amsterdam. Potgietes, 1723-1739, 4 vol. in-4.

Histoire du serment à Paris, suivi de la liste de ceux

qui ne l'ont pas prêté, et d'observations sur le tableau des jureurs. Paris 1791, in-8.

L'Hospital (Michel de). — Lettres.

Hoziez (d').—Noms, surnoms, qualités des chevaliers du Saint-Esprit, créés par Louis-le-Juste, 1634, in-fol.

Infaillibilité de l'archevêque de Paris. In-8, pièce.

Jallery. — Vie de Saint Germain, évêque de Paris. In-8.

Jauffret (comte) — Mémoires historiques sur les affaires ecclésiastiques de France, pendant les premières années du XIXe siècle. Le Clère, 1819-1824, 3 vol.

Joly (Gui). — Mémoires, 2 vol.

Jourdain. — Histoire de l'Université. In-fol.

Journal historique des convulsions du temps. (Affaire de Saint-Médard).

Jove (Paul). — Eloge des docteurs.

Juvénal des Ursins.—Histoire du règne de Charles VI.

Labbe (Père) de la Compagnie de Jésus. — Nova Bibliotheca Manuscriptorum.

Lacroix. — Curiosités de l'histoire des croyances populaires au moyen âge.

Lafiteau (Pierre F.) évêque de Sisteron, ci-devant chargé des affaires du Roi à Rome. — Histoire de la constitution *Unigenitus*, 1738, 2 vol. in-4.

Lambert. — Vie de Messire L. De Juigné.

La Rochefoucauld. — Mémoires.

Lavigerie (Cours de M. l'abbé). — Le Jansénisme et Port-Royal. de Soye et Bouchet, 1856.

Lebœuf (Abbé). — Histoire de la ville et de tout le diocèse de Paris. Frault, 1754, 8 vol. in-12.

Le Dran (N). —Histoire de la vie et des vicissitudes de L. A. de Noailles),6 vol. in-fol. (*Manuscrits*). Archives du Ministère des Affaires Etrangères).

Le Gendre. — Eloge de Messire François de Harlay. 1695. In-8.

Lemène. — Recueil des actes, titres et mémoires, concernant les affaires du clergé de France, avec observations sur la discipline présente de l'Eglise. 1716-1750. 2 vol. in-fol.

Lemichon. — La paix et la trève de Dieu, 1857. Didier.

Lettre à un ami de province à propos de Ch. de Beaumont.

Loret. — Muse historique.

Macquin. — Histoire de Denis-Auguste Affre. 1849, in-12.

Mabillom (Dom). — Analecta.

Marca (Petrus de). — Epistola ad clarissimum virum Henricum Valesum Parisiis. Vitré, 1658.

Maury (L. Sifrein). — Vie du cardinal Maury.

Maury (Cardinal). — Œuvres.

Mazure. — Oraison funèbre de J. François de Gondy, premier archevêque de Paris. 1654, in-4°.

Mémoires historiques sur le formulaire. 1756, 2 vol. in-12. La Haye.

Mémoires pour servir à l'histoire de Port-Royal. 1734-1737. 2 vol. in-12.

Mercier. — Tableau de Paris pendant la révolution. 2 vol. in-18.

Molé. — Mémoires.

Molé. — Histoire des modes françaises.

Monglat. — Mémoires.

Montgeron (Carré de). — La vérité sur les miracles opérés au tombeau du diacre Paris.

Montpensier (Mlle de). — Mémoires.

Moreau. — Bibliographie des mazarinades. 2 vol. in-18.

Musset-Pathay. — Recherches historiques sur le cardinal de Retz.

Nemours (Duchesse de). — Mémoires.

Notice sur le sceau épiscopal. (Pièce.)

Ordonnances des rois de France. 21 vol. in-fol.

Ozeray (Michel-Jean-François). — Coup d'œil sur la religion en France pendant le régime féodal. Sedan, Laroche-Jacob, 1855.

Peignot (Gabriel). — Précis historique des pragmatiques, concordats, etc., 1817, in-8°, Renouard.

Pichot. — Eloge de Christ. de Beaumont, 1822, in-8°.

Pinsson (Fr.). — Dissertation historique de la Régale sur les archevêchés et évêchés, de Sercy. 1676, in-folio.

Pithou (Pierre). — Les libertés de l'Eglise gallicane. Estienne, 1594, in-8.

Portrait historique du cardinal Maury. (Anon.)

Pouillé (Le Grand), des bénéfices de la France. Paris, Alliot, 1628, 2 vol. in-8.

Poujoulat. — Le cardinal Maury. — 1855, in-18.

Pradié (Pierre). — La question religieuse en 1682, 1790, 1802, 1848; augmenté de discours, rapports, documents inédits. Paris, Sagnier et Bray, 1849, in-8.

Pradt (M. de), archevêque de Malines. — Les quatre concordats. Pichon et Didier, 1828, 3 vol. in-8.

Précis historique des opinions et actes du clergé contre la puissance temporelle. Le Normant, 1812, in-8.

Problème ecclésiastique proposé à M. l'abbé Boileau de l'archevêché. A qui l'on doit croire, de Mre L. A. de Noailles, évêque de Châlons en 1695, ou de Mre L. A. de Noailles, archevêque de Paris en 1696, 1699.

Procès-verbaux des coutumes de Paris du commencement et de la fin du XVIe siècle.

Racine (L.). — Abrégé de l'histoire de Port-Royal. Cologne, 1742, in-12.

Ravignan (Père de). — Oraison funèbre de Mgr de Quélen.

Recueil de poésies françaises de Guillot de Paris et autres.

Registres de l'évêché et de l'archevêché des XV, XVI, XVII et XVIIIe siècle.

Retz (Cardinal de). — Mémoires.

Riancey (H. de), Mgr Affre. — Esquisse biographique, 1848, in-32, Plon.

Robert (Claude). — Gallia christiana in qua regni

francia, etc. Lutetiæ Parisiorum. — Cramoisy, 1626, in-folio.

Rousseau (J.-Jacques). — Œuvres; collection Didot. Tome 10, 21 vol.

Saint-Amour (Journal de M. de), docteur en Sorbonne, de ce qui s'est fait à Rome dans l'affaire des cinq propositions. 1662, in-fol.

Saint-Simon. — Mémoires.

Sauval. — Antiquités de Paris. 3 vol. in-fol.

Schilling (Christian-Hem). — Historia bullarum Clementis VI et XI *Unigenitus* dictarum. Velmstadii, 1719, in-4°.

Secrets du chef de Montrouge (Les). — (Pamphlet contre M. de Quélen.) Anonyme.

Sentence de MM. les vicaires-généraux, de Mgr l'éminentissime cardinal de Retz, au sujet du miracle arrivé dans le monastère de Port-Royal, 1657.

Siret (Abbé). — Eloge funèbre de Mgr le cardinal de Belloy. 1808, in-8°.

Tallemant des Réaux. — Historiettes.

Topin (Marius). — Le cardinal de Retz.

Thou (J.-Auguste de). — *Histoire de France*.

Vieil-Castel (Cte de). — Collection des costumes, armes du moyen âge. 1827, 4 vol. in-fol.

Vincent de Beauvais. — Speculum historiale. 4 vol. in-fol., 1624.

Viollet-le-Duc. — Dictionnaire du mobilier français.

Wallon. — Histoire de saint Louis, in-8.

LISTE CHRONOLOGIQUE

DES ÉVÊQUES ET ARCHEVÊQUES DE PARIS.

ÉVÊQUES

1 SAINT DENIS. 250-286.
2 MALLO. 286-311.
3 MASSUS. 311-320.
4 MARCUS. 320-330.
5 ADVENTUS. 330-340.
6 VICTORIN. 341-355.
7 PAUL. 355-374. (Composa un *Traité de la Pénitence.*)
8 PRUDENCE. 375-400.
9 SAINT MARCEL. 400-436.
10 VIVIEN. 436-438.
11 FÉLIX. 438-440.

12 Flavien. 440-455.

13 Ursicin. 455-465.

14 Apedemius. 465-480.

15 Héracle. 480-525. (Assista au premier concile d'Orléans.)

16 Probatus. 525-530.

17 Amélius. 530-545. (Parut au second et au troisième concile d'Orléans.)

18 Saffarac. 545-552. (Fut déposé canoniquement par le concile de Paris, comme coupable de simonie.)

19 Eusèbe Ier. 552-555.

20 Saint Germain. 555-576. (On lui attribue un *Traité sur la Messe*.)

21 Ragnemode. 576-591.

22 Eusèbe II. 591-594.

23 Faramonde. 594-596. (C'est à lui que se termine le catalogue des évêques de Paris donné par Grégoire de Tours.)

24 Simplice. 596-606.

25 Saint Céraune. 606-621. (On lui attribue les Actes du martyre de saint Denis.)

26 Leudebert. 621-637.

27 Audobert. 637-650. (Bâtit le monastère de Saint-Maur-des-Fossés.)

28 Saint Landri. 650-656.

29 Chrodobert. 656-663.

30 Sigoband. 663-664.

31 IMPORTUN. 664-666.

32 SAINT AGILBERT. 666-680.

33 SIGEFROI. 680-692.

34 TURNOALD. 692-698. (Passe pour avoir été abbé de Saint-Denis.)

35 ADOLPHE. 698-712.

36 BERNECHAIRE. 712-722. (Chapelain du roi Dagobert II.)

37 SAINT HUGUES Ier. 722-730.

38 MERSEIDE.

39 FEDOLE.

40 RAGNECAPT.

41 MAUBERT[1].

42 DÉODEFROI. 757-775.

43 ERCHENRADE Ier. 775-795. (Institua les chanoines de Notre-Dame.)

44 ERMENFROI. 795-809.

45 INCHADE. 809-831. (Fut le fondateur de l'Hôtel-Dieu.)

46 ERCHENRADE II. 831-857.

47 ENÉE. 857-870. (Publia un *Traité* contre Photius, patriarche de Constantinople, inséré dans la *Collection* générale des Conciles par les PP. Labbe et Cossart. Tome VIII.)

48 INGELWIN. 870-883. (Le cartulaire de Notre-Dame de Paris contient une ordonnance de Louis le

(1) La date de l'épiscopat de ces quatre derniers prélats est inconnue.

Bègue, donnant à Ingelwin le monastère de Saint-Eloi. 8 avril 878[1]).

49 Révérendissime Père en Dieu. GOZLIN. 883-886, abbé de Saint-Germain des Prés et de Saint-Denis, chancelier de France, grand-aumônier de France[2].

50 ANSCHÉRIC. 886-911, chancelier de France.

51 THÉODULPHE. 911-922.

52 FULRADE. 922-927.

53 ADELHELME. 927-935.

54 GAUTHIER Ier. 935-941, chancelier de France, abbé de Saint-Martin de Tours.

55 ALBÉRIC. 941-946.

56 CONSTANCE. 946-955.

57 GARIN. 955-968.

58 RENAUD Ier. 968-982.

59 ELISIARD. 982-989. (Assista au sacre de Hugues-Capet, donna aux chanoines de Paris, les terres de Creteil, de Châtillon, la seigneurie d'Epone, les villages de Samois, Châtillon, Lhay, la Celle, Mezières, etc.)

(1) On peut remarquer que de saint Denis à Saffarac, les noms de tous les évêques de Paris dénotent leur origine latine et gauloise. Saffarac est le premier d'origine Franque. De Saffarac à Gozlin le siége est successivement occupé par des prélats de l'une et l'autre race. A partir de Gozlin, la race franque domine à peu près sans partage.

(2) La statue de Gozlin était une de celles qui décoraient la façade de l'Hôtel de ville, à Paris.

60 Gislebert. 989-992.

61 Renaud II de Vendome. 992-1016, fils de Bouchard, comte de Vendôme et d'Elisabeth, veuve du comte de Corbeil. Chancelier de France, comte de Melun et de Vendôme. Armes : *d'argent, au chef de gueules au lion d'azur, armé lampassé, couronné d'or brochant sur le tout*[1].

62 Albert de Tronchiennes. 1016-1019, fils naturel de Baudouin, comte de Flandre. Prévôt et seigneur de Tronchiennes.

63 Francon. 1019-1030, fils de Baudouin, comte de Boulogne et d'Adèle de Gand. Chancelier de France, doyen de l'Eglise de Paris.

64 Imbert Hesselin de Vergy. 1030-1060, fils de Walon, seigneur de Vergy et de Judith de Fonvens. Archidiacre de Langres et d'Autun, chanoine de Langres, abbé de Saint-Amateur. Armes : *de gueules à trois quintefeuilles d'or*.

65 Godefroy de Boulogne. 1060-1095, fils du comte de Boulogne. Chancelier de France, grand-aumônier de France. Armes : *d'or à trois tourteaux de gueules*.

66 Guillaume Ier de Montfort. 1095-1102. Grand-aumônier de France.

67 Foulques Ier. 1102-1104. Doyen de Paris, chanoine de Senlis.

(1) Ce prélat est le premier dont on connaisse les armes.

68 GALON. 1104-1116. Evêque de Beauvais. (Le roi accorda, à sa prière, aux serfs du diocèse la faculté d'être admis en témoignage contre des hommes libres.) Armes : *d'azur, semé de fleurs de lis d'or à la crosse épiscopale de même brochant sur le tout.*

69 GIRBERT. 1116-1124.

70 ETIENNE Ier DE SENLIS. 1124-1142. Fils de Guy de Senlis, seigneur de Chantilly. Grand bouteiller de France, archidiacre de Paris, chancelier de France. Armes : *Ecartelé d'or et de gueules*[1].

71 THIÉBAUD. 1143-1157. Prieur de Saint-Martin-des-Champs.

72 PIERRE Ier LOMBARD. 1157-1160. (Auteur des *Sententiarum libri quatuor*. Venetiis per Vendelimum de Spira, 1477, in-fol. goth.)

73 MAURICE DE SULLY. 1160-1196. (Tire son nom de Sully-sur-Loire.) Laissa des *Sermons*. (1511, Lyon, in-8°.)

74 EUDES DE SULLY. 1196-1208. Fils d'Archambaud de Sully et de Mathilde de Beaugency, des comtes de Champagne. Chantre de Bourges. Armes : *d'azur semé de molettes d'or, au lion de même brochant sur le tout.*

(1) Les évêques sont qualifiés à cette époque de *Révérend Père en Dieu*, *Révérend Père et Seigneur*, *Sainte et Discrète Personne*, *Messire*, *Vénérable Père*, etc.

75 PIERRE II DE NEMOURS. 1208-1219. Fils de Gautier, seigneur de la Chapelle, de Tournan, de Villebéon, et d'Aveline, dame et héritière de Nemours. Chambrier de France, trésorier de l'église de Tours. Armes : *de sinople à trois jumelles d'argent*, avec cette devise : *Flamnas ignium mitigasti*.

76 GUILLAUME II DE SEIGNELAY. 1219-1223. Fils de Bouchard, seigneur de Seignelay et d'Eléonore de Montbard. Archidiacre de Provins, chanoine de Cambray, doyen et évêque d'Auxerre. (Alla en croisade contre les Albigeois.) Armes : *d'or à trois fasces d'azur*.

77 BARTHELEMI. 1223-1227.

78 GUILLAUME III d'AUVERGNE. 1227-1249. Docteur à l'Université. Laissa de nombreux ouvrages : *De fide, legibus, virtutibus, moribus*, etc. *De Sacramentis, de Universo*, 1496, Koburgen à Nuremberg. Ses Sermons ont été insérés dans la *Bibliothèque des Pères*. In-fol., tom XXV. Lyon, 1677.

79 GAUTIER II DE CHATEAU-THIERRY. 1249-1249. Chancelier de l'Université.

80 RENAUD III DE CORBEIL. 1249-1268. Fils de Simon Mignon, vicomte de Corbeil. Archidiacre de Reims[1]. Armes : *d'argent au griffon de*

(1) Renaud donna plusieurs actes d'affranchissement. Il se réservait par

gueules, la queue fourchue et passée en sautoir, avec cette devise : *Deus cophinos implet.*

81 ETIENNE II TEMPIER. 1268-1279. Chancelier de l'Université, conseiller privé et régent du royaume en l'absence du roi ; fut chargé de pourvoir aux bénéfices vacants en France, pendant la croisade[1].

82 RENOUL D'HOMBLIÈRES. 1279-1288. (La fête de l'Immaculée Conception est introduite par lui dans la liturgie parisienne.) Il laissa une *Somme de théologie*.

83 SIMON MATIFAS DE BUCY[2]. 1288-1304. Professeur

ces actes les cens, corvées, dîmes et autres redevances, surtout la *taille arbitraire* ou *taille à volonté*, sorte de tribut que les habitants payaient au seigneur et qu'il imposait en certaines nécessités plus ou moins fort à son gré.

Sous cet épiscopat saint Louis donna aux chartreux son *hôtel de Vauvert*, bâti par le roi Robert au XIe siècle. Le chemin qui y conduisait s'appela *rue d'Issy*, puis *rue de Vauvert*, et enfin *rue d'Enfer*, à cause de l'opinion où l'on était que de malins esprits, logés en ce lieu jadis, s'enfuirent à l'aspect des vénérables religieux.

(1) Les bourgeois de l'évêque prétendaient s'exempter de la juridiction du roi. Ils réclamaient contre l'obligation qu'on leur imposait de faire le guet de nuit dans Paris ; et le roi décida qu'il pouvait les y contraindre par son prévôt. De là, protestations du prélat. Saint Louis avait défendu en parlement le cours de certaine monnaie. La plupart des gens de l'évêque continuèrent à la recevoir.

Sous Etienne Tempier ces difficultés furent aplanies d'un commun accord.

(2) Simon Matifas fut surnommé de Bucy parce qu'il était originaire de ce village. Il en est de même de son successeur Hugues de Besançon.

es-lois, lecteur en droit canon, juge de la cour de l'Echiquier de Rouen, archidiacre de Reims, chancelier de Paris, conseiller du « très-haut roi de France, notre sire. » (Il assista en 1302 à la réunion des évêques de France qui eut lieu à Notre-Dame. Sous son épiscopat eut lieu le célèbre miracle de la sainte Hostie percée de coups de canifs par le juif Jonathas.) Armes : *d'azur à la fasce d'or, chargée de trois lions de sable.*

84 GUILLAUME IV DE BAUFET. 1304-1319. Maistre physicien (médecin) de la comtessse de Blois, Jeanne de Chatillon, médecin du roi, chanoine de Paris. (Auteur des premiers statuts synodaux du diocèse.)

85 ETIENNE III DE BOREST. 1319-1325. (Tire son nom du village de Borest, lieu de sa naissance.)

86 HUGUES MICHELI DE BESANCON. 1325-1332. Docteur de théologie, chanoine de Dôle et de la Madeleine, grand-chantre de Besançon, chanoine de Paris. Armes : *d'or à la tête de Maure de sable, tortillée d'argent, accompagnée de trois trèfles de sinople.* (Robert de Clermont, 6e fils de saint Louis, était archidiacre de Paris, sous son épiscopat.)

87 GUILLAUME V DE CHANAC. 1332-1342. De la Maison de Chanac (Limousin) qui se fondit, en 1355, en celle de Pompadour par le mariage

de Galienne de Chanac avec Hélie de Pompadour. Grand-archidiacre de Paris, patriarche d'Alexandrie. Armes : *burelé d'argent et d'azur, au lion d'or,* alias *de gueules brochant sur le tout.* (La statue de cet évêque est au musée de Versailles. On a de lui une ordonnance approuvant la *Maison des pauvres écoliers italiens de la Charité Notre-Dame,* plus tard *Collége d'Italie.*

88 FOULQUES II DE CHANAC. 1342-1349. Fils de Pierre de Chanac, petit-neveu du précédent. Chanoine de Paris, conseiller au Parlement. Armes : *burelé d'azur et d'argent au lion d'or, à la bordure de gueules chargée de onze étoiles à huit rais d'argent.* Devise : *Servire Deo regnare est.* (Oncle du patriarche de Jérusalem et du cardinal de Chanac.)

89 AULDOUIN AUBERT. 1349-1350. Fils de Gui Aubert, anobli en 1338 et de Marguerite de Livron. Chanoine de Poitiers, doyen de Saint-Yriéix, curé de la Plume, de Thil et de Sainte-Foy de Peyrolière, prieur d'Arbois, prévôt d'Aire, chanoine de Saint-Gery, évêque d'Auxerre, cardinal du titre de Saint-Jean et Saint-Paul, évêque d'Ostie. (Son épitaphe est ainsi conçue : Sous cette petite pierre gît le corps d'Audouin qui fut de son vivant évêque d'Ostie.) Armes : *de gueules au lion d'argent à la bande d'azur, brochant sur le tout, au chef de guelues chargé de trois coquilles*

d'argent, soutenu d'azur. Devise : *Sacerdos et Gallus*.

90 PIERRE DE LA FORET. 1350-1352. Fils de Philippe de la Foret et de Marguerite de la Chapelle. Docteur en l'un et l'autre droit, professeur à l'Université d'Orléans, curé de Chemiré-le-Gaudin, avocat-général au Parlement, prévôt de la Varenne, archidiacre de Montfort, doyen d'Ernée, chanoine de Paris et de Rouen, chancelier de Normandie, chancelier de France, anobli en 1354, cardinal du titre des douze Apôtres. Armes : *d'argent à l'arbre arraché de sinople*. Devise : *Sapere ad sobrietatem*. (Sa statue, érigée à Notre-Dame, a été détruite en 1792.)

91 JEAN Ier DE MEULAN. 1352-1363. Fils de Galeran de Meulan et de Jeanne de Bouville, dame de Milly. Baron de Neubourg, chanoine et archidiacre de Paris, trésorier de la sainte Chapelle, évêque de Meaux et de Noyon. Armes : *Ecartelé au 1er et au 4e, échiqueté d'or et de gueules, au 2e et au 3e, de sable au lion d'argent la queue fourchée*. (On a de lui un *Reductorium, repertorium et dictionnarium morale utriusque testamenti* — traduit 1584, in-fol. Paris — sorte d'encyclopédie d'histoire naturelle et de théologie.)

92 ETIENNE IV DE PARIS. 1363-1368. (Né à Paris d'où il tire son nom.) Doyen de Paris, cardinal du titre de Saint-Eusèbe, grand pénitencier de

l'Eglise romaine, conseiller au Parlement, maître des requêtes de l'hôtel. Armes : *Parti d'or et d'azur à trois fleurs de lis de l'un en l'autre.*

93 AIMERI DE MAIGNAC. 1368-1384. Fils d'Ithier de Maignac et d'Adeline de Brosses. Docteur en l'un et l'autre droit, chanoine de Paris, conseiller du roi, maître des requêtes de l'hôtel, curé de Saint-Jacques la Boucherie, doyen de Paris, archidiacre de Poissy, cardinal du titre de Saint-Eusèbe[1], — (fut exécuteur testamentaire de Charles V). — Armes : *de gueules à deux pals de vair, au chef d'or, chargé d'un lambel d'azur de cinq pendants.*

94 PIERRE IV D'ORGEMONT[2]. 1384-1409. Fils de Pierre d'Orgemont, chancelier de France, et de Marguerite de Voisines. Seigneur de Chantilly, licencié en droit civil et canonique, chancelier du duc de Touraine, président en la chambre des comptes de Tours et de Paris, doyen de Saint-Martin de Tours, évêque de Térouanne, conseiller du roi. (A cette époque eut lieu le différend des religieux de Saint-Denis avec le Chapitre de Notre-Dame, au sujet des reliques de saint

(1) Le jour de son sacre à Notre-Dame, le roi Charles V offrit un ostensoir en vermeil qui servit, pendant quatre siècles, à porter le Saint-Sacrement le jour de la Fête-Dieu.

(2) Excommunia un dominicain qui niait la Conception immaculée de la sainte Vierge.

Denis qu'ils prétendaient posséder tous deux.) Armes : *d'azur à trois épis d'orge d'or, posés en pal deux et un.*

95 GÉRARD DE MONTAGU. 1409-1420. Fils de Gérard de Montagu, anobli en 1363, et de Biette Cassinel. Chancelier du duc de Berry, archidiacre de Cambray, évêque de Poitiers. Armes : *d'or à la croix d'azur cantonnée de quatre aiglettes de gueules.*

96 JEAN II COURTECUISSE. 1420-1422. Grand-Aumônier de France, chancelier de l'Université. (A laissé le *Tractatus de fide et Ecclesia,* publié par Ellies Dupin, Anvers, 1706, 5 vol. in-fol. Œuvres de Gerson. — Laisse aussi des *Sermons,* remplis de citations d'Aulu-Gelle et de Cicéron.

97 JEAN III DE LA ROCHE-TAILLÉE. 1422-1423. (Tire son nom du village de la Roche-Taillée), chanoine de Rouen, official de la même Eglise, évêque de Saint-Papoul. Patriarche de Constantinople, conseiller intime du roi d'Angleterre, archevêque de Rouen, de Besançon, cardinal du titre de Saint-Laurent, légat à Bologne, et vice-chancelier de l'Eglise romaine. Armes : *d'argent à la bande de gueules, chargée de trois dauphins d'or.* Devise : *Rupibus firmior.*

98 JEAN IV DE NANTON. 1423-1426, fils d'Antoine de Nanton, chevalier, et d'Antoinette d'Arcize.

Seigneur de Cuzilles et de Noblens, chanoine et archidiacre de Caux, abbé de Bellevaux, archevêque de Vienne, prince de l'Empire. Armes : *d'or à une croix de gueules.*

99 JACQUES Ier DU CHATELLIER. 1426-1438. (D'une famille espagnole, souche des comtes de Jaavevia), archidiacre de Bruxelles, trésorier de Reims, licencié en l'un et l'autre droit[1]. Armes : *de sable au chef endenté d'or.*

100 DENIS II DU MOULIN. 1438-1447. (D'une famille alliée à Anne de Boleyn seconde femme d'Henri VIII), épousa Marie de Courtenay d'où Jean du Moulin, marié à Marguerite de Saint-Simon. Conseiller du roi, maître des requestes de l'hôtel du Dauphin; (entré dans les ordres) : chantre et chanoine de Vienne, chanoine de Tours, d'Embrun, de Chartres et d'Alby, archevêque de Toulouse, ambassadeur à Genève, général de la justice souveraine des aides en Languedoc, patriarche d'Antioche. Armes : *d'argent à l'anille de moulin de sable, chargée d'une coquille d'or.*

ANTOINE DU BEC-CRESPIN, fut élu évêque, mais mourut avant d'avoir pris possession et d'avoir été sacré.

101 GUILLAUME VI CHARTIER. 1447 - 1472. Fils

(1) Il avait, dit un chroniqueur, plus de cinquante procès en parlement et de lui n'avait-on rien sans procès.

d'Etienne Chartier, seigneur de Boissy. (?) Licencié en droit civil et canonique, professeur à l'Université de Poitiers, curé de Saint-Lambert, archidiacre de Gand, chanoine et chancelier de l'Eglise de Paris, conseiller au Parlement[1]. Armes : *d'argent à trois roseaux issant de la pointe, et en chef un bâton noueux chargé de deux perdreaux, le tout au naturel.*

102 LOUIS DE BEAUMONT DE LA FORET. 1472-1492. Fils de Louis de Beaumont, chancelier, gouverneur du Maine. Sa sœur épousa Eustache du Bellay. Chambellan et conseiller du roi, chancelier de Notre-Dame, abbé de Saint-Laon de Thouars. Armes : *de gueules à l'aigle éployée d'or, à l'orle de chausse-trapes du même.*

GÉRARD GOBAILLE. Evêque élu, mais point sacré, il ne gouverna pas le diocèse.

103 JEAN V SIMON DE CHAMPIGNY. 1494-1502. Fils de Jean Simon, seigneur de Champigny, avocat du roi. Chanoine de Paris, conseiller du roi, archidiacre de Soissons. Armes : *d'azur à la fasce cousue de gueules accompagnée en chef de deux glands d'or et en pointe d'une rose d'argent.*

104 ETIENNE V DE PONCHER. 1503-1519. Fils de

(1) On accusa Louis XI de l'avoir fait empoisonner pour se venger de la conduite tenue par l'évêque dans la ligue du Bien public. Il est certain que le prince empêcha qu'on inscrivît une épitaphe sur son tombeau.

Martin de Poncher, échevin de Tours et de Catherine Belin. Sa sœur épousa un trésorier de France. Conseiller-clerc au Parlement, président aux enquêtes, chanoine de Saint-Aignan, de Saint-Gatien et de Saint-Martin de Tours. Chancelier de France, chancelier de l'Université de Paris, de l'Ordre de Saint-Michel, du duché de Milan, garde des sceaux. (Il fut choisi pour arbitre en 1512 entre le roi de France et le roi de Navarre, au sujet de la souveraineté de la principauté de Béarn, qu'il déclara affranchie de tout hommage.) Armes : *d'or au chevron de gueules, brisé à la cime d'une tête de maure tortillée d'argent, accompagnée de trois coquilles de sable.* Devise : *Non habemus hic manentem civitatem.*

105 François Ier de Poncher. 1519-1532. Neveu du précédent, fils de Louis de Poncher, secrétaire du roi et receveur général des finances. Conseiller au Parlement, curé de Saint-Etienne d'Issy, abbé de Saint-Maur des Fossés. (Mêmes armes que le précédent[1].)

106 Jean VI du Bellay. 1532-1551. Fils de Louis du Bellay et de Marguerite de la Tour-Landry. Son frère aîné fut vice-roi de Piémont. — Evêque

(1) Ce fut le premier évêque nommé en vertu du Concordat conclu en 1516, entre Léon X et François Ier.

de Bayonne, doyen de Saint-Maur, lieutenant-général en Picardie et en Champagne, ambassadeur à Rome et à Londres, cardinal du titre de Sainte-Cécile, évêque de Limoges, archevêque de Bordeaux, membre du conseil privé. (On a de lui un *Eloge de François Ier*, 1542, in-8, les *Poemata Elegantissima*, 3 vol. de vers latins, in-8. Robert Estienne, 1545, des volumes de lettres, publiées par l'al. Legrand, Histoire du divorce d'Henri VIII.) Armes : *Ecartelé au 1er et au 4e, d'argent à la bande fuselée de gueules, à l'orbe de six fleurs de lys d'azur*, qui est du BELLAY ; *au 2e et au 3e, d'or à l'orbe de huit coquilles d'azur à un écusson d'argent en cœur, bordé d'azur, chargé d'une roue de gueules*, qui est de MONTIGNY. *Sur le tout, d'argent au chef de gueules à un lion d'azur, couronné, armé et lampassé d'or*, qui est de VENDÔME[1].

107 EUSTACHE DU BELLAY. 1551-1564. Neveu du précédent, fils de René du Bellay, baron de Thouarcé et de Commequiers, et de la marquise de Laval. — Chanoine d'Angers et de Paris, prieur commendataire de Notre-Dame de Chartres, de Saint-Clément de Maillé, de Notre-Dame d'Oizé (Mans), de Saint-Paul des Roches (Tours),

(1) Rabelais prétend à tort qu'il avait épousé Blanche de Tournon, dame d'honneur de la reine de Navarre, veuve de Jacques de Coligny-Châtillon.

de Notre-Dame de Noyers, de Saint-Maur-sur-Loire, de Notre-Dame de la Charmoie, de l'Aumône, archidiacre de Laval et de Paris, curé de Saint-Severin à Paris, de Saint-Pierre de Chantrigné, de Saint-Germain-les-Corbeil, président au Parlement. (Mêmes armes que le précédent.)

108 GUILLAUME VII VIOLE. 1564-1568. Fils de Nicolas Viole, maître en la chambre des comptes du roi, et de Claudine de Chambon. Conseiller au Parlement, abbé de Saint-Géraud d'Aurillac et de Notre-Dame de Ham.

109 PIERRE V DE GONDY. 1568-1598. Comte de Joigny, seigneur de Villepreux, conseiller privé du roi, commandeur de l'Ordre du Saint-Esprit, évêque de Langres, chancelier et grand-aumônier de la reine Elisabeth, femme de Charles IX ; abbé de Saint-Jean des Vignes, de Saint-Aubin d'Angers, de Notre-Dame de Champagne, de Saint-Crépin et de Saint-Martin de Pontoise, cardinal du titre de Saint-Silvestre, ambassadeur à Rome[1]. (Fit publier une édition corrigée du *Manuel des prêtres*.) Armes : *d'or à deux masses d'armes de sable, passées en sautoir, liées de gueules par le bas, à la bordure de sable*. Devise : *Non sine labore et vigilantia*.

110 HENRI DE GONDY. 1598-1622. Fils d'Albert de

(1) Il présida l'assemblée du clergé à Rouen, en 1696.

Gondy, duc de Retz, maréchal et pair de France, et de Catherine de Clermont-Tonnerre. — Chanoine de Paris, abbé de Buzay, de Quimperlé, de Saint-Jean des Vignes, de la Chaume et de la Couronne, coadjuteur de Paris en 1596, maître de l'oratoire du roi, membre du conseil privé, cardinal de Retz, commandeur du Saint-Esprit, président du conseil d'Etat et privé, proviseur de Sorbonne. (Mêmes armes que le précédent[1].)

ARCHEVÊQUES

1 Jean VII François de Gondy. 1622-1654. Frère du précédent, chanoine et doyen de Paris, abbé de Saint-Aubin d'Angers et de l'Epau, au Mans, coadjuteur de Paris, maître de la chapelle-musique du roi, conseiller aux conseils d'Etat et privé, commandeur du Saint-Esprit. (Mêmes armes que les précédents.)

2 Jean VIII François-Paul de Gondy. 1654-1662. Neveu du précédent. Fils de Philippe de Gondy, comte de Joigny, marquis des Iles d'or, baron de Montmirail, etc., et de Marguerite de Silly. — Chevalier de Malte, abbé de Buzay, docteur

(1) Le cardinal mourut au camp royal, devant Béziers; il avait été l'instigateur de l'expédition de Languedoc qui fit soumettre au roi plusieurs villes.

en théologie, chanoine de Paris, conseiller au Parlement, archevêque de Corinthe et coadjuteur, abbé de Sainte-Croix, *cardinal de Retz*, abbé de Saint-Aubin d'Angers, de Champagne, de l'Epau, abbé de Saint-Denis, ambassadeur à Rome, damoiseau souverain de Commercy, prince d'Euville. (Mêmes armes, moins la devise.)

3 PIERRE VI DE MARCA. 1662-1662. Fils de Jacques de Marca, Sénéchal de Béarn et de Catherine de Lartet. Conseiller au conseil de Pau, président au parlement de Pau, marié à Marguerite de Fargues, (veuf et entré dans les ordres) conseiller d'Etat, évêque de Conserans, visiteur-général et intendant de Catalogne[1], archevêque de Toulouse, ministre d'Etat, commissaire français de la délimitation des royaumes de France et d'Espagne, intendant général du Roussillon. (Laissa une *Histoire du Béarn*, 1640, in-fol., Paris, des *Opuscules*, un Recueil des *Traités théologiques*, etc.) Armes : *Ecartelé au 1er et au 4e de gueules au cheval d'or, aux 2e et 3e*

(1) Il était tellement aimé dans ce pays, où il exerçait ses fonctions, qu'une maladie grave ayant mis ses jours en danger, la ville de Barcelone fit un vœu à Notre-Dame de Montferrat, et y envoya en son nom, en pèlerinage, d'abord douze capucins nu-pieds et sans sandales, puis douze jeunes filles des plus honorables familles aussi pieds nus, les cheveux épars, vêtues de robes blanches, et chantant des cantiques sur tout le parcours du chemin. (Fisquet, *La France pontificale*.)

d'argent à trois mouchetures d'hermine. Devise : *Justitia mihi constans et perpetua voluntas.*

4 Hardouin de Péréfixe de Beaumont. 1662-1671. Fils de Jean seigneur de Beaumont, maître d'hôtel de Richelieu et de Claudine de l'Etang. Prieur de Sainte-Gemme, précepteur de Louis XIV, abbé de Sablonceaux, évêque de Rodez, membre du conseil de conscience, commandeur des ordres du roi, membre de l'Académie Française, chancelier des ordres, proviseur de Sorbonne. (On a de lui *Institutio principis,* 1647, in-16, Paris ; *Histoire du roy Henry le Grand,* Amsterdam, 1661, in-12.) Armes : *Ecartelé au 1 et au 4e d'azur à neuf étoiles d'or, posées 3, 3, 2 et 1, au 2e et au 3e de gueules à sept losanges d'or posées 4 et 3 et accolées.*

5 François II de Harlay de Champvallon. 1671-1675. Fils d'Achille de Harlay, marquis de Bréval, seigneur de Champvallon et d'Ovette de Vaudetar de Persan. Abbé de Jumièges, archevêque de Rouen, commandeur des ordres du roi, archevêque de Paris, membre de l'Académie française, proviseur de Sorbonne, duc de Saint-Cloud, pair de France, proviseur de la maison de Navarre, supérieur du collége de la Marche, cardinal désigné par le roi. Armes : *Parti de trois traits coupé d'un qu'on dit écartelé de huit quartiers,* savoir : *les armes de la Mark,*

de Brezé, de Croy, de Bourbon, de Saarbruck, d'Ambroise, de Bavière, du Palatinat et les armes de Harlay, brochant sur le tout.

6 LOUIS II ANTOINE DE NOAILLES. 1695-1729. Fils d'Aimé-André de Noailles, comte d'Ayen, 1er duc de Noailles, lieutenant-général et capitaine des gardes et de Louise Boyer. Docteur de Sorbonne, évêque de Cahors, évêque-comte de Châlons, pair de France[1], archevêque de Paris, duc et pair de Saint-Cloud, proviseur de Sorbonne, etc. Cardinal du titre de Saint-Sixte, commandeur du Saint-Esprit. Armes : *de gueules à la bande d'or.*

7 CHARLES-GASPARD-GUILLAUME DE VINTIMILLE DU LUC. 1729-1746. Fils de François de Vintimille, maréchal de camp, et d'Anne de Forbin de la Marche. Chanoine de Toulon, prieur de Flassans, Saint-Pierre et Sainte-Catherine du Luc ; évêque de Marseille, archevêque d'Aix, commandeur du Saint-Esprit, archevêque de Paris, duc et pair, etc. Armes : *Ecartelé au 1er et au 4e de gueules au chef d'or, au 2e et au 3e de gueules au lion d'or.*

8 JACQUES II BONNE GIGAULT DE BELLEFONDS. 1746-1746. Fils de Jacques Gigault, lieutenant des

(1) Depuis le cardinal du Bellay, aucun évêque n'a gouverné à la fois plusieurs diocèses ; les dignités épiscopales que nous mentionnons ont donc été possédées successivement.

maréchaux de France en Touraine, et d'Anne Binet. — Chanoine de Saint-Martin de Tours, docteur, vicaire-général de Tours, aumônier du roi, abbé de la Cour-Dieu, évêque de Bayonne, archevêque de Paris, duc et pair de Saint-Cloud. Armes : *d'azur au chevron d'or accompagné de trois losanges d'argent, 2 en chef, 1 en pointe.*

9 CHRISTOPHE DE BEAUMONT. 1746-1781. Fils de François de Beaumont, comte de la Roque, seigneur du Repaire, guidon des gendarmes de Monsieur et de Marie de Lostanges. Chanoine-comte de Lyon, grand-vicaire et official du diocèse de Blois, abbé de Notre-Dame des Vertus, évêque de Bayonne, archevêque de Vienne, archevêque de Paris, duc et pair de Saint-Cloud, commandeur des Ordres, proviseur de Sorbonne. Armes : *de gueules à la fasce d'argent chargée de trois fleurs de lys d'azur*. Devise : *Impavidum ferient ruinæ.*

10 ANTOINE-ELÉONORE-LÉON LECLERC DE JUIGNÉ. 1781-1801. Fils de Samuël-Jacques Leclerc, chevalier, seigneur, marquis de Juigné, colonel du régiment d'Orléans, et de Gabrielle le Cirier de Neuchelles. — Grand-vicaire de Carcassonne, agent-général du clergé pour la province de Narbonne, prieur d'Acier de Comigne, évêque-comte de Châlons, abbé de Monties-en-Der, archevêque de Paris, dernier duc et pair de

Saint-Cloud, député aux Etats-Généraux, commandeur des Ordres. Armes : *d'argent à la croix engrêlée de gueules, cantonnée de quatre aigles de sable, becquées et onglées de gueules.* Devise : *Ad alta.*

SCHISME CONSTITUTIONNEL

I JEAN-BAPTISTE-JOSEPH GOBEL. 1791-1793. Chanoine de Delémont et d'Arlesheim. Official et grand-écolâtre d'Alsace, grand-vicaire de Bâle, évêque *in partibus* de Lydda, député aux Etats-Généraux, évêque-intrus de la Seine, membre de la Convention.

II JEAN-BAPTISTE ROYER. 1798-1801. Fils de Jacques Royer, médecin. — Curé de Chavannes, député aux Etats-Généraux, évêque schismatique de l'Ain, membre de la Convention[1], membre du conseil des Cinq-Cents, évêque schismatique de Paris, chanoine honoraire de Besançon.

(1) Il vota, dans le procès du roi, l'appel au peuple, le bannissement à la paix et le sursis à l'exécution.

SUITE DES ARCHEVÊQUES

11 JEAN IX BAPTISTE DE BELLOY. 1802-1808. Docteur en théologie, vicaire-général de Beauvais et archidiacre du diocèse; évêque de Glandêve, évêque de Marseille, archevêque de Paris, cardinal du titre de Saint-Jean, sénateur et comte de l'Empire, grand-croix de la Légion d'Honneur. Armes (à Marseille) : *de gueules à quatre losanges d'argent placées trois et une.* (A Paris) les mêmes ayant de plus *à dextre d'azur à la croix patée d'or.*

JOSEPH FESCH. 1809. Fils de François Fesch, capitaine au service de Gênes, et de Marie Pietra-Santa. Frère cadet de Marie-Lætitia et oncle de Napoléon Ier. — Chanoine d'Ajaccio, garde-magasin dans le Gard, commissaire des guerres, archevêque de Lyon, cardinal du titre de Notre-Dame des Victoires, ambassadeur à Rome, sénateur, grand-aumônier de l'Empire, archevêque nommé de Paris, n'administra point le diocèse.

JEAN-SIFFREIN MAURY. 1810-1814. Chanoine, vicaire-général et official de Cambrai, abbé de la Fresnade, prédicateur du roi, membre de l'Académie Française (1784), prieur de Saint-

Pierre et de Lihons, député aux Etats-Généraux, archevêque de Nicée *in partibus,* cardinal du titre de la Trinité, nonce apostolique à Francfort, évêque de Montéfiascone et Corneto, archevêque nommé de Paris (administra le diocèse sans bulle), grand-croix de l'Ordre de la Réunion, membre de l'Institut. Armes : *d'azur à la fasce d'or accompagnée en chef d'un aigle aux ailes éployées d'or et pointe de deux flèches d'or en sautoir ferrées d'argent.*

12 ALEXANDRE-ANGÉLIQUE DE TALLEYRAND-PÉRIGORD. 1817-1821. Fils de Daniel, marquis de Talleyrand, colonel du régiment de Saint-Onge, et de Marie-Elisabeth de Chamillart. — Aumônier du roi, grand-vicaire de Verdun, abbé du Gard, archevêque de Trajanople, *in partibus,* coadjuteur et archevêque de Reims, premier duc et pair ecclésiastique, abbé de Saint-Quentin, commandeur du Saint-Esprit, grand-aumônier de France, membre de la Chambre des pairs, cardinal, archevêque de Paris, primicier de Saint-Denis. Armes : *parti au premier de gueules, à trois lions rampants et couronnés d'or ; au deuxième d'or au sanglier passant de sable chargé sur le dos d'une housse d'argent.*

13 HYACINTHE-LOUIS DE QUÉLEN. 1821-1839. Fils de Louis, comte de Quélen, capitaine des vaisseaux du roi, et de Marie-Adelaïde Hocquart.

Vicaire-général de Saint-Brieuc, vicaire de la grande Aumônerie de l'Empire, chapelain de l'impératrice, vicaire-général du grand-aumônier de France, évêque de Samosate, *in partibus*, coadjuteur de Paris, archevêque de Trajanople, *in partibus*, archevêque de Paris, pair de France, membre de l'Académie française, commandeur du Saint-Esprit. Armes : *burelé d'argent et de gueules*. Devise : *En peb-emser Quelen*.

14 Denis II Auguste Affre. 1840-1848. Fils de Louis Affre de Saint-Rome et de Christine Boyer. Professeur de philosophie au séminaire de Nantes, grand-vicaire de Luçon, puis d'Amiens, vicaire-général de Paris, archidiacre de Notre-Dame, coadjuteur de Strasbourg, archevêque de Paris. Armes : *d'azur au dauphin de sinople nageant sur une mer d'argent, au chef cousu de gueules, chargé de trois étoiles d'argent.*

15 Marie-Dominique-Auguste Sibour. 1848-1857. Fils de Alexandre Sibour, négociant. Vicaire de Saint-Sulpice, aumônier du collége de Saint-Louis, chanoine de Nîmes, prédicateur du roi (1830), membre de l'académie du Gard, évêque de Digne, prélat assistant au trône pontifical, archevêque de Paris, sénateur, commandeur de la légion d'honneur, grand-croix des Saints Maurice et Lazare. Armes : *Coupé au 1er d'azur chargé d'une croix et d'une ancre d'argent, au 2e*

d'argent, au levrier de sable portant dans sa gueule une torche enflammée de même et passant sur une terrasse de sinople. Devise : *Major autem horum est caritas*[1].

16 François III Nicolas-Madeleine Morlot. 1857-1862. Fils de François Morlot, pâtissier, et de Charlotte Grépin. Vicaire de Saint-Bénigne à Dijon, chanoine de Dijon, vicaire-général de Dijon, évêque d'Orléans, comte romain, prélat assistant au trône pontifical, archevêque de Tours, cardinal du titre des SS. Nérée et Achillée, archevêque de Paris, grand-aumônier de l'empereur, primicier de Saint-Denis, membre du conseil privé et de régence, membre du Conseil impérial de l'instruction publique, grand officier dee la légion d'honneur, commandeur dn Christ de Portugal. Armes : *d'azur à la croix engrêlée d'argent, cantonnée de quatre étoiles d'or.*

17 Georges Darboy. 1863-1871. Fils de Pierre-Georges Darboy et de Jeanne Valvin. Professeur au séminaire de Langres, aumônier du collége Henri IV, vicaire à Saint-Dizier, professeur d'éloquence sacrée à la Sorbonne, chanoine, et

(1) Ce prélat eut pour auxiliaire, Léon-François Sibour, son cousin, secrétaire-général de l'archevêché, curé de Saint-Thomas d'Aquin, membre de l'Assemblée nationale (1848), évêque de Tripoli, *in partibus*.

vicaire-général de Paris, archidiacre de Saint-Denis, évêque de Nancy, archevêque de Paris, sénateur, grand-aumônier de l'empire, membre du conseil privé. Armes : *d'azur à une croix d'argent*. Devise : *Labore fideque*.

18 S. Em. Mgr le cardinal Guibert (Joseph-Hippolyte), né à Aix, le 13 décembre 1802, sacré à Marseille évêque de Viviers (1842), archevêque de Tours (1847), archevêque de Paris (1871), cardinal du titre de Saint-Jean devant la Porte-Latine (1873), officier de la Légion d'Honneur.

19 Mgr Richard (François-Marie-Benjamin), coadjuteur de l'archevêque de Paris (1875).

TABLE ALPHABÉTIQUE

DES ÉVÊQUES ET ARCHEVÊQUES DE PARIS.

A

B

E

F

G

H

I

J

L

M

N

O

P

Q

R

S

T

U

V

TABLE DES CHAPITRES.

CHAPITRE X.

ANTOINE LECLERC DE JUIGNÉ.

CHAPITRE XI.

SCHISME CONSTITUTIONNEL.

CHAPITRE XII.

LE CONCORDAT.

CHAPITRE XIII.

JEAN IX BAPTISTE DE BELLOY.

CHAPITRE XIV.

LE CARDINAL MAURY.

CHAPITRE XV.

ALEXANDRE-ANGÉLIQUE DE TALLEYRAND-PÉRIGORD.

CHAPITRE XVI.

HYACINTHE-LOUIS DE QUÉLEN.

CHAPITRE XVII.

DENIS-AUGUSTE AFFRE.

CHAPITRE XVIII.

PIÈCES JUSTIFICATIVES.

Tournai, typ. Casterman

www.ingramcontent.com/pod-product-compliance
Lightning Source LLC
LaVergne TN
LVHW020555110826
845149LV00002B/271